本书的出版得到山西师范大学学科攀升计划中国语言文学学科点、国家特色专业汉语言文学以及山西师范大学研究生双语课程《认知语言学导论》（项目编号：YJSSY201705）的经费资助。

现代汉语
嵌入式预制语块研究

孟德腾 ◎ 著

中国社会科学出版社

图书在版编目(CIP)数据

现代汉语嵌入式预制语块研究/孟德腾著. —北京：中国社会科学出版社，2020.9
ISBN 978-7-5203-7200-8

Ⅰ.①现… Ⅱ.①孟… Ⅲ.①现代汉语—语法—研究 Ⅳ.①H146

中国版本图书馆 CIP 数据核字(2020)第 175342 号

出 版 人	赵剑英
责任编辑	杨 康
责任校对	王 龙
责任印制	戴 宽

出　　版	中国社会科学出版社
社　　址	北京鼓楼西大街甲 158 号
邮　　编	100720
网　　址	http://www.csspw.cn
发 行 部	010-84083685
门 市 部	010-84029450
经　　销	新华书店及其他书店
印　　刷	北京明恒达印务有限公司
装　　订	廊坊市广阳区广增装订厂
版　　次	2020 年 9 月第 1 版
印　　次	2020 年 9 月第 1 次印刷
开　　本	710×1000　1/16
印　　张	19
插　　页	2
字　　数	257 千字
定　　价	108.00 元

凡购买中国社会科学出版社图书，如有质量问题请与本社营销中心联系调换
电话：010-84083683
版权所有　侵权必究

目　录

上篇　现代汉语嵌入式预制语块理论探讨

第一章　绪论 ……………………………………………………（3）
　第一节　选题缘起 ……………………………………………（3）
　第二节　研究综述 ……………………………………………（5）
　　一　国外嵌入式预制语块的研究 …………………………（5）
　　二　国内嵌入式预制语块研究概述 ………………………（7）
　　三　嵌入式预制语块研究的兴起原因及努力方向 ………（13）
　第三节　现代汉语嵌入式预制语块的研究意义 ……………（18）
　　一　理论意义 ………………………………………………（18）
　　二　实践意义 ………………………………………………（19）
　第四节　研究方法及语料来源 ………………………………（20）
　　一　研究方法 ………………………………………………（20）
　　二　语料来源 ………………………………………………（20）

第二章　嵌入式预制语块的界定、分类及特点 ………………（22）
　第一节　嵌入式预制语块的界定 ……………………………（22）

一　语块和预制语块 …………………………………………（22）
　　二　嵌入式预制语块的界定和特点 …………………………（24）
　　三　嵌入式预制语块与其他类似结构的区分 ………………（26）
第二节　嵌入式预制语块的形式分类和层级性 …………………（27）
　　一　嵌入式预制语块的形式分类 ……………………………（27）
　　二　嵌入式预制语块的层级性 ………………………………（50）
第三节　嵌入式预制语块的若干衍生途径 ………………………（56）
　　一　仿拟 ………………………………………………………（56）
　　二　糅合 ………………………………………………………（61）
　　三　移位 ………………………………………………………（62）
　　四　省缩 ………………………………………………………（62）
第四节　嵌入式预制语块的音控变异及义控变异机制 …………（63）
　　一　嵌入式预制语块的音控变异机制 ………………………（63）
　　二　嵌入式预制语块的义控变异机制 ………………………（64）

第三章　嵌入式预制语块的语义特征 ……………………………（70）

第一节　嵌入式预制语块的语义透明度 …………………………（70）
　　一　语义透明度概说 …………………………………………（70）
　　二　嵌入式预制语块的语义透明度 …………………………（71）
第二节　嵌入式预制语块嵌入项的语义变化 ……………………（74）
　　一　语义泛化 …………………………………………………（75）
　　二　语义扩容 …………………………………………………（79）
第三节　构式与嵌入式预制语块 …………………………………（82）
　　一　构式语法理论 ……………………………………………（82）
　　二　语义压制与互动对嵌入式预制语块感情色彩的影响 ……（84）
　　三　嵌入式预制语块中同一框架构式的多义性 ……………（89）

第四节　嵌入式预制语块语义的格式塔理解与非线性特征 ……（95）
　　一　格式塔完形理论 …………………………………………（95）
　　二　格式塔完形与嵌入式预制语块的语义理解 ……………（97）
　　三　嵌入式语块语义理解的非线性特征 …………………（104）

第四章　嵌入式预制语块的语用修辞价值 …………………（108）
第一节　稳中有变,灵活多样 ………………………………（108）
第二节　推陈出新,表现力强 ………………………………（110）
　　一　情感宣泄型 ……………………………………………（110）
　　二　劝导说理型 ……………………………………………（112）
　　三　嘲讽批判型 ……………………………………………（114）
　　四　幽默风趣型 ……………………………………………（115）
　　五　陈述事实型 ……………………………………………（116）

下篇　现代汉语嵌入式预制语块个案分析

第一章　表高程度义的"别提多 X(了)"类构式 ……………（121）
第一节　"别提多 X(了)"类构式的句法功能和"X"的构成 …（122）
　　一　"别提多 X(了)"类构式的整体句法功能 ……………（122）
　　二　"别提多 X(了)"类构式中"X"的构成 ………………（123）
第二节　"别提多 X(了)"类构式中"别提"的固化历程 ……（126）
　　一　"别提多 X(了)"类构式中"提"的言说义 ……………（126）
　　二　"别提多 X(了)"类构式中"别提"的固化 ……………（128）
第三节　回溯推理与"别提多 X(了)"类构式高程度
　　　　　　构式义的产生 ……………………………………（129）
　　一　回溯推理 ………………………………………………（129）

二　回溯推理与"别提多 X（了）"类构式高程度
　　　　构式义的产生 …………………………………………（130）
　结语 ……………………………………………………………（132）

第二章　"说不出的 A"研究 …………………………………（133）
　第一节　A 的准入条件 ………………………………………（134）
　第二节　"说不出的 A"的构式化过程 ………………………（140）
　　一　"说不出的 X"句法结构的两重性 ……………………（141）
　　二　"说不出的 A"构式化路径 ……………………………（143）
　第三节　"说不出的 A"构式化的动因和机制 ………………（144）
　　一　"说不出的 A"构式化的动因 …………………………（144）
　　二　"说不出的 A"构式化的机制 …………………………（146）
　第四节　回溯推理："说不出的 A"中的语用推理 …………（147）
　结语 ……………………………………………………………（148）

第三章　"这一 X 不要紧，Y"的认知策略与语用功能 ………（150）
　第一节　"这一 X 不要紧，Y"的句法与语义 …………………（152）
　　一　变项"X"的类型 …………………………………………（153）
　　二　"X"的提取 ………………………………………………（154）
　　三　"Y"的语义类型 …………………………………………（155）
　第二节　"这一 X 不要紧，Y"的表意机制 ……………………（156）
　　一　"Y"的反预期性 …………………………………………（157）
　　二　"这一 X 不要紧，Y"的表意机制 ………………………（159）
　第三节　"这一 X 不要紧，Y"的语用功能 ……………………（161）
　　一　否定认知常规，凸显事态之因 …………………………（162）
　　二　故设理解陷阱，巧示会话含义 …………………………（163）

三　采取策略否定，产生委婉效果…………………………（163）
　　结语……………………………………………………………（164）

第四章　称谓纠偏构式"别NN的"考察……………………（166）
　第一节　"别NN的"构式鉴定和"N"的准入条件……………（168）
　　　一　"别NN的"构式鉴定………………………………（168）
　　　二　N的准入条件………………………………………（170）
　第二节　"别NN的"否定类型和构式成因……………………（172）
　　　一　知域否定和言域否定："别NN的"否定类型………（172）
　　　二　"别NN的"构式成因…………………………………（174）
　第三节　"别NN的"语用特征…………………………………（179）
　　结语……………………………………………………………（182）

第五章　释因构式"VOV的"研究……………………………（184）
　第一节　"VOV的"构式鉴定和整体特征……………………（185）
　　　一　"VOV的"构式鉴定…………………………………（185）
　　　二　"VOV的"整体特征…………………………………（187）
　第二节　移位和类推："VOV的"的演化过程和成因…………（190）
　第三节　"VOV的"的主观性来源及其语用价值………………（195）
　　　一　"VOV的"的主观性来源……………………………（195）
　　　二　"VOV的"的语用价值………………………………（198）
　　结语……………………………………………………………（199）

第六章　"一MA似一M"的语义类型及认知差异……………（200）
　第一节　"一MA似一M"的语义类型…………………………（202）
　　　一　递进性差比义………………………………………（202）

二　周遍性平比义 …………………………………………（204）
　第二节　次第扫描和总括扫描："一 MA 似一 M"语义类型的
　　　　　认知差异 …………………………………………（206）
　第三节　"一 MA 似一 M"语义类型的历时考察 ……………（209）
　　一　"一 MA 似一 M"语义类型的古今对比 ………………（209）
　　二　"一 MA 似一 M"与"一 M 比一 M + AP"之比较 ………（211）
　结语 ……………………………………………………………（214）

第七章　流行构式"一言不合就 X"考察 ………………………（216）
　第一节　"一言不合就 X"的组成构造与句法分布 ……………（216）
　　一　变项 X 的功能类别 …………………………………（217）
　　二　"一言不合就 X"的句法功能 …………………………（218）
　第二节　"一言不合就 X"的演变路径及功能扩展 ……………（218）
　　一　演变路径：从紧缩句到嵌入式预制语块 ……………（218）
　　二　"一言不合"的语义泛化及表现 ………………………（220）
　　三　"一言不合就 X"的功能扩展 …………………………（223）
　第三节　"一言不合就 X"的语用修辞特征 ……………………（225）
　　一　情感表达多样化 ……………………………………（225）
　　二　流行传播习语化 ……………………………………（226）
　　三　媒体使用标题化 ……………………………………（226）
　结语 ……………………………………………………………（228）

第八章　责怪义构式"一个 X + VP"及"一个"的性质 …………（229）
　第一节　"一个 X + VP"中的变项 X ……………………………（231）
　第二节　"一个 X + VP"的构式义及语境适切度 ………………（232）
　第三节　"一个 X + VP"的构式化过程 …………………………（236）

第四节　从表示数量到前置型话题标记：构式中
　　　　　　"一个"的性质 …………………………………（240）
　结语 ………………………………………………………（244）

第九章　新兴构式"X 千万条，Y 第一条"探析 ……………（245）
　第一节　构式形成路径 …………………………………（246）
　第二节　流行原因探析 …………………………………（248）
　结语 ………………………………………………………（252）

参考文献 ……………………………………………………（253）

附录 1　释"长天老日" ………………………………………（268）
　第一节　"长天老日"的语义透明度 ……………………（268）
　第二节　词典编纂中成语释义的相关问题 ……………（274）

附录 2　"扎筏子"与"作法子" ………………………………（277）
　第一节　扎筏子 …………………………………………（279）
　第二节　作法子 …………………………………………（284）
　第三节　"扎筏子"与"作法子"之比较 …………………（287）
　结语 ………………………………………………………（289）

后　记 ………………………………………………………（291）

上 篇

现代汉语嵌入式预制语块理论探讨

第一章

绪　　论

第一节　选题缘起

20世纪50年代美国心理学家Miller提出，短时记忆的容量为"7±2"个单位，这个将若干单位联合成有意义的、较大单位的信息加工的记忆单位就是组块（chunking）。例如，对于不熟悉英语的人来说，"THANKYOUVERYMUCH"共包含16个字母，要完整地记忆起来就会感觉到有些困难；而对于英语学习者来说，他就会把这一串字母自动切分为四块——THANK、YOU、VERY和MUCH，这四块在识别过程中分别是以词的形式进行整体提取的，交际时并不需要继续进行加工分析。日常生活中我们也经常有信息链条组块的现象，只不过有些习焉不察罢了。举例来说，手机号码、银行账号等符号串形式的信息都需要组块才更便于记忆。如果符号串中的每一个符号单个去处理的话，记忆难度无疑就会加大。语言符号具有线条性，交际过程中语言符号信息的传递是一维的，"只能在一个向度上测定：它是一条线……视觉的能指可以在几个向度上同时并发，而听觉的能指却只有时间上的一条线；它的要素相继出现，构成一个链条"①。为了信息编码和解码的需要和方便，语言使用者势必要把一系列的语言符号进行组块，否则交际的难度就会增加。叶斯柏森（Jesperson）认为"如果需要分别记住每一个项目，说话人将不堪重负，语言会变得难以驾驭"②。

预制语块源于组块概念。所谓"语块"，指"由多个词语组成的、形式和意义都较为固定的单位，即相关语言成分结成了'块'状结构，同现共用……语块是一种特殊的结构单位，它大多是介于词和句子之间的短语形式"③。随着语言研究的不断深入，预制语块越来越受到诸多学者的重视，成为语法研究的热点之一。之所以称其为预制语块，是因为其显著特征是：形式被整体记忆储存，在即时交际中被整体提取，并不需要使用语法规则来加工分析。

在现代汉语的预制语块中，嵌入式预制语块数量可观，其稳中有变，既有封闭性又有开放性，集中体现了语言创造性和习用性相结合的特点，非常有必要进行深入研究。近年来，随着构式语法理论的不断发展和相关研究的逐步深入，从嵌入式预制语块出发来观察构式的组成，体现出语言研究的整体观理念，有利于揭示语言运行和发展的规律和本质，从而建立新的更全面合理的语言分析理论模式。正如张伯江（2018）指出的那样，一个语法结构里含有它的组成成分所没有的语法成分和意义成分，这是典型的构式现象。众所周知，从术语定义角度看，构式的内涵和外延在目前学界仍未达成共识，但不可否认的是，构式语法理论的用武之地恰恰就在那些形式和意义存在不对应的句法结构上。很多嵌入式预制语块的整体意义并不能依据字面意义进行简单类推，因而把嵌入式预制语块和构式结合起来进行探讨，确实具有很大

---

① ［瑞士］索绪尔：《普通语言学教程》，高名凯译，商务印书馆1980年版，第106页。
② Wray, *Formulaic Language and the Lexicon*, Cambridge University Press, 2002, p.7.
③ 施春宏：《汉语纲要》，北京语言大学出版社2018年版，第203页。

的可行性。

除了既有的嵌入式预制语块之外，新的嵌入式预制语块大量产生。如近年来产生的"楼脆脆、楼歪歪、楼倒倒、被自杀、有一种 A 叫（作）B、A 并 B 着"等，这些嵌入式预制语块具有明显的时代气息，有的甚至还对现代汉语的既有语法形成了强大的冲击力，充分体现出"用法先于语法"的动态语法变化。

随着时代的快速发展，新的嵌入式预制语块将会不断产生。本书以此为论题，一定程度上保证了研究可持续发展的空间和可能，力求为后续的动态研究和挖掘提供鲜活的真实语料，这样既可以继续完善和深化嵌入式语块的研究，也能够对已有的研究作出反思和修正。

第二节　研究综述

一　国外嵌入式预制语块的研究

国外学界对语块的关注早已有之。较早作出探讨的是叶斯柏森（Jesperson）。他曾专门讨论过大致相当于今天多数学者所说的语块概念 formula 或者 formular units，认为诸如"How do you do?"等语言单位与自由表达式（free expressions）之间存在明显的不同，"处理这两种语言单位时的心理行为不同"，"How do you do?"这类语言单位形式、意义固定而且是作为整体处理使用的（it is felt and handled as a unit）。[①]

不同学术领域之间的互相参照和借鉴经常发生。追根溯源，"语块"这一概念是从认知心理学领域引进到语言学中的。1956 年，美国心理学家 Miller 提出著名的短时记忆组块（chunking）理论，组块的概念提出之后就受到心理学界的关注。为扩大短时记忆的容量，可采用组

---

① Jesperson, *The Philosophy of Grammar*, London: George Allen & Unwin Ltd., 1924, pp. 18–24.

块的方法，即将较小的记忆单位组合成大的单位来记忆，这种较大的记忆单位就叫作块。如果超过短时记忆的容量或插入其他活动，短时记忆容易受到干扰而发生遗忘。传统语言研究普遍认为，语言是人们按照语法规则将词汇组合在一起而形成的。但是，随着研究的不断深入，人们发现语言中存在很多预制的结构，在提取时并不需要由语法规则生成，而是直接提取。在 Miller 短时记忆组块理论的基础上，20 世纪 70 年代中期 Becker（1975）把组块理论引入语言学研究中，进一步提出预制语块理论，很快获得语言学研究领域特别是二语教学界和自然语言信息处理领域的高度重视。他指出，"短语词"（phrasal lexicon）的所指与"习语"（idiom）相近，并认为"短语词"这类语言单位具有整体性、固定性，在语言使用过程中，其记忆和存储、输出和使用，并不以单个词为单位，而以固定或半固定模式化的语言板块来进行。①

　　实际上，还有不少语言学研究者也都已经注意到语块的存在。"现代语言学之父"索绪尔就指出："当复杂的思想由一连串很常见的有意义的单位表达时，大脑会放弃分析而走捷径，将该概念由整个符号串来表达，这些符号串成为一个简单的单位。"②

　　著名语言学家莱昂斯在《理论语言学导论》一书中提到，"除了那些可以用完整的话语并且不能扩展和变化的'现成'表达式之外，还有一些现成表达式。它们不构成语法结构，或者只是部分地构成结构，但可以通过一些能产的规则组合在句中。例如，What's the use of ~ing?（做……有什么用处？），down with ~！（打倒……！），for ~ sake（为了……）。对这些要素还没有普遍接受的术语，我们将称它们为 schemata"③。Bolinger 曾打过一个比较形象的比方，"我们的语言并不要求我们建造每一

---

① Becker, *The Phrasal Lexical*, Cambridge, Mass.: Bolt and Newman, 1975, pp. 61 - 62.
② Wray, *Formulatic Language and the Lexicon*, Cambradge University Press, 2002, p. 7.
③ John lyons, *Introduction to Theoretical Linguistics*, Cambridge University Press, 1968, pp. 177 - 178.

样东西都要用木板、钉子和图纸,语言给我们提供了很多预制材料"。① Becker(1975)认为语言的记忆和存储、输出和使用并不是以单个的词为单位的,那些固定和半固定化的板块结构才是人类语言交际的最小单位。② Altenberg(1991)对近20年来大规模的真实语料的统计分析表明,自然话语中70%是由单词和固定短语之间的一种半固定的"板块"(chunk)结构来实现的。③

总而言之,国外研究者对语块的关注最初为习语(idioms),近年来语块的研究范围逐渐扩大,深度不断增加,"语块"概念界定、性质及分类等研究也呈现出多元化的态势。

二 国内嵌入式预制语块研究概述

(一) 国内嵌入式预制语块研究

纵向来看,国内嵌入式预制语块研究走过了一段从不自觉到自觉再到不断深入的历程。不自觉的原因在于这类嵌入式预制语块往往由于其意义难以用传统的语法规则作合理的解释而长期处于研究的边缘地带。张风格(2005)认为:"用字色彩性强的、结构整齐的语言模块容易受到重视,而像口语习用语这样用字极为普通、结构参差不齐、没有什么凸显的语言模块则往往容易被忽视,甚至使用了也浑然不知。"④ 从1949年到20世纪80年代为探索草创时期,期间论著数量不多,研究也较为分散,并未形成鲜明的研究主题,但嵌入式预制语块已经引起了学者们的关注。陆志韦《汉语的并立四字格》⑤ 一文在讨论构词法时就谈到该

---

① Wray, *Formulate language in learners and native speakers*, Language Teaching, Vol.6, 1999, pp. 212 – 231.
② 贾琳琳:《词块理论及其对第二语言能力发展的启示》,《江汉大学学报》2004年第1期。
③ 刘晓玲、阳志清:《词汇组块教学——二语教学的一种新趋势》,《外语教学》2003年第6期。
④ 张风格:《口语习用语研究的两个问题》,《语言文字应用》2005年第2期。
⑤ 陆志韦:《汉语的并立四字格》,《语言研究》1956年第1期。

类语言现象，注意到四字格中像"不……不……"这类格式属于半自由式。作者运用"扩展法"对诸如"千×万×""东×西×""有×无×""连×带×"等到底是词还是词组的问题作了探究。除语法界之外，嵌入式预制语块在修辞研究领域也被顺便提及。陈望道《修辞学发凡》阐述"镶嵌"辞格时也涉及此类语言现象。他认为，"有时为要话说得舒缓些或者郑重些，故意用几个无关紧要的字来拖长紧要的字的，我们可以称为镶字"。镶字以镶加虚字和数字为最常见，如把"干净"两字镶上"一二"两字，作"一干二净"，"差错"两字镶上"一二"两字，作"一差二错"，"红白"两字镶上"一二"两字，作"一红二白"，作者指出这一辞格具有延音加力的作用。①

《现代汉语八百词》② 把诸如"半……半……""不……不……""大……大……""非……非……"等总共14个常用格式收入其中。该著"现代汉语语法要点""句法"部分在论述"句子的复杂化和句式的变化"时就提到"一般要合用"和"可以合用也可以单用后一个的"的格式，例如"越……越""一……就""与其……不如""也……也"等。但这些看法还局限在句子层面上。朱林清、莫彭龄、刘宁生等著的《现代汉语格式初探》③ 收释汉语常用格式32个。张拱贵的《语法格式和语汇格式〈现代汉语"格式"初探〉序》④ 一文对有关理论作了集中探讨，并把格式分为"语法格式"和"语汇（词汇）格式"两大类。武柏索、许维翰、陶宗侃、阎淑卿等合编的《现代汉语常用格式例释》⑤，该书共收集现代汉语常用格式513个（其中语法格式476个，词汇格式

---

① 陈望道：《修辞学发凡》，上海教育出版社1997年版，第166页。
② 吕叔湘：《现代汉语八百词》，商务印书馆1999年版，第28页。
③ 朱林清、莫彭龄、刘宁生等：《现代汉语格式初探》，天津人民出版社1987年版。
④ 张拱贵：《语法格式和语汇格式——〈现代汉语"格式"初探〉序》，《汉语学习》1985年第5期。
⑤ 武柏索、许维翰、陶宗侃、阎淑卿合编：《现代汉语常用格式例释》，商务印书馆1988年版。

37个），作为一部专门的格式词典，内容详尽且解释到位。1989年常玉钟发表文章《口语习用语略析》[①]，提出了口语习用语的概念。后来他主编了《口语习用语功能词典》[②]，对常见口语习用语作了专门的收集、整理、比较、解释，并且注重从语用角度去对口语习用语作动态考察，其中就涉及不少嵌入式预制语块，比如"大A特A、有/没什么好A的、放A点、什么A不A的"等。邵敬敏撰文《口语与语用研究的结晶——评〈口语习用语功能词典〉》[③] 对其给予了高度评价，认为该词典"解释语义的角度与众不同，独具慧眼，特别注重阐发词条字面意义之外的在一定语言环境中的特定的语用含义"，兼具使用价值和理论价值，是"综合运用句法、语义、语用三个平面的理论来指导汉语研究，特别是注重语用含义的研究"的一项成果。刘叔新（1990）[④] 指出，在汉语中除去成语、惯用语和歇后语之外，还有一类就是"准固定语"，除了四字短语外，还包括双音节词和三音节短语。他又从固定搭配组和特定搭配组角度出发，把"左……右……""千……万……"等特殊格式称为特定搭配组。在张卫国的《现代汉语实用语型——准确理解、自由表达的新途径》[⑤] 一书中，张寿康先生作序说"语型，是现代汉语中客观存在的一种重要的表达手段，在语言中是作为构件使用的。每个语型都有固定的部分和可变的部分，都有自己固定的结构关系和意义，都有对加进变化部分的适应性，这种变化部分和扩展的适应性，就能生成许多运用单位"。刘德联、刘晓雨的《汉语口语常用句式例解》[⑥] 是一部帮助外国人学习

---

① 常玉钟：《口语习用语略析》，《语言教学与研究》1989年第2期。
② 常玉钟主编：《口语习用语功能词典》，北京语言学院出版社1993年版。
③ 邵敬敏：《口语与语用研究的结晶——评〈口语习用语功能词典〉》，《世界汉语教学》1994年第2期。
④ 刘叔新：《汉语描写词汇学》，商务印书馆1990年版。
⑤ 张卫国：《现代汉语实用语型——准确理解、自由表达的新途径》，中国人民大学出版社1992年版。
⑥ 刘德联、刘晓雨：《汉语口语常用句式例解》，陶友兰译，北京大学出版社2005年版。

汉语的书，收录了汉语口语中常见的短语和固定句式共527条并作了细致具体的例释工作，实用性较强。莫彭龄的《"格式"研究刍议》① 提出了格式的微观和宏观研究、历时和共时研究、种类和层级研究。作者认为，格式的微观研究主要指分析研究每一种格式的结构、意义以及变体等；宏观研究指的是着重研究格式的种类和层次。所谓历时和共时结合，对于格式的演变发展中的继承性和民族性都有帮助。更为可贵的是，作者区分了语法、词汇和修辞等不同层面的格式，认为研究过程中既要相互区别，又要相互联系，观点中肯，颇具方法论色彩。

张卫国《四字语型及其应用》② 这部书和他的《现代汉语实用语型——准确理解、自由表达的新途径》相互参照，相得益彰，既有理论探讨，又有具体阐释。20世纪90年代以来，受到对外汉语教学实践的内在需求和韵律构词学以及认知语言学等国外语言学理论的影响，不少学者开始有意识地运用相关理论来进行探讨，研究视角多有不同，往往给人以耳目一新的感觉。现代汉语嵌入式预制语块的研究呈现出前所未有的繁荣局面。

周荐（1999）③ 提出了"待嵌格式"这一名称，并认为"待嵌格式"属于双语素合成词的一部分，如"半……半……""不……而……""千……万……""一……二……""大……特……""连……带……""一……就……""道……不……"等皆为待嵌格式。后来他在《〈现代汉语词典〉中的待嵌格式》④ 中以《现代汉语词典》为封闭语料，共列出33个待嵌格式，认为"两字交替显现、两字（个别的为多字）交替隐含而需人们在使用中将隐含的字填补进去以成就一个新的词汇单位的准四字格式"，针对语言中待嵌格式远远不止33个这一客观事实，对

---

① 莫彭龄：《"格式"研究刍议》，《常州工学院报学术论文集》1986年第2期。
② 张卫国：《四字语型及其应用》，中国物资出版社1989年版。
③ 周荐：《双字组合与词典收条》，《中国语文》1999年第4期。
④ 周荐：《〈现代汉语词典〉中的待嵌格式》，《中国语文》2001年第6期。

《现代汉语词典》关于待嵌格式的收条问题提出了独特的见解。孟祥英（2014）[①] 沿用了"待嵌格式"这一术语，选取了 240 个较为典型的待嵌格式作为研究对象，既有整体的观照，又有个案的剖析。齐沪扬（2000）[②] 称之为"类固定短语"。温锁林（2003）[③] 在对当代克隆语进行归纳和整理的基础上，分析了当代克隆语产生的语言、社会文化等多重原因，指出当代克隆语对语言发展的影响。周荐（2008）[④] 密切关注当前大量衍生的熟语性短语这类语言现象，认为是"近年来大量涌现的一类临时性的语汇现象"。邵敬敏（2008）提出"框式结构"（frame construction）的术语并作了界定，"典型的框式结构，指前后有两个不连贯的词语相互照应，相互依存，形成一个框架式结构，具有特殊的语法意义和特定的语用功能，如果去除其中一个（主要是后面一个），该结构便会散架；使用起来，只要往空缺处填装合适的词语就可以了，这比起临时组合的短语结构具有某些特殊的优势。就好比现代化的楼房建造，常常采用的框式结构一样，简便、经济、实用、安全"[⑤]。这些成果的问世表明嵌入式预制语块已经引起学界的广泛关注。

在口语研究尤其是在对外汉语教学过程中，人们发现嵌入式预制语块非常有实用价值，是对外汉语教学的重点和难点。嵌入式预制语块其实早就引起对外汉语教学领域学者们的重视，涌现出了不少研究成果。如周强、詹卫东、任海波（2001）[⑥]，段士平（2008）[⑦]，亓文香

---

① 孟祥英：《汉语待嵌格式研究》，齐鲁书社 2014 年版。
② 齐沪扬：《现代汉语短语》，华东师范大学出版社 2000 年版。
③ 温锁林：《当代"克隆语"初探》，《山西大学学报》（哲学社会科学版）2003 年第 4 期。
④ 周荐：《"语模"造语浅说》，《语文研究》2008 年第 1 期。
⑤ 邵敬敏：《"连 A 也/都 B"框式结构及其框式化特点》，《语言科学》2008 年第 4 期。
⑥ 周强、詹卫东、任海波：《全国第六届计算语言学联合学术会议论文集》，清华大学出版社 2001 年版。
⑦ 段士平：《国内二语语块教学研究述评》，《中国外语》2008 年第 4 期。

（2008）①，施春宏（2011）②，苏丹洁、陆俭明（2010）③ 等学者分别围绕构建大规模的汉语语块库、语块研究现状以及面向第二语言教学汉语构式研究的基本状况和研究取向进行了有益的探索，深化了对语块的认识。

（二）当前国内嵌入式预制语块研究存在的不足

尽管国内在嵌入式预制语块方面取得了不少成绩，但仍存在着诸多不足，可以概括为"三个有余，三个不足"。

1. 术语数量有余，清晰界定不足

从已有成果看，反映嵌入式预制语块这一概念的名称繁多，国内外相关文献所用术语加起来多达十几种，国外的术语如 lexical chunks、lexical bundles、lexical phrases、pre-fabricated chunks、ready-made complex units、semi-fixed patterns、form-meaning parings、formulaic sequenced 等，国内则有格式、框式结构、语型、类固定短语、待嵌格式、口语习用语、克隆语、准固定语等。通过考察，我们发现这些术语内涵并不一致，不同术语都有着不同的侧重点，涵盖范围常常会发生交叉现象，有的甚至存在着很大差异。术语的差异在一定程度上反映了研究者的主观差异，但是不可否认，这种较大的分歧和模糊界定在一定程度上制约了嵌入式预制语块的深入研究，给整体把握现代汉语嵌入式预制语块带来一定的困难和阻碍。

2. 全面描写有余，理论解释不足

全面描写有余而理论解释不足是嵌入式预制语块研究过程中一个比较突出的问题。学者们在研究过程中作了比较详尽的描写，这为嵌入式

---

① 亓文香：《语块理论在对外汉语教学中的应用》，《语言教学与研究》2008 年第 4 期。

② 施春宏：《面向第二语言教学汉语构式研究的基本状况和研究取向》，《语言教学与研究》2011 年第 6 期。

③ 苏丹洁、陆俭明：《"构式—语块"句法分析法和教学法》，《世界汉语教学》2010 年第 4 期。

预制语块的进一步深入研究打下了良好的基础。但总体来看，不少研究成果在描写的同时缺乏相应的理论阐释。虽然有些学者开始试图运用相关理论来进行分析研究，但深度还不够，仍有较大的研究余地。

3. 静态考察有余，动态分析不足

已有的嵌入式预制语块研究多为静态研究。其实对于许多嵌入式预制语块来说，这种研究视角还不能够满足语言研究的需要。语言研究需要静态和动态的有机结合。以嵌入式预制语块为例，其中不少例子就涉及语法化和语义变化等问题。如果在静态考察的基础上，对其进行动态的追踪，无疑会使研究更加全面，更加立体。许多嵌入式预制语块甚至在先秦时期就开始大量使用，一直沿用至今。从这个意义上讲，许多嵌入式预制语块也是我们进一步了解汉语史的一扇极好的窗口。尤其需要注意的是，近年来新产生的一些嵌入式预制语块对现代汉语语法形成了强有力的冲击，这不能不引起我们语言工作者的高度重视。只有这样才能更好地掌握汉语发展的动态特征。

三　嵌入式预制语块研究的兴起原因及努力方向

（一）嵌入式预制语块研究的兴起原因

嵌入式预制语块研究的兴起并非偶然，主要受两方面的因素影响。

1. 国际上外语教学方法不断更新的影响推动

20世纪70年代以来，受行为主义和结构主义理论的影响，结构教学法在语言教学中占有主导地位。这种方法将句法作为语言的中心，句型教学成为主要内容。这对学习者系统有序地学习语言有一定的帮助。但是这种方法割裂了语言形式、意义及功能之间的密切联系，过分强调语言形式和内部结构，对语言交际能力及语言运用的得体性关注不够。70年代后，交际法开始逐渐受到前所未有的重视。这种方法注重培养学习者运用语言进行交际的能力，强调学习者只有大量接触语言事实并在一定的社会交际情景之中使用语言，语言的交际能力才能得到发展。但是这种教学法也有它的不足之处，具体来说就是忽视语法作用，语言教学缺乏规律性和系统性，往往使学习者缺乏对语言形式的分析能力和对语法知识的系统掌握。

伴随着认知心理学和认知语言学的兴起和蓬勃发展，研究者发现，人们在交际过程中往往是对一系列的词语进行组块来理解、记忆、储存和提取的，语言中大量存在的预制语块就像盖房子的预制板一样。作为语言的半成品，语块完全可以作为储存和输出的理想单位，提高人们使用语言的流畅性。对语料的大量分析和研究揭示了人们在语言交际过程中经常整存整取一些使用频繁并且用法较为固定的语言单位，如 look forward to、not so much as 等。为此，词汇组块教学法又异军突起。该方法认为学习者的语言体系并非简单的语法规则和一堆单词的组合，而是有许多并不需要人们作深入的语法加工就可以使用的各种语块构成的语库。它提倡学习者学习过程中的整体性输入和输出。语块在二语习得和使用中的作用已得到许多语料库研究成果的有力证实和支撑。作为一种新的教学单位，语块有许多优势，给二语教学带来了一种新思路，受到了外语教学界的高度关注。

2. 国内对外汉语教学发展的内在需求

目前，我国对外汉语教学事业驶进了迅猛发展的快车道。新中国对外汉语教学肇始于 1950 年，至今已有 70 年的历史。20 世纪 70 年代末，随着中国改革开放和经济发展的不断深入以及综合国力的增强，中外交流日益频繁，汉语在国际交往中的地位、作用和应用价值愈发重要。从那时候起，每年都有大量的海外留学生涌入中国，对外汉语教学的理论建树和实践探索显得更加迫切和重要。在教学法方面，我国对外汉语教学也在不断摸索。20 世纪五六十年代初受传统教学法的制约，对汉语初学者而言，对外汉语教学主要通过翻译来讲解语音和语法理论。60

年代开始注重强调培养语言技能，侧重于精讲多练。70 年代以句型教学为主要方法。80 年代以来，中国对外汉语教学法的研究更加受到重视，注意在总结自己经验的基础上吸收其他外语教学法的长处，正确处理语言的结构、意义和功能的关系，把结构和功能有机地结合起来。

对外汉语教学的根本目的是要提高学生的汉语水平。近年来人们通过研究发现语言中存在大量的语块。这一研究结果迅速吸引了二语教学以及对外汉语教学界的目光。语块数量多，具有一定的凝固性，语言学习者在使用上不必花费太多的精力就可以整体提取和使用，语块的习得对于保证提高语言学习效果尤为重要。语块在一语和二语习得和使用中的作用已得到许多研究的证实。"在日常的语言交际中，语块占有相当大的比例。在第二语言教学和习得中，语块占有相当重要的地位。"[①] 作为一种新的二语教学单位，语块具有许多优势。尽管当前语块理论还有不完善之处，但它给二语教学带来了一种新思路。这一新趋势应得到外语教学界足够的重视。正如周健（2007）所说"考察汉语中的语块形式表现，评价语块运用在第二语言习得中的作用与价值，研究语块教学、培养学生汉语语感，对于提高对外汉语教学效率具有重要的实践意义"[②]。

（二）嵌入式预制语块研究的努力方向

经过众多学者的努力，国内语块研究取得了不少成绩。不过语块的研究主要集中在外语教学方面，呈现出零散、不太深入的特点，汉语中的语块研究也并不成系统，特别是现代汉语中的嵌入式预制语块，其研究更是有着较大的挖掘空间。

针对已有的研究，当前现代汉语嵌入式预制语块亟待解决的问题，

[①] 施春宏：《汉语纲要》，北京语言大学出版社 2018 年版，第 204 页。
[②] 周健：《语块在对外汉语教学中的价值与作用》，《暨南学报》（哲学社会科学版）2007 年第 1 期。

归纳起来主要有以下几方面。

1. 嵌入式预制语块中的框架是不是都是构式？如果某些框架可以看作一个构式的话，那么构式和嵌入项之间究竟存在什么样的关系？

2. 语境对嵌入式语块的语义有何具体影响？

3. 嵌入式预制语块在识解过程中有哪些认知机制在起作用？

4. 语言随着时代的发展而不断变化，嵌入式预制语块也不例外。用动态眼光来看，近年来许多新出现的嵌入式预制语块对现代汉语语法形成了怎样的影响？

5. 嵌入式预制语块的格式塔理解和非线性特征有何具体体现？

这些问题都是本书关注和试图努力解决的主要内容。

需要指出的是，本书在研究框架上主要分为两大部分，上篇主要是理论层面的探讨，包括界定、分类和特点，以及语义特征和语用修辞价值。从客观语言事实上讲，由于现代汉语中语块数量多，因此这部分理论探讨也只能从宏观和共性的角度作出一般性观照和论述。下篇主要是个案分析，我们主要针对现代汉语中一些具体的嵌入式预制语块进行分析，力求突出这些嵌入式预制语块的个性特征。

"名不正则言不顺"，对于科学研究来说，术语名称非常重要。众所周知，学科体系中的概念需要术语来呈现。随着学术研究的持续深入和学术成果的不断丰富，术语也会越来越浩繁，同一个概念会因为研究者的主观差异出现不同的术语。通过查阅资料，我们发现，类似于本书所称的"嵌入式预制语块"，学界就有"克隆语""框架式语块""框式结构""语模""语型"等多种术语。这些内涵相近的术语，目前我们并不能作出优劣评价，只能说不同的术语体现了不同学者的主观认识和研究取向。本书之所以称之为"嵌入式预制语块"，目的并非标新立异，而是基于实用和便于理解的前提和原则作出考虑：

首先，就既有的嵌入式预制语块研究而言，以"格式"命名最为多见。传统的"格式"这一概念运用广泛，但含义笼统宽泛，指称不明朗，对其理解和用法不尽相同。例如，它可以理解为结构样式，张志公主编的《汉语知识》[①]就设有"一般单句的格式"一节内容，并把一般单句的格式分为"主、谓""主、谓、宾、补"和"主、谓、宾、补、定、状"这三种最基本的类型；"格式"还可以理解为"固定结构"，《汉语知识》第二十三章中就指出"汉语里有许多固定格式，同各种一般的结构不同，不能按照一般的结构规律加以分析"。此外还有修辞格式、语法格式等。总而言之，"格式"这一概念外延较大，涵盖范围较广，不足以凸显该类结构的主要特征，也为研究带来了不少弊端。

其次，采用"嵌入式预制语块"这一名称，笔者认为至少有两方面的好处：一是凸显了该类语言单位整体上的凝固性。"语块"这一概念本身就清楚地表明语言中某些结构在交际过程中是作为一个整体被提取和识别的，而"预制"又对其作了进一步的内涵限制，其结构的整体性和稳固性特征更加显豁。二是"嵌入式"彰显了该类结构由可变部分和不可变部分两大部分组成，充分体现了语言符号的组合与聚合关系。

最后，语块和构式之间关系的研究目前也引起了学者们的高度重视。"尽管'语块'这个术语在一般大纲和教材中都少有出现，但基于语块理论的二语教学和习得研究则已经非常普遍和深入了。"[②] 通过研究我们发现，嵌入式预制语块中存在着大量的构式。以认知语言学相关理论为纽带，将嵌入式预制语块和构式进行相互观照，这对语言的深入研究具有积极意义。张拱贵先生就提出："这样的'格式'，在语法上

[①] 张志公主编：《汉语知识》，人民出版社1979年版。
[②] 施春宏：《汉语纲要》，北京语言大学出版社2018年版，第204页。

是一个整体，内部有结构关系，外部有句法功能。有些'格式'在使用上常常带有某种习惯性，不能用一般的语法规则来解释。"① 这一点实际上已经谈到了构式的意义，只不过还没有提升为相应的理论。许多嵌入式预制语块中的框架结构有着单独的意义，不能从嵌入成分的意义去推导出来，这一现象也说明了语言结构的非线性特征。

第三节 现代汉语嵌入式预制语块的研究意义

对现代汉语嵌入式预制语块进行深入全面的研究，无论对汉语本体研究还是对外汉语教学实践都有着积极的意义。

一 理论意义

受结构主义语言学的影响，传统的语言学研究认为，语言是由词汇句法按照一定规则组合的一种高度系统化的体系，词法和句法在一定程度上被人为割裂开来，分别置于两种不同的语言层次上来研究，这种状况在某种程度上不利于语言的深入研究和对客观语言现象的挖掘。通过对兼具词法和句法特点的嵌入式预制语块进行研究，可以寻找词法句法之间的接口，进一步完善现代汉语理论。

吕叔湘《汉语语法分析问题》曾指出："怎样用有限的格式去说明繁简多方、变化无尽的语句，这应该是语法分析的最终目的，也应该是对于学习的人更为有用的工作。"② 通过对汉语中大量极具能产性的嵌入式预制语块作系统深入的探讨，归纳总结其中蕴含的各种共性规律，得出以简驭繁、以点带面的结论，对于深化汉语语法理论具有积极意义。

---

① 张拱贵：《语法格式和语汇格式——〈现代汉语"格式"初探〉序》，《汉语学习》1985年第5期。
② 吕叔湘：《汉语语法分析问题》，商务印书馆1979年版，第61页。

二 实践意义

时人先贤分别从语法、修辞、词典编纂等方面对嵌入式预制语块展开了较为深入的研究，为我们继续探讨奠定了坚实的基础。事实上，对嵌入式预制语块进行全面细致地分析和挖掘，并从句法、语义和语用等方面进行全方位、多角度研究，必将有助于加深对汉语语法理论的探索，从而有效地指导对外汉语教学实践。长期以来，对外汉语教学体系中，嵌入式预制语块一直处于边缘地带，往往与惯用语、插入语以及关联词语等混杂在一起，界限不清，这种处理不尽合理，不利于教学内容编排的科学化，在一定程度上影响了教学效果。举例来说，无论是《桥梁·实用汉语中级教程》《高级汉语教程》等现行教材，还是《汉语口语常用格式例释》《汉语常用格式330例》等工具书都存在这一问题。李振中（2008）指出："在汉语教学，尤其是汉语作为第二语言教学中，把抽象的语法规划'化'到具体的结构中去，不但能迅速地理解结构的基本意义，还能够帮助学生迅速地提高说写能力。这对语言教学无疑是极为有用的一个环节。"[①] 因此，对现代汉语嵌入式预制语块进行专门研究，有利于促进对外汉语教学内容设计、教材编写进一步科学化、精密化，特别是通过比较不同语言文化背景下的嵌入式预制语块，有利于强化教师和学习者的语块意识，进一步推动第二语言的习得，对于对外汉语教学和研究均可起到有价值的参考作用。

现代汉语嵌入式预制语块的研究对于词典编纂也有积极的实用价值。以《现代汉语词典》为例，其中就收录了不少嵌入式预制语块。通过研究，可以推动词典编纂的科学性。

此外，由于嵌入式预制语块便于减轻语言加工压力，它的研究有助

[①] 李振中：《试论现代汉语框式结构》，《甘肃社会科学》2008年第5期。

于深化我们对语言生成的认识，同时对计算机信息处理也具有一定的参考价值。

本书试图在前人研究的基础上，通过对具体语言事实的观察，进一步深化对现代汉语嵌入式预制语块的认识。

第四节　研究方法及语料来源

一　研究方法

本书采用文献研究法，利用图书馆和相关网络学术资源，梳理和探究涉及语块理论的文献资料，掌握最新的研究动态；尝试运用概念隐喻理论、概念整合理论以及构式语法理论等对汉语嵌入式预制语块的结构进行分析。

此外，本书将结合格式塔理论、范畴化、原型范畴理论、构式语法理论等，力求做到"三个结合"和"三个充分"，即定量与定性相结合、宏观与微观相结合、共时与历时相结合，观察充分、描写充分以及解释充分，注重实证研究，充分借助语料库等方法，以真实文本为依托，尽可能用较大规模的实际数据来验证相关结论，进而提高结论的科学性与实际应用的有效性。

二　语料来源

为了使结论尽可能符合事实，统计数据尽可能客观准确，本书的调查和研究是在考察了足够数量的语料基础上完成的。所使用的语料大部分来自北京大学 CCL 语料库、北京语言大学 BCC 语料库，同时借助汉籍全文资料库以及国家语委现代汉语语料库等检索系统，收集了包括报刊、文学、电视电影、戏剧、口语等各种形式的大量真实语料。另外也有部分语料是从纸质报刊、主流网络（以人民网为主）以及各类论文著作中引用的，所引语料篇目随文注明，转引他人用例，亦随文注明。个别语料在保证意义基本不变的前提下稍有删略。本书还以《现代汉语词典》《应用汉语词典》《现代汉语八百词》等权威工具书为语料来源，以考察嵌入式预制语块在词典编纂中的重要作用。

第二章

嵌入式预制语块的界定、分类及特点

第一节 嵌入式预制语块的界定

一 语块和预制语块

传统语言研究中,词法和句法呈现二元对立状态,语块研究由于找不到合适的"栖身之所"而受到冷落。近年来,语块越来越受到理论语言学特别是应用语言学的重视,这也反映出语言研究者对词法句法简单二分的质疑和语言研究的逐步深入。

嵌入式预制语块属于语块范畴内的一种特殊类型。因此要对嵌入式预制语块作出更有效的界定,需要从其上位概念——语块讲起。

语块又称预制语块,源于认知心理学领域的组块概念。在语言交际过程中,语块具有优势记忆功能,说话者并不需要付出多大努力就可以运用自如。从语言理解角度看,层次分析法不必分析到词,中文信息处理中也提出了浅层分析的概念。但是目前对"语块"存在着不同的理解,主要有以下几种说法。

Wray(2002)[①] 从心理学角度作出定义:"连续的或非连续的词或

---

① Wray, *Formulatic Language and Lexicon*, Cambridge: Cambridge University Press, 2002.

其他成分的序列，该序列似乎是事先预制好的，以整块的形式存储在记忆中，使用时整块从记忆中提取，而不受语言生成规则或分析规则的制约。"Nattinger 和 De Carrico（1992）① 认为语块是"介于词汇和句子之间的模式化短语"。王立非、张大凤（2006）② 则提出："语块是一种兼具词汇与语法特征的语言结构，通常由多个词构成，并具有特定的活动功能。"段士平（2008）③ 认为"语块是真实言语交际中以高频率出现的大于单个单词的整体的多词单位"。除了从结构入手对语块下定义之外，也有学者从认知角度对语块作了界定。如苏丹洁、陆俭明（2010）④ 认为根据构式内部语义配置的实际情况，将一个构式划分为线性连接的语块链，构式内部语义配置的每一部分语义都以一个语块的形式来承担。如"存在句"的语义配置可以划分为三个语块：存在处所——存在方式——存在物。

周健（2007）则以"你觉得北京和广州有什么不一样"作为母句，通过变换语序，得到 5 种变化形式的子句：

（1）北京和广州　你觉得　有什么不一样？
（2）你觉得　有什么不一样　北京和广州？
（3）北京和广州　有什么不一样　你觉得？
（4）有什么不一样　你觉得，北京和广州？
（5）有什么不一样　北京和广州，你觉得？⑤

通过母句到子句的变换，表明"你觉得北京和广州有什么不一样"

---

① Nattinger, De Carrico, *Lexical Phrases and Language Teaching*, Oxford: Oxford University Press, 1992, p. 23.
② 王立非、张大凤：《国外二语预制语块习得研究的方法进展与启示》，《外语与外语教学》2006 年第 5 期。
③ 段士平：《国内二语语块教学研究述评》，《中国外语》2008 年第 4 期。
④ 苏丹洁、陆俭明：《"构式—语块"句法分析法和教学法》，《世界汉语教学》2010 年第 4 期。
⑤ 周健：《语块在对外汉语教学中的价值与作用》，《暨南学报》（哲学社会科学版）2007 年第 1 期。

这句话实际上是由"你觉得""北京和广州""有什么不一样"3个语块组成。在此基础上,周健认为句子内的顺序是"语块序列"而不是"词序"。

对语块的划分不要求像层次分析法那样逐步切分出具有结构关系的直接成分,一直分析到词为止,而是作浅层句法分析就可以。从我们收集到的资料来看,当前预制语块研究主要集中在外语教学界,汉语语块的研究还未受到足够的重视,还有不断深入探讨的空间和必要。

综合各家之说,我们认为预制语块是共现率高、凝固性相对较强的多词组合,它具有一定结构,表达一定意义,包括常见的各种习语和搭配。其特征是:形式被整体记忆储存,并在即时交际中被整体提取而并不需要使用语法规则来加工分析。预制语块最主要的功能就是减轻说话人在交际时的加工压力,提高交际效率。

"预制语块"这一名称是一个具有隐喻特性的说法,就像建筑物建造过程中提前制作好的预制板。语块理论认为在自然语言中存在大量的预制语块,它们整体存储在记忆中,使用时直接提取,无须语法生成和分析,是语言交际过程中构成句子的基本单位,是构成语言的基础。由于预制语块能够大大提高语言输出的流利性和准确性,在语言教学中是帮助学生提高口语和写作能力的行之有效的方法,所以逐渐受到学术界的广泛关注。

二 嵌入式预制语块的界定和特点

嵌入式预制语块是预制语块的一种特殊下位类型,指在某一个既有框架的空槽(vacant slot)内嵌入由相关成分构成的嵌入项,嵌入项和框架相互依存,具有结构上的相对稳固性和语义的整体性,具有某种特定的语用功能。在语言交际过程中,嵌入式预制语块常常作为一个整体来使用。

（一）常项和变项同时存在，能产性强

嵌入式预制语块最显著的特点是常项和变项同时存在，二者缺一不可，否则就不构成嵌入式预制语块。其中常项构成该类语块的框架部分，形成空槽并对嵌入项起到定位作用。与零散的表达结构相比，具有一定抽象化的图式性结构更为合理而有效。受类推机制的作用，嵌入式预制语块已有的架构给语言使用者留下一定的嵌入空间。在某种条件下，不同的嵌入项嵌入框架中产生大量不同的嵌入式预制语块，实现图式结构的"实例化"。如：

1. 半……不……[①]：
半软不硬　半生不熟　半通不通　半红不黑　半中不洋
半凉不热　半新不旧　半饥不饱　半大不小　半死不活

2. ……二代：
穷二代　富二代　垄二代
房二代　股二代　独二代
官二代　权二代　红衫军二代

3. 将……进行到底：
将爱心进行到底　将慈善进行到底
将草根文化进行到底　将非职戏剧事业进行到底
将公益之路进行到底　将浪漫进行到底

4. ……自己的……，让别人说去吧：
炒自己的股，让别人说去吧
赚自己的钱，让别人说去吧

[①] 目前，学界对空槽部分的表示方式不尽相同。为了论述方便，书中涉及嵌入式预制语块框架的空槽部分主要采用"……"表示，个别地方为凸显嵌入项之间的区别或其整体性质，也采用字母"A""B"或"NP"（名词或名词性结构）、"VP"（动词或动词性结构）等形式表示。

下自己的蛋，让别人说去吧

卖自己的猪肉，让别人说去吧

拿自己的冠军，让别人说去吧

（二）结构具有相对稳定性

结构上的相对稳定性是指作为变项的嵌入项虽具有一定的灵活性，但整体来说，嵌入式预制语块结构相对稳定，这主要体现在两方面：一是空槽和框架的位置通常不可以随意互换；二是中间很少有语音停顿，也很难插入其他成分，内部结构较为紧密，尤其是四字格嵌入式预制语块。如"爱V不V（爱理不理）、不V_1而V_2（不战而退）、大X大Y（大鱼大肉、大鸣大放）"等嵌入式预制语块都具有这一特点。

（三）使用频率高

嵌入式预制语块的使用频率很高。语言往往具有两面性——稳固性和创造性，而嵌入式预制语块的框架和空槽部分恰恰同时满足了语言的这两个特性，可以不断地"旧瓶装新酒"。已有的框架部分稳固性强，符合语言表达的经济原则；空槽则给人们语言创新使用提供了一个相对自由的空间。因此，这种语言单位的使用频率就比较高，特别是近年来某些新兴嵌入式预制语块因为具有特殊的语用修辞价值，更是多见于各种媒体报刊，不少嵌入式预制语块甚至出现标题化倾向。

三 嵌入式预制语块与其他类似结构的区分

值得注意的是，有些语言结构从表面看类似于嵌入式预制语块，但并不属于同一类结构，如："半身不遂、半年不到"尽管也包含"半……不……"这样的成分，但不能看作嵌入式预制语块，因为"半身不遂"指身体一侧发生瘫痪，多由脑内出血引起，也叫偏瘫，并不是在"半不……"这样的框架中通过嵌入类推而来。类似的如"半年不到"等都并不是嵌入式预制语块。再如"百……不……"作为框架可以组造"百问不厌、百折不挠"等嵌入式预制语块，但"百年不遇"就不属于嵌入式预制语块。

嵌入式预制语块和框架介词之间也存在着一定的区别。框式介词包括前置词和后置词，其中前置词是能够独立在 NP 之前与之构成一个短语的介词，后置词是能够独立在 NP 之后与之构成一个短语的介词，这类框架结构如"在……上""从……里""向……外""自……起""到……为止""像……一样""跟……似的""对（于）……而言"等。本书研究对象不包括此类框架介词。

第二节 嵌入式预制语块的形式分类和层级性

一 嵌入式预制语块的形式分类

关于嵌入式预制语块的构成，已有不少学者关注。《汉语知识》[①]明确指出：有一类格式，"在应用的时候，中间某一个词或者某几个词不能更动，其余的可以动，但必须按照一定的格式同不能更动的词配合"。嵌入式预制语块主要由两部分构成，一部分是构成嵌入式预制语块的框架，具有不变性；另一部分为空槽（vacant slot），可以插入某个嵌入项（embedded item），具有可变性。

（一）根据框和槽的数量分类

1. 单框单槽类

根据槽和框的先后位置关系，单框单槽类嵌入式预制语块可以分为两类：前框后槽型和后框前槽型。

---

① 张志公主编：《汉语知识》，人民出版社 1979 年版，第 254 页。

在前框后槽型嵌入式预制语块中，前半部分是一个已有的框架，使用时嵌入项进入位于后半部分的空槽中。如"被……"：

（1）"被就业"的学生失去的绝不仅仅是选择就业机会的权利，学校办学的不力使他们在人才市场上缺乏竞争力才是学生最应追究学校责任的关键所在。（《江南时报》2009年12月31日）

（2）"被小康""被就业""被增长""被自愿""被退休"、物价"被下降"、家里"被用水"……小小介词"被"，伴随着一个个看似荒谬的搭配，不经意间，迅速蹿红网络与主流媒体，并日渐铺陈至人们的日常生活。（《江南时报》2009年8月14日）

（3）毕竟，政府的法定假日比起自由度高确定性却缥缈的"带薪假"来，要容易实现得多——每到法定节假日，员工"被全勤"的报道总是不期而至。（《扬子晚报》2010年3月11日）

"被……"语块中，可以进入空槽部分的是"小康、就业、增长、自愿、退休、下降、用水"等词语，整个嵌入式预制语块的意思是"客观事实上本来没有……，被说成……"。如，"被就业"就是客观上本来没有就业，被说成就业；工资"被增长"意为工资本来没有增长，但被说成工资增长。这一嵌入式预制语块在整体上反映了言域和行域之间的偏离。

在后框前槽型嵌入式预制语块中，后半部分是一个已有的框架，使用时嵌入项进入位于前半部分的空槽中，如"……多多"：

（4）对现代人来说，下蹲运动简便经济、易于坚持、好处多多。无论多忙，每天只需10—15分钟，在家里、办公室或公园都能练习。（《生命时报》2010年9月10日）

（5）相反，随着 A 股市场仍有可能形成热点多多，符合产业发展方向的个股出现上升通道、迭创新高的走势，近期的合加资源、烟台冰轮等个股均如此。(《国际金融报》2010 年 3 月 5 日）

（6）美国宇航局（NASA）科学家最新发布的一批斯皮策太空望远镜观测结果可谓亮点多多。其中最引人注目的是一颗新发现的行星，天文学家们相信，它很可能是迄今人类观测到的最年轻的行星，诞生可能才 100 万年或者更短。(《深圳商报》2004 年 5 月 30 日）

语料收集发现，可以进入"……多多"中空槽的嵌入项有"笑料、纠纷、麻烦、奖金、成绩、利好、奖品、陷阱、水货、骗局、抱怨、诱惑、限制、宝藏、受益、实惠、乐趣、机会、投诉"等词语。"多多"为副词重叠，通常用在动词性成分之前充当状语，起修饰作用，如"多多帮忙、多多锻炼、多多走路、多多学习"等。构成"……多多"框架后，"多多"位置居后，前面的空槽中嵌入相关名词形成嵌入式预制语块。

2. 单框双槽类

单框双槽类嵌入式预制语块中的两个嵌入项多为相同项，如"……归……"：

（7）众人笑归笑，可心里都很严肃：收在机腹下的起落架在高空中又怎能藏得住人？（姚育明《高坠死亡》）

（8）胡尔铖对亲家耐心地说："我们亲戚归亲戚，这是我们私人之间的事情。我怎么能用手中的权力徇私枉法呢？"（《人民日报》1995 年 4 月 21 日）

（9）意见归意见，服从归服从，他要同意呢，咱就拉回来。

（茹志鹃《剪辑错了的故事》）

再如"……就……"：

（10）后来她说，滚就滚，我本来就不想在这个家里呆。（苏童《妇女生活》）

（11）你不想见我，把我当作仇人，所以你宁可连饭也不吃，不吃就不吃吧！反正佑才回来，会带你上馆子享受的。（岑凯伦《合家欢》）

（12）"走就走。"过一会，娘说。听那口气，仿佛人走拦不住，也就不需留恋了。（阎连科《雪天里》）

3. 双框单槽类

这类嵌入式预制语块由两个框架和一个空槽组合而成，空槽位于两个框架中间。如"大……的"（由"大"和"的"构成，其中……为时间名词，如"大星期天的、大过年的、大白天的"）：

（13）宋代的汴梁出现了一个家伙，叫作"没毛大虫牛二"，我想大家都熟悉这个人物，因为逞勇好斗，一下成为这一方的不安宁。牛二出来了，大家纷纷逃走，说大虫来了，大虫来了。杨志很诧异，怎么大白天的有大虫，结果才知道，是一个恶徒。（马明达《钤记中华》）

（14）庙会的承办者也有难处："别光听着我们收入多，开销也大呀，光搭台子、请剧团就先投进去几十万。到时候，有关单位人员都来参与管理、服务，大过年的谁能白干哪？光赠票就得送出去好几万张，哪个有关单位给少了也不答应。"（CCL语料库 1994

年报刊精选）

（15）父子俩对她冷眉冷眼，她嘴里说着为己开脱的话："我们单位也是，大礼拜天的也不让人在家待。"（CCL语料库1994年报刊精选）

再如"还NP呢"：

（16）"还大学生呢！每天只会吃面条，下月房租不知有没有的交呢！"一天，男孩回家时听到房东对女孩说。（《江南时报》2003年5月25日）

（17）"那TWO呢？"女友接着问。我顿时傻了，从没听说过这个组织呀！3秒到了。她笑道："是二呀！小学英语水平都应该知道。你还博士呢！你可真够二的。"（《京华时报》2003年9月7日）

（18）但我，眼里不揉沙子、最痛恨被冤枉的我，"噌"地从座位上站起来，指着她的鼻子说："你胡说八道！我没有不写作业！我写了！我写了！！！还老师呢！不调查清楚就说话！"（《京华时报》2002年11月21日）

又如"一笔写不出两个……字"：

（19）诸位：这一笔写不出两个人字来，可是这人的身上长着不同的各种骨头各种肉！（刘流《烈火金刚》）

（20）本来是一家人，同舟共济，相依为命，一笔写不出两个侯字来。只是呢，人总得讲点良心的，以怨报德，不也是太不仁义了吗？（林希《小的儿》）

（21）当然，如果潘基文主动和咱拉亲戚，甚至想认祖归宗，

只要诚心诚意,又证据确凿,咱也不会为表现清高而拒之门外,毕竟一笔写不出两个潘字嘛。(《江南时报》2007年1月15日)

4. 双框双槽类

这类嵌入式预制语块分别由两个空槽和框架构成,其中以四字格最为常见。如"往A里V":

(22) 陈墨涵倒是想躲,但是躲的位置不佳,被司令部的一名参谋出卖了,躲到工兵团,又被"六盘山革命造反兵团"揪了出来。造反派没有揪住梁必达,退而求其次,抓住陈墨涵和张普景往死里整,口诛笔伐,拳打脚踢。(徐贵祥《历史的天空》)

(23) 相片上的青燕是个大脑袋,长头发,龙睛鱼眼,哈巴狗鼻子;往好里说,颇象苏格拉底。(老舍《抓药》)

(24) 什么是通行规则?从小里说是菜谱,往大里说就是法律。(《文汇报》2003年6月30日)

再如"左……右……":

(25) 但沈家姆妈又怕这里一松手,那外国女婿给别的户头抢去了,左思右忖也想不出个两全其美的办法,最后赌气一声:"不管了……"(程乃珊《女儿经》)

(26) 我们每次从溪桥出口上下高速,都要左顾右盼半天才敢拐弯,因为城黄线上的车子速度太快了,很危险,建议交通部门在该T字路口安装减速信号灯或者红绿灯。(《江南时报》2010年7月2日)

(27) 丁作明左闪右躲,结果臂上、腰上连遭猛击,每中一

棍，都痛得他脱口喊出声，但他就是不依从。（陈桂棣《中国农民调查》）

在上述嵌入式预制语块中，"往 A 里 V"是一个非对称性的四字格结构，而像"左……右……""大……小……""千……万……""声……气……""……三……四"这类具有对称性质的结构则是典型的四字格嵌入式预制语块。根据我们收集到的语料来看，按照原型范畴理论的观点，具有对称性质的双框双槽类四字格嵌入式预制语块可以看作整个嵌入式预制语块范畴中的核心成员，具有嵌入式预制语块的典型特征。

双框双槽类四字格嵌入式预制语块最为多见并不是偶然的，我们猜测原因主要有以下几点。

第一，对称性的四字格源远流长，形式上长短适中。我国最早的诗歌总集《诗经》就是以四字格为主。305 篇 7248 句诗中，四字句就有 6591 个，比例为 91%，占绝对优势。[①] 其他古代韵文和散文中四字格也不少，如启蒙课本《千字文》《百家姓》《龙文鞭影》等。《楚辞》《论语》《荀子》等古籍中四字格比比皆是。从发展脉络来看，古代汉语是源，现代汉语是流，现代汉语继承古代汉语而来，势必受到古代汉语的深刻影响。有的嵌入式预制语块在古籍中早已有之，如以"无……无……"为基础衍生出来的嵌入式预制语块在不少古籍中就可以找到用例，且沿用至今：

（28）括囊，无咎无誉。（《周易·坤》）
（29）无衣无褐，何以卒岁？（《诗经·七月》）

[①] 夏传才：《诗经语言艺术新编》，语文出版社 1998 年版，第 28 页。

（30）对曰：臣不任受怨，君亦不任受德，无怨无德，不知所报。(《左传·成公三年·楚归晋知罃》)

（31）常使民无知无欲。使夫智者不敢为也。为无为，则无不治。(《老子》)

（32）凡食之道，无饥无饱，是之谓五藏之葆。(《吕氏春秋·尽数》)

（33）不仁不智，无礼无义，人役也。(《孟子·公孙丑上》)

（34）无地无民，尧、舜不能以王，三代不能以强。(《韩非子·饰邪》)

先秦之后的各个时代里，嵌入式预制语块"无……无……"在一直使用：

（35）使各处其宅，田其田，无故无新，惟贤是亲，用非其有，使非其人，晏然若故有之。(汉·刘安《淮南子》)

（36）为善言却，为恶言进，无善无恶，荧惑安居不行动乎？(汉·王充《论衡》)

（37）一时端坐，但无动无静，无生无灭，无去无来，无是无非，无住无往，坦然寂静，即是大道。(唐·慧能《六祖坛经》)

（38）唯我林泉之人无易无难。为什么如此。良久云。无人处向你说。(南宋·赜藏《古尊宿语录》)

（39）你如今做客才回，又不曾住过三朝五日，有什么破绽落在你眼里？你直如此狠毒！也被人笑话，说你无情无义。(元·冯梦龙《蒋兴哥重会珍珠衫》)

（40）李募事见了许宣，焦躁道："你好生欺负人，我两遭写书教你投托人，你在李员外家娶了老小，不值得寄封书来教我知

道，直恁的无仁无义！"（明·冯梦龙《警世通言》）

（41）如今虽然我想再说，堂上大人也必不肯听，不如安分耐烦，寂处里宅，无师无友，挺然特立，作第一等人物，这是我所期待于弟弟们的。（清·曾国藩《曾国藩家书》）

同样，其他如由"不⋯⋯不⋯⋯""有⋯⋯有⋯⋯"等框架而衍生出的四字格嵌入式预制语块在古籍中也都可以找到用例，此处不再赘举。

第二，四字格符合人们的对偶心理，并且声调抑扬顿挫，变化多样。"近取诸身"的观念不仅在汉字造字上表现明显，在句法结构形式上也较为常见。人从自身的肢体出发，认为事物本身具有对称的自然美，反映事物的语言自然也有对偶。刘勰《文心雕龙·丽辞》中就说："造化赋形，支体必双；神理为用，事不孤立。夫心生文辞，运裁百虑。高下相须，自然成对。"① 这完全可以看作朴素的认知语言学观点。不少四字格属于成语，从结构上来看呈现出"二二相承"②的特征，内部自然的语音停顿大多形成二加二的音节组合，符合人们的认知心理。从音律上看，四字格大多能平仄相间，体现出汉语声调特有的节奏感和音乐美。

除四字格外，双框双槽类嵌入式预制语块也有不少非四字格形式，如"有一种 A 叫（作）B"：

（42）有一种商业贿赂叫"援建"，这是居心叵测的利益交换，这是对社会规则的公然挑战。如果不能及时而坚决叫停，则会相互跟风，造成泛滥成灾之势，这才是最为可怕的地方。（《江南时报》

---

① （梁）刘勰著，龙必锟译注：《文心雕龙全译》，贵州人民出版社 1996 年版，第 421 页。
② 温端政主编：《汉语语汇学教程》，商务印书馆 2006 年版，第 54 页。

2010 年 8 月 11 日）

（43）"有一种爱叫作不回家。"美国哥伦比亚大学的中国留学生小盛在网络发帖倡议，请疫区的留学生在甲型流感流行期间推迟回国。（《人民日报·海外版》2009 年 5 月 20 日）

（44）特评：卡卡，有一种忠诚叫足球（网易体育 2009 年 11 月 4 日）

再如"V 自己的 N，让别人去说吧"：

（45）博客医生好不好，网友用点击率来投票。这个"出名"的规则，相比较于论资排辈来说更公正、公平。博客医生，写自己的博客，让别人去说吧！（《京华时报》2009 年 7 月 22 日）

（46）面对人们的议论纷纷，咱们改革者的信条是：盖自己的楼，让别人去说吧！（《讽刺与幽默》2001 年 11 月 20 日）

在这一框架中，"自己的"前面的空槽中往往嵌入动词，后面的空槽中往往嵌入名词，在句法上名词 N 要受到动词 V 的支配，如上述例子中的"写"和"博客"、"盖"和"楼"之间均为支配关系。

（二）根据嵌入式预制语块在语言使用中的数量来分类

1. 单用

现代汉语中单用的嵌入式预制语块比较多见。如：

（47）笑归笑，可我不喜欢。他们特坏，人家一个女顾客就是想跟他们探讨一下人生，也没什么不对，他们就把人家骗到游乐场。（王朔《顽主》）

（48）我又一说：怎么大夏天的，上边晒得流油，下边踩着黑

泥，旁边老沟冒着臭气，苍蝇、蚊子落在身上就叮，臭汗一直流到鞋底子上！（老舍《龙须沟》）

2. 连用

有时候不止一个嵌入式预制语块使用，就形成连用现象。嵌入式预制语块连用可以进一步划分为双用和多用两种情况。

双用是指两个嵌入式预制语块接连使用。如：

（49）这位艾书记是刀子嘴、豆腐心，说归说做归做，不会对宝塔集人大动干戈。（戴厚英《流泪的淮河》）

（50）眼睛长得尤其像，白眼珠鸭蛋青，黑眼珠棋子黑，定神时如清水，闪动时像星星。浑身上下，头是头，脚是脚。头发滑溜溜的，衣服格挣挣的。（汪曾祺《受戒》）

接连使用两个嵌入式预制语块往往含有对举意味，表示说话人的主观强调。如：

（51）"看看这张南京地图吧，你看看！这是雨花台，这是大江！哼，我们要是守好了，连个鸟儿也飞不过去！""南口，娘子关，倒都是险要，怎么……"长顺不等小崔说完，抢过来："南京是南京！娘子关是娘子关！"（老舍《四世同堂》）

小崔"南口，娘子关，倒都是险要，怎么……"的话还没有说完就遭到长顺的抢白。通过上下文语境考察，小崔想要表达"南口和娘子关尽管险要，却失守了，南京估计也难以守住"的意思。而长顺提出不同意见，"南京是南京！娘子关是娘子关！"这两个"……是……"

连用,构成对举格局,明显起到强调话语的作用,意为"南京与娘子关是有区别的,二者不是一回事,南口和娘子关没守住,并不意味着南京就守不住"。

多用是指两个以上的嵌入式预制语块接连使用。这种情况相对单用或双用来说要少得多,一般限于"N(不)是N""一A就B,一B就C"等嵌入式预制语块。连用的几个嵌入式预制语块通常形成并列结构,可以分为两种情况:一种是由同一框架衍生出的嵌入式预制语块连用;另一种是不同框架构成的嵌入式预制语块连用。如:

(52)咱没见,这叫啥屋子呀!地不是地,坑不是坑,门不是门,窗不是窗,一脚都能踹塌了。(杨朔《三千里江山》)

(53)他演得真好,眼神是眼神,身段是身段,做派是做派。(《现代汉语八百词》)

(54)不把这种东西打倒,什么新文化都是建立不起来的。不破不立,不塞不流,不止不行。(毛泽东《新民主主义论》)

(55)香莲见到尔雅娟,谈东谈西,似笑不笑,不冷不热,不咸不淡。(冯骥才《三寸金莲》)

例(52)连用4个否定形式的"N不是N"嵌入式预制语块,表现了说话人对屋子强烈不满的情绪;例(53)连续运用三个肯定形式的"N是N"嵌入式预制语块,表面上看是从眼神、身段和做派三个不同角度凸显了"他"演技的高超;例(54)则连用三个以框架"不……不……"为基础产生的嵌入式预制语块"不破不立,不塞不流,不止不行",反映出作者对于建立新文化的深入思考。这三个例子都是连续运用了由同一框架衍生出的嵌入式预制语块;例(55)连续运用的四个嵌入式预制语块中,就包含了"……东……西""似……不……""不不……"这样三个不同的框架。

（三）双框双槽类嵌入式预制语块中嵌入项之间的关系

双框双槽类嵌入式预制语块中两个嵌入项之间并不是互不关联的。总体来看，通常存在以下几种关系。

1. 同现关系：指双槽中两个嵌入项完全相同。如：

爱来不来、似睡非睡、大叫特叫、想来想去

2. 加合关系：指两个嵌入项合起来本来属于一个词，在构成嵌入式预制语块的过程中，离析开来分别嵌入两个空槽中。如：

不尴不尬、不干不净、退而不休

上述嵌入式预制语块就是由词语"尴尬""干净"和"退休"离析为两个嵌入项，然后分别嵌入框架的空槽中构成的。"尴尬"本来是个不可拆分的单纯词，"不尴不尬"是把单纯词"尴尬"中的两个无实义构词成分"尴"和"尬"分别嵌入空槽中构成的，显示出嵌入式框架强大的力量。

3. 同义关系：指两个嵌入项之间的意义相同或相近。如：

不知不觉、不理不睬、不脆不裂、东躲西藏

4. 反义关系：指两个嵌入项之间的意义相反或相对。如：

半死不活、没日没夜、忽上忽下

5. 类义关系：指两个嵌入项属于同一意义范畴。如：

很黄很暴力、很好很强大、不三不四、半神半鬼、不吃不喝、如饥似渴

在类义关系中，有时候会出现一个嵌入项对应属于同一意义范畴的不同嵌入项。如：

（56）评书……具有细腻传神、绘声绘色、声情并茂的艺术特色。（《中国儿童百科全书》）

（57）苏东坡在《石钟山记》中写了他夜探石钟山的经历，绘声绘形与卓识妙理兼具，吸引着人们寻迹而至。（《江西日报》2019年8月2日）

（58）远自明朝天启年间，学者池显方已有吟咏鼓浪屿的诗篇："连天荡溟渤，小峦揭突兀。古树夹寒烟，兴波相出没。"绘声绘影地描述鼓浪屿在海阔天空、烟波浩渺中的风姿。（《人民政协报》2017年7月17日）

"声、色、形、影"属于同一意义范畴，在"绘X绘Y"中，同一个"声"可以分别对应"色、形、影"三个嵌入项。

6. 离散关系：指两个嵌入项之间在意义上具有因果、并列以及连贯等关系，但又不属于上述几种关系。如：

不公不法、不见不散、一去不还

7. 支配关系：指两个嵌入项之间在意义上存在支配关系。如：

无恶不作、做自己的研发，让别人去说吧、唯我独尊

特别是像以"唯……是……"为框架衍生出的嵌入式预制语块，如"唯利是图、唯命是听、唯才是举、唯名是尊、唯洋是从"等，其中"图"和"利"、"听"和"命"、"举"和"才"、"尊"和"名"、"从"和"洋"之间均为支配关系。

8. 包容关系：指两个嵌入项之间在意义上存在包容与被包容的关系，其主要体现为两种，一种是客观事物的包容关系，另一种是主观层面上的包容关系。如：

有眼无珠、别拿豆包不当干粮、有一种暴力执法叫游街

在多数双框双槽类嵌入式预制语块中，同样一个框架可以出现不同关系类型的嵌入项，如："……来……去"中的空槽分别嵌入两个动词性成分时，两个嵌入项之间的关系存在以下几种情况。

摇来晃去、争来夺去、呼来唤去

"摇、晃""争、夺""呼、唤"均为加合关系，二者原本是一个合成词的两个语素，拆开后分别嵌入框架中。

走来走去、飞来飞去、跑来跑去、比较来比较去

"走、飞、跑、比较"为同现关系。

买来卖去、开来关去、合来分去

"买、卖""开、关""合、分"均为相反或相对关系。

扭来摆去、挤来撞去、研究来分析去、盘算来琢磨去

"扭、摆""挤、撞""研究、分析""盘算、琢磨"为类义关系，同处于一个语义场之中。

（四）双框双槽类嵌入式预制语块中嵌入项之间的位序

1. 嵌入项位序的相对稳定性及其影响因素

在整个嵌入式预制语块中，双框双槽类四字格嵌入式预制语块处于核心地位。因此我们重点探讨双框双槽类四字格嵌入式预制语块中嵌入项的位序。通过观察，我们发现框架的两个空槽中嵌入项的位序并非随意的，而是受到某些因素的制约，呈现出单向不可逆的特征。下面嵌入式预制语块嵌入项的位序就不可以互换：

一针一线　＊一线一针
不尴不尬　＊不尬不尴
没日没夜　＊没夜没日
大惊小怪　＊大怪小惊

归纳起来，双框双槽类四字格嵌入式预制语块中嵌入项之间的位序主要受到以下因素的制约。

第一，构词语素的顺序。

如果一个合成词的两个语素作为嵌入项分别被嵌入框架的两个空槽中，那么嵌入项之间的位序通常和原来合成词中这两个语素的先后顺序

保持一致。"信息包括新旧信息和焦点信息。根据表达的需要，进行信息结构的安排……很多 AB 原本就是一个合成词或单纯词，在作离析处理进入待嵌格式时，什么为新信息，什么为旧信息，同原来的信息新旧保持一致性，正向迁移，设若原有 AB 组合，进入格式后，依然遵循 A 在前，B 在后的序列。"①

"一切语言都有一种内在的趋势，力求表达上的精简。"② 语言表达的经济原则主要体现在语言表达式的缩短和简化上。我们认为，双框双槽类嵌入式预制语块中嵌入项之间的位序受构词语素顺序的制约，同样也体现了语言表达的经济原则。因为合成词所包含的语素在人的大脑中已经有了先后次序，参照既有位序分别作为嵌入项进入空槽中符合语言表达的经济原则，不会给语言使用者带来新的负担。如：

千姿百态（姿态）　半遮半掩（遮掩）　无名无利（名利）
一针一线（针线）
大模大样（模样）　三头两绪（头绪）　三攀四附（攀附）
天旋地转（旋转）
时软时硬（软硬）　死纠活缠（纠缠）　不尴不尬（尴尬）
没日没夜（日夜）
保而不鲜（保鲜）　残而不缺（残缺）　退而不休（退休）
不说不笑（说笑）

第二，反映客观世界的认知规律。

索绪尔认为，语言是一种符号系统。他认为语言符号能指与所指之

---

① 罗耀华：《三组待嵌格式语序的可及性解释》，《华中师范大学研究生学报》2006 年第 2 期。
② ［美］萨丕尔：《语言论——言语研究导论》，陆卓元译，商务印书馆 1985 年版，第 33 页。

间的关系是任意的,这一观点可谓影响深远。随着认知语言学的发展,人们认为语言符号除了"任意性"之外还应该具有"象似性",能指与所指之间很多时候具有一定的理据性。认知语言学认为,语言植根于现实世界,语法结构中成分的次序对应于它所表达的概念次序的安排,体现了人类的认知方式和认知特点。汉语双音节复合词构词语素的相对位置取决于所表达概念的状态的次序,这正是"象似性"的体现。

语言既然作为人类认知的工具,那么整体—局部、中心—边缘、重要—次要、时间顺序、事理因果顺序、利—害、褒—贬等现实生活中的意象图式必然要映射到语言上来,制约着双框双槽类嵌入式预制语块中嵌入项之间的位序。如:

一分一毫(分毫)　争分夺秒(分秒)　无时无刻(时刻)
猴年马月(年月)　大惊小怪(大小)　家长里短(长短)

根据认知语言学的观点,语言的句法结构是非自主的,句法结构的先后顺序等同于实际经验的顺序或人们认识世界的顺序。在此基础上,戴浩一、黄河提出汉语语序的"时间顺序原则",认为"两个句法单位的相对次序决定于它们所表示的概念领域里的状态的时间顺序"[①]。以"一……而……"为例,其中空槽中嵌入项的位序都必须遵循时间先后原则。如:

(59) 瑞全没有那么大的酒量,可是不便示弱,也把酒一饮而尽。(老舍《四世同堂》)

(60) 许多时没有动静,把总焦急起来了,悬了二十千的赏,才有两个团丁冒了险,逾垣进去,里应外合,一涌而入,将阿 Q

[①] 戴浩一、黄河:《时间顺序和汉语的语序》,《国外语言学》1988 年第 1 期。

抓出来。(鲁迅《阿 Q 正传》)

除了上文提到的"一饮而尽""一涌而入",包含框架"一……而……"的其他嵌入式预制语块如"一扫而光""一哄而散""一抢而空"等,其中嵌入项的位序都遵循时间顺序原则。

"在涉及人体构造的别的感知领域,例如上下、前后,人类是偏爱上和前,不偏爱下和后。因为人体是向上直立的,双目长在前额而不在脑后,走路是向前而不是朝后。这些普遍的感知约束在人类的一切语言里面都有表现。"[①] 这种认知心理在嵌入式预制语块中也有明显表现。语料观察发现,现代汉语嵌入式预制语块中,作为嵌入项的方位名词"上""前"优先选择靠前位序进入空槽,与其相对的方位词"下""后"则一般置于后面的空槽中。这种位序选择与人类共同的认知特点密切相关。如:

上情下达　上情下顺　上行下效　上智下愚　上蹿下跳
前言后语　前赴后继　前合后仰　前呼后拥　前倨后卑

第三,文化习俗等社会因素的影响。

著名语言学家萨丕尔说过:"语言的背后是有东西的,而且语言不能离开文化而存在。所谓文化就是社会遗传下来的习惯和信仰的总和,由它可以决定我们的生活组织。"[②] 中国封建社会以宗法为政治核心,强调社会关系的层级性、有序性,特别是儒家文化极其重视伦理,着重强调等级观念和伦理观念:前者以皇权为中心并派生出各种行政级别;

[①] 戴浩一、叶蜚声:《以认知为基础的汉语功能语法刍议》(下),《国外语言学》1991 年第 1 期。

[②] 罗常培:《语言与文化》,语文出版社 1989 年版,第 1 页。

后者体现为"长幼有序""男尊女卑"这样的伦理观念。语言是文化的凝聚体，文化观念层面的"尊卑、优劣和主次"等必然在语言上得到反映，折射出某种民族文化习俗观念，体现出文化上的象似性，这种现象在许多合成词构成语素的排列顺序上比较明显，如"本末、公私、老幼、父母、男女、兄弟、君臣、唱和、纲目、朝野、官兵、父子、老小"等。这种文化象似性在双框双槽类嵌入式预制语块嵌入项的位序上也有充分反映，如：

……男……女：	不男不女	痴男信女	善男信女	俊男靓女
	半男不女			
……师……友：	半师半友	良师益友	亦师亦友	寻师访友
	求师拜友			
……官……民：	半官半民	非官非民	上官下民	亦官亦民
	欺官虐民			
……公……私：	大公无私	假公济私	损公肥私	爱公嫌私
	损公利私			
……龙……凤：	攀龙附凤	雕龙画凤	腾龙舞凤	描龙绘凤
	游龙戏凤			

值得注意的是，上述制约双框双槽类嵌入式预制语块中嵌入项之间位序的因素并不是单个起作用的，有时候存在交叉现象。如"描龙绘凤"中，"描、绘"位序受到合成词语素的制约，而"龙、凤"作为嵌入项，其位序安排则受到中国传统文化的影响。

除上述制约因素外，我们认为双框双槽类嵌入式预制语块中嵌入项之间的位序可能还与韵律等因素有着密切的关系，限于篇幅，此处不作探讨。

2. 可变位序

双框双槽类嵌入式预制语块中嵌入项之间的位序通常比较固定，但有些嵌入项之间的位序还是呈现出一定的可变性。如：

（61）然而，一些有关梁山伯同性恋的风闻断续传来。她半信半疑、亦悲亦恼，心情复杂地踏上了出嫁的道路。（朱大可《重读〈梁祝〉》）

（62）庭长把传票交给一个执达吏，过一会，证人室的门开了。在一个警卫的保护下，执达吏把犯人布莱卫带来了。听众半疑半信，心全跳着，好像大家仅共有一个灵魂。（雨果《悲惨世界》，郑克鲁译，上海译文出版社2010年版）

上述两个例子中的"半信半疑"和"半疑半信"都属于从框架"半……半……"衍生而来的嵌入式预制语块，其中嵌入项"信"和"疑"的位序出现了变化。但是根据我们在实际语料中的观察，二者的分布呈现出明显的不平衡状态，其中"半信半疑"的数量要远远多于"半疑半信"。换言之，相对于"半疑半信"而言，"半信半疑"的使用明显具有优选性。以由框架"不……不……"生成的嵌入式预制语块为例，2018年3月18日通过从百度搜索发现，双框双槽类嵌入式预制语块嵌入项的可变位序明显具有分布不均衡的特点：

不卑不亢（10,500,000），不疾不徐（3,030,000），不气不恼（222,000）

不亢不卑（919,000），不徐不疾（418,000），不恼不气（25,100）

(五) 根据嵌入式预制语块是否具有仿拟性质来分类

根据是否具有仿拟性质，嵌入式预制语块可以划分为两大类：仿拟性嵌入式预制语块和非仿拟性嵌入式预制语块。

1. 仿拟性嵌入式预制语块往往以某一个已有的句法结构为基底，通过仿拟手段来替换其中的某一个或几个成分而形成嵌入式预制语块。这个已有的句法结构可称为"语块基"。如：

（63）冷清秋进金府就像《红楼梦》里的林黛玉进贾府一样，而与林黛玉不同的是冷清秋实现了自己的爱情，但最终没有将爱情进行到底，以一个避世者的姿态离开了金府。（徐德明《〈金粉世家〉与家族小说》）

（64）满以为徐家即刻会爆发一场"地震"，结果她大失所望。燃烧着的杨玉霞，决心要将报复进行到底。（熊能《生死恨》）

不难看出，上述"将……进行到底"都是以毛泽东《将革命进行到底》这篇文章的题目为基础衍生出来的，明显带有仿拟性质。众所周知，《将革命进行到底》这篇文章是毛泽东 1948 年年底为新华社写的新年献词。他号召全党、全军、全国人民"坚决彻底干净全部地消灭一切反动势力"，推翻国民党的反动统治，建立人民民主专政的共和国，绝不能使革命半途而废。由此，"将革命进行到底"成为革命人民和军队继续斗争的行动口号。革命胜利后，它又成了不少革命家的座右铭。"将革命进行到底"能作为语块基也不难理解，因为毛泽东属于有重大影响力的人，所以会引起人们争相效仿。笔者以人民网为搜索对象，发现 2006 年至今就有多达 23000 条符合条件的"将……进行到底"，可进入"将……进行到底"空槽中的嵌入项除"运动、和谐、浪漫、抗争、维权、改革"等双音节合成词外，还可以是结构较为复杂的偏正短语、动宾短语、联合短语等。如：

（65）面对来自多方面的压力，金泳三决定借助卢泰愚政治资金案的调查，将反腐倡廉的民主化运动进行到底。对卢泰愚的调查必然涉及全斗焕，就这样，"世纪审判"拉开了帷幕。(《读者》2007年第2期)

（66）北京将禁放烟花爆竹进行到底（《华声报》2004年2月5日）

（67）如果不是下半场蒋兴权将首发阵容中表现突出的边强、威尔逊等球员换下场，继续将快攻与外围3分球战术进行到底，那么主队的最终得分绝不仅仅是109分。（新华社2004年新闻稿）

以上三个例子中，"反腐倡廉的民主化运动"为偏正短语，"禁放烟花爆竹"为动宾短语，"快攻与外围3分球战术"为联合短语。由此可见在原来双音节合成词"革命"的基础上，能进入"将……进行到底"空槽中的嵌入项范围有所扩大，这也是嵌入式预制语块能产性的一种体现。

另外，我们还发现不少"把……进行到底"的表达，其中用现代汉语介词"把"替换了"将"，则属于对"将……进行到底"的再次仿拟，其来源仍是"将革命进行到底"。

2. 非仿拟性嵌入式预制语块则很难找到具体的语块基。这类嵌入式预制语块多为四字格，不少是由古代汉语传承而来，如"一……一……""不……不……"等①。

---

① 可参见本节关于双框双槽类四字格嵌入式预制语块的相关内容。

二 嵌入式预制语块的层级性

语块并非都处于同一个层级上,这一点学者们已经达成共识。但在层级性的划分上意见有所不同。例如,Nattinger 和 De Carrico(1992)[①]把语块大致分为以下四类:(1)多词语块(polywords),在理解和表达时都被作为一个整体来对待,如 for example、in a word、generally speaking、so on and so forth;(2)习语语块(institutionalized expressions),包括谚语、格言及日常客套话等,如 Once bitten twice shy,All work no play makes Jack a dull boy,It is nice to meet you。(3)短语架构语块(phrasal constraints),即以短语为基础,形式比较灵活,允许部分变动的语块,如 good(morning、afternoon、evening),as far as I(concerned、know、see);(4)句型框架语块(sentence builders),相当于通常所说的句型,它们包含很多空位,主要为句子提供框架,可以根据表达需要填入相应的短语和从句成分,如 it is…that…、not only…but also…、now let us…。

Michael Lewis(1997)[②]从结构和功能上把语块分为四类:(1)聚合词,指具有习语性质的固定词组(比如 on the one hand、on the other hand);(2)搭配词,指共现频率很高的词语,如动词+名词、形容词+名词搭配(如 put forward a suggestion);(3)惯用话语,指形式固定或半固定的具有语用功能的单词组合(如 if I were you);(4)句子构架和引语,这一类仅指书面语词。钱旭菁(2008)[③]则把语块分成三类:词级语块、句级语块和语篇语块,认为词组层面的语块属于词级语块,句

---

① Nattinger, De Carrico, *Lexical Phrases and Language Teaching*, Oxford: Oxford University Press, 1992, p. 33.
② 段士平:《国内二语语块教学研究述评》,《中国外语》2008 年第 4 期。
③ 钱旭菁:《汉语语块研究初探》,《北京大学学报》(哲学社会科学版)2008 年第 5 期。

子层面的语块属于句级语块，语篇层面的语块属于语篇语块。

周健（2005）[①] 提出将汉语语块分为词语组合搭配语块、习用短语，包括习惯用语、熟语等和句子中连接成分等类固定结构三类。总之，作为嵌入式预制语块的上位概念，语块的分类视角不同，分类结果也有所差异。

参照诸多学者关于语块层级分类的各种意见，根据嵌入式预制语块所处的语法层面，我们认为嵌入式预制语块可以划分为语汇、语汇—句法以及句法三个层级。

（一）语汇层面的嵌入式预制语块

这类嵌入式预制语块在已有框架的基础上，通过在空槽内嵌入不同的嵌入项之后，可以构成现代汉语语汇，在句子中可以充当各种句法成分。在语汇层面的嵌入式预制语块中，四字格嵌入式预制语块最为常见。

1. 作主语

（68）千难万险消磨不掉我们抗震救灾的坚强决心，千山万水阻挡不住我们救援同胞的坚定脚步。（《人民日报》2010年8月20日）

（69）我就相信，想发财就得会翻。缩头缩脑办不了大事情。（陆文夫《万元户》）

（70）大约和别处的夫妻一样，在"一线天"里的夫妻之间，小打小闹也是常有的事。（姚泽芊《呵，我们的"一线天"》）

2. 作谓语

（71）我猜呀，男人都出去，铺子里准都换上女的！你爱信不

[①] 周健：《语块在对外汉语教学中的价值与作用》，《暨南学报》（哲学社会科学版）2007年第1期。

信！（老舍《女店员》）

（72）"你这套歪论，纯粹是经验主义，自由心证的大杂烩！""帽子工厂。"严君半笑不笑的。（海岩《便衣警察》）

（73）成群结队的孩子跟在马腚后，嘻嘻哈哈看热闹，季范先生不闻不问，手捋着下巴那撮黑胡须，怡然自得。（莫言《神嫖》）

3. 作宾语

（74）铁拐李像对小弟弟一样摸着他的花白头发说："人都有个七灾八难，不算啥！刘备还卖过草鞋哩，咱中国出了奸臣，老百姓就遭劫了。"（李虹《宽厚的大地》）

（75）那是偶尔在队部听到许瞎子说："荣树这孩子真不知天高地厚，又跟大队副书记吵起来了！"（张弦《被爱情遗忘的角落》）

（76）她一点好气儿也没有，发疯似的往箱子外面摔破东烂西。（韩静霆《凯旋在子夜》）

4. 作定语

（77）他本来想心平气和地跟儿子讲一讲道理，可一看儿子爱听不听的样子，就止不住上了火儿。（刘舰平《小说三题·可口可乐》）

（78）日本帝国主义以迫蒋投降为目的的军事进攻，现已告一段落，继之而来的必然是诱降活动。这是敌人一打一拉、又打又拉的老政策的重演。我们必须揭穿它，反对它。（毛泽东《揭破远东慕尼黑的阴谋》）

（79）我一边和那个朋友前言不搭后语地胡扯，一边继续看台上跳来跳去的晶晶。（王朔《浮出海面》）

5. 作状语

（80）漂流旅游，是乘小船、独木舟或橡皮筏沿江河漂流，游人可以有惊无险观看两岸悬崖陡壁和秀美风光，体会惊险的刺激。（《人民日报》1996 年 3 月 22 日）

（81）昏天黑地混过了两年时光，天天迟到，月月早退，年年旷课，也照领一张毕业证书。（刘绍棠《小荷才露尖尖角》）

（82）街灯的亮光忽明忽暗地照在他严峻的脸上，只见他皱眉沉思，嘴唇紧闭。（《福尔摩斯探案集》）

6. 作补语

（83）他躺在床上装病，把个汪副书记弄得七荤八素，真以为他得了不治之症。（宋词《新上任的经理》）

（84）他家里只有一个堂叔。叔侄俩在一起时的日子过得不咸不淡不冷不热。（乔良《灵旗》）

（85）平常就是她一个女孩子，成了画会里的压寨夫人，简直给咱们惯得无法无天！（琼瑶《水云间》）

语汇层面的嵌入式预制语块除以上四字格嵌入式预制语块之外，还有诸如"……哥"（犀利哥、低碳哥、雪碧哥、卧铺哥、瞌睡哥）、"微……"（微简历、微新闻、微剧本、微情书、微谣言、微阅读、微能耗、微贷款、微投诉）、"……二代"（富二代、穷二代、星二代）等。

（二）语汇—句法层面的嵌入式预制语块

语汇—句法层面的嵌入式预制语块在句法表现上呈现跨界现象，根据分布环境的不同，这类嵌入式预制语块有时候属于语汇层面，有时候属于句法层面，我们不妨称之为"语汇—句法层面"。如：

框架"一……就……"由"一"和"就"组造而成，当嵌入项为两个谓词性词语时，就形成语汇层面上的嵌入式预制语块，可以作某种句法成分。如：

（86）尤其是对于国民党的杂牌军和地主武装，因其战斗力不强，官兵贪生怕死，遇到力量较强的部队<u>一冲就乱，一乱就败</u>。（新浪网 2002 年 7 月 26 日）

此例中的"一冲就乱，一乱就败"在句中作谓语。

（87）傻二站着没动，眼瞅着飞快而去的轿子，心里纳闷，这等声名吓人的人物，怎么<u>一动真格的就完了</u>。（冯骥才《神鞭》）

上例中的"一动真格的就完了"包含两个小句，形成紧缩句。"一动真格的"表示条件，"就完了"表示该条件下的结果。

（三）句法层面的嵌入式预制语块

句法层面的嵌入式预制语块指的是该类语块语义完足，可以作句子或独立的小句来使用，如"有一种 A 叫（作）B"[①]：

（88）<u>有一种战斗叫作"停不下来"</u>，今年第 12 场！一段视频里浓烟滚滚、火势凶猛、白日如夜。他写道：什么叫遮天蔽日，第

[①] 对于"有一种食物叫馒头"这类结构，本书不作为嵌入式预制语块看待。作为嵌入式预制语块，本书中所提到的"有一种 A 叫 B"，其中嵌入项 A 和 B 分别属于不同的语义范畴，如"有一种前进叫后退""有一种生活叫平淡"等。参见温锁林《当代汉语临时范畴化强加模式：认知与修辞动因》，《福建师范大学学报》（哲学社会科学版）2012 年第 4 期。

第二章　嵌入式预制语块的界定、分类及特点　　55

一次体会到烟把自己包围的感觉。(新华网 2019 年 4 月 4 日)

(89) 有一种爱叫坚守。贺玉凤的家在北京延庆妫水河边，是地道的农民。1996 年起，边遛弯儿边捡垃圾成了贺玉凤的习惯，一捡就是 23 年。(《人民日报》2019 年 2 月 22 日)

(90) 6 位来自世界各国的青年人围绕"安"字讲述自己在中国的真实故事，并达成共识："中国是世界上最安全的国家，有一种安全感叫——我在中国。"(《人民日报》2019 年 2 月 21 日)

(91) 有一种战役叫考研 (《文化日报》2006 年 1 月 17 日)

(92) 有一种品格叫忠诚 (《海南日报》2006 年 1 月 25 日)

再如"V 自己的 N，让别人去说吧"，这一嵌入式预制语块在各种媒体的题目中频频亮相，如：

(93) 穿自己的衣服，让别人说去吧 (《华东新闻》2005 年 12 月 30 日)

(94) 跑自己的马拉松，让别人说去吧 (《京华时报》2005 年 1 月 28 日)

(95) 做自己的研发，让别人说去吧 (《中国汽车报》2005 年 1 月 3 日)

(96) 盖自己的楼，让别人去说吧 (《讽刺与幽默》2001 年 11 月 20 日)

(97) 下自己的蛋，让别人去说吧 (《江南时报》2007 年 3 月 13 日)

(98) 写自己的博客，让别人说去吧！(《京华时报》2009 年 7 月 22 日)

除了题目之外，正文中也很常见，如：

（99）常言道："瓜田不纳履，李下不整冠。"就是怕引起不必要的怀疑。但几名城管显然内心足够强大，"吃自己的烤串，让别人去说吧"。（人民网 2016 年 4 月 26 日）

（100）政府监管的漏洞也导致了开发商对烂尾事件的不以为然，"盖自己的烂尾楼，让别人去说吧"成了开发商常有的架势。（人民网 2016 年 3 月 14 日）

（101）日前，28 岁的黑龙江"征婚哥"金英奇现身贵阳市遵义路，高调示爱找媳妇。"找自己的媳妇，让别人去说吧。"（甘肃频道 2011 年 9 月 1 日）

第三节　嵌入式预制语块的若干衍生途径

作为嵌入式预制语块的有机组成部分，其框架的产生往往要通过特定的手段。嵌入式预制语块的衍生手段主要有以下几种类型。

一　仿拟

以某一个已有的句法结构为语块基，通过替换其中的某一个或几个成分而形成仿拟性嵌入式预制语块，这种手段就属于仿拟。参照李宇明（1999）和周荐（2008）的说法，在固有语块基的基础上，通过把其中的某一个或几个词或小句抽掉，从而形成空槽，这样一个抽象的待嵌框架就被称为"语块模"。在语块模的空槽中填充进一个新的词、语或小句，就成为一个新的嵌入式语块。换言之，仿拟性嵌入式新语块是通过语块基类推而来的。这个衍生过程可以表示为：

抽掉某些成分　　　填充某些成分
语块基 ──────→ 语块模 ──────→ 嵌入式新语块

语块基是形成语块模的基础，它有着各种来源，归纳起来大致有以下几种。

1. 诗文语句

由于诗文语句深入人心，所以常常成为滋生语块基的温床。如：

问君能有几多×：问君能有几多羞、问君能有几多诚、问君能有几多搞……

显然，上述嵌入式语块是以南唐后主李煜《虞美人》中的"问君能有几多愁"为语块基，进一步产生语块模"问君能有几多×"而衍生出来的。

再如，仿拟李白《蜀道难》中"蜀道之难，难于上青天"形成的嵌入式预制语块：

（102）"触动利益往往比触及灵魂还难"，由是观之，俭朴之难，难于上青天。（《广州日报》2013 年 3 月 18 日）

（103）从多家银行董事长行长一级人物表态和署名文章就可以看出，其阻力之大，触动利益集团的改革之难难于上青天。（人民网 2012 年 6 月 26 日）

（104）情路之难，难于上青天，不知道这充满爱的糖葫芦能否打动女神的芳心呢？（人民网 2015 年 2 月 15 日）

2. 名人名言

名人名言往往会因名人效应而被人效仿，也极容易衍生嵌入式预制语块。如毛泽东于 1949 年的元旦献词《将革命进行到底》，形成语块基"将××进行到底"，经过 1999 年电视连续剧《将爱情进行到底》的推波助澜，类似新语块大量出现：将牛市进行到底、将腻歪进行到底……①

法国哲学家笛卡尔在《方法论》一书中曾提出"我思故我在"这一著名的认识论哲学命题。在此基础上形成语块模"我……故我……"，进而产生大量嵌入式预制语块。如：

（105）在信息爆炸的今天，这种不假思考、跳跃式的"浅阅读"成为可行的一种实用主义方法——我知故我在。（旗帜网 2019 年 4 月 3 日）

（106）《真相吧花花万物》通过嘉宾的购物车清单猜测来宾，每期一个主题，网红组成的 MC 团根据主题推荐好物，再由现场观众和嘉宾投票选出最受欢迎的物品，旨在探讨"我买故我在"的购物时代下的消费文化。（人民网 2018 年 7 月 5 日）

（107）在"我分享故我在"的架空世界里，人们彼此联系得更加紧密、便捷；但真实中，人与人却越来越疏离、孤独和焦虑。（《半月谈》2018 年 5 月 3 日）

语料检索发现，"我笑故我在、我炒故我牛、我知故我爱、我型故我秀"等嵌入式预制语块数量还很多。

3. 报刊媒体

在快餐文化大行其道的今天，借助网络的力量，报刊媒体的某一表达也可能会衍生出大量的嵌入式预制语块。

如"很黄很暴力"语出《新闻联播》②，本来是现代汉语中两个偏

---

① 可参看本章第二节"仿拟性嵌入式预制语块"。
② 2007 年 12 月 27 日，CCTV《新闻联播》里一个名叫张殊凡的小学生接受央视记者采访时说："上次我上网查资料，突然弹出来一个网页，很黄很暴力，我赶紧把它给关了。"

正结构连用，但是随后"很黄很暴力"竟出人意料地成为语块基。依托于语块模"很×很××"，"很好很强大、很傻很天真、很纯很暧昧"等嵌入式预制语块便应运而生。

在报刊媒体中，由于使用频率很高，广告语容易催生语块模。1999年由乒乓名将孔令辉为安踏运动鞋所作的广告语为"我选择，我喜欢"，之后就出现了"我A，我B"[①]的新兴表达式，并受到语言使用者的青睐。如：

"我卑微，我快乐""我懦弱，我自豪""我单身，我骄傲"
"我步行，我健康，我快乐""我温暖，我厚重，我纠结，我闷骚"
"我承诺，我服务，我创新，我超越"……

4. 曲艺影视

曲艺影视由于受众多，传播面广，也很容易产生嵌入式预制语块。如张宇有一首歌叫《都是月亮惹的祸》，由此形成了"都是……惹的祸"，并在其基础上衍生了一大批嵌入式新语块：都是鲨鱼皮惹的祸、都是天使惹的祸、都是灌水惹的祸，等等。

2009年央视春节联欢晚会小品节目《不差钱》，形成语块模"不差××"，并衍生出大量的嵌入式预制语块：

（108）南宁低温持续"菜篮子"不差菜（《人民日报》2011年1月5日）

（109）两节期间滁城市场"不差肉"（《中国日报》2010年12月31日）

[①] 温锁林：《当代新兴构式"我A，我B"研究》，《当代修辞学》2018年第1期。

（110）快寒假了学生课本还没发齐？校长表示不差书（《重庆晚报》2010年12月16日）

（111）张艺谋出手"不差观众"演出印象难分真幻（《北京晚报》2009年4月13日）

由姜文导演的电影《让子弹飞》在2010年上映，其中的台词"让子弹飞一会儿"成为语块基进而产生语块模"让……飞一会儿"，衍生出大量的嵌入式预制语块：

（112）发改委：让油价飞一会儿（《国际金融报》2010年12月22日）

（113）"让幸福飞一会儿"的北京两会，将通过温家宝的政府工作报告，主导今年的经济和社会发展路向。（《人民日报·海外版》2011年3月11日）

（114）"前12年，中国互联网野蛮生长；新12年，还想让口水飞一会儿吗？"（《国际金融报》2011年1月21日）

5. 固有熟语

熟语因为其结构固定且具通俗性，非常容易成为语块基，如以"××别××"为基础而来的"上什么别上大学、输什么别输气质、考什么别考研"等嵌入式语块明显出自"有什么别有病，没什么别没钱"这一固有熟语。

6. 已有句法结构的变异

范跑跑、郭跳跳、楼脆脆、楼歪歪、楼裂裂①……这类语块的基底

---

① 2009年11月29日，央视《焦点访谈》节目以"'楼裂裂'背后的交易"为题曝光了重庆市奉节县在移民搬迁中的黑幕。

皆为汉语中的 ABB 重叠结构。在 ABB 重叠结构中，如"沉甸甸、白花花、绿油油、黑黝黝、慢腾腾、阴森森、皱巴巴、笑嘻嘻、香喷喷、乱哄哄、红彤彤"等，A 一般为形容词，B 通过重叠附加在 A 之后，并无实际意义，而是作为陪衬成分出现，整个 ABB 重叠结构具有生动意味。和现代汉语中常见的 ABB 重叠结构相比，近来产生的嵌入式预制语块"范跑跑、郭跳跳、楼脆脆、楼歪歪、楼裂裂"则出现了变异现象，表现在 A 不再为形容词，而是名词，而且 A 和 B 皆可以作为待嵌部分。其中 B 通过重叠进一步凸显了 A 的特征，句法结构本来应当为"奔跑的范某某""跳跃的郭某某""脆弱的大楼""歪斜的大楼""开裂的大楼"，通过句法结构变异"范跑跑、郭跳跳、楼脆脆、楼歪歪、楼裂裂"形成了新的嵌入式预制语块。

二 糅合

糅合指两个语义相同或相近的句法结构 A 与 B，因某种语用目的主要通过删略重叠成分进而合并成新的句式 C。糅合现象在词法和句法中都存在，如"胜似"一词就是差比和平比糅合的结果。[①] 作为一种生成机制，糅合在嵌入式预制语块衍生过程中也大量存在。如"半 A 不 B"这一嵌入式预制语块的产生就是句法糅合的结果。吕叔湘（1982）已注意到这种现象。[②] 如：

不中不西 = 半中半西

不新不旧 = 半新不旧

[①] 叶建军：《"X 胜似 Y"的来源、"胜似"的词汇化及相关问题》，《语言科学》2013 年第 3 期。

[②] 吕叔湘：《中国文法要略》，商务印书馆 1982 年版，第 349 页。

吕先生明确指出，当矛盾变为折衷时，"半新半旧"又可以说"半新不旧"，那是两种说法混而为一的结果；又或说"道新不旧"，那是"道新不新，道旧不旧"之省。这两种说法，照字面都是不好讲的，但已成为熟语。

三　移位

异必有故。常规句法结构中的成分发生移位，通常是受到某种语用因素的驱动。在移位过程中，不少句法结构越来越凝固，并通过语境吸收表达说话人的某种主观性。这样就形成了特定的嵌入式预制语块。如"眼睛红红的，看电视看的"，其中"看电视看的"就是"VOV的"这一嵌入式预制语块的个案。从来源上看，"VOV的"原型句法结构为"VOV得X"，受到说话人凸显原因的语用需要，该原型结构发生移位，即"X，VOV得"，后来"得"多写为"的"，"VOV的"结构进一步固化，并用来表达说话人对结果不满意，因而对导致该结果的原因X怀有抱怨情绪。[①]

四　省缩

受语言表达的经济原则等因素的影响，有时候某些句法结构会发生省略和紧缩现象，重新整合。在结构省略和紧缩的过程中，逐渐固化为特定的嵌入式预制语块，如"爱V不V"就是糅合过程中通过省缩手段形成的一个典型构式。[②]

[①] 可参看本书下篇第五章《释因构式"VOV的"研究》。

[②] 学界对"爱V不V"有不少研究成果，尽管对其形成过程有不同解释，但不可否认的是该结构应当是通过某种原型结构省缩而来的。如李文浩（2009）认为"爱V不V"表达"听凭选择"的语义和"不满"的感情色彩。在语言表达的经济原则驱动下，"爱V不V"由"爱V（或）不V，（我无所谓/是你自己的事）"经过紧缩和省略而成。

第四节 嵌入式预制语块的音控变异及义控变异机制

一 嵌入式预制语块的音控变异机制

嵌入式预制语块的音控变异机制主要是指借助语音手段,用同音词或音近词来替换成语中某个成分。由于语音替换的同时还要照顾到替换后嵌入式预制语块的整体意义,所以嵌入式预制语块的音控变异能产性要差一些。如：

(115) 但凡"无齿之徒",如老年人或曾患严重牙病导致大部分牙齿掉光者,在装活动假牙时都需要磁铁来帮忙。(《广州日报》2010年12月2日)

(116) 新服月牙阁开启之后,MM们入住新区开辟自己的新天地,在此交友、谈心,寻找一个能与其在海边嬉戏、看夕阳西下、欣赏彩虹的男颜知己。(人民网2010年8月24日)

"无齿之徒"无疑是"无耻之徒"语音变异的结果,"男颜知己"无疑是"蓝颜知己"通过音近词替换的结果。类似的还有"无商不奸(艰)、为富不(补)仁"等。

对于嵌入式预制语块来说,发生音控变异最典型的现象莫过于成语谐音活用。尽管嵌入式预制语块的音控变异能产性相对较差,但整体来看发生变异的数量还是不少。如广告语中频频出现的"默默无蚊(闻)、有口皆杯(碑)、牙(哑)口无炎(言)、骑(其)乐无穷、乐在骑(其)中、一明(鸣)惊人、无胃(微)不治"等。对于这类现象,学界进行了深入探讨。我们认为这种利用语音条件对既有成语的某个成分进行替换,虽然会取得一定的语用效果；但由于容易产生误导作用，会对本来正确的成语形成冲击，所以其负面效应也不容忽视。

二　嵌入式预制语块的义控变异机制

义控变异机制是指在原来嵌入式预制语块的基础上，利用语义手段通过替换形成新的嵌入式预制语块，主要包括语义对称和语义类推两种机制。

（一）对称机制

汉语中能够表现对称机制的语言现象比较常见。语言中的"对等和平衡现象，同质和类似的现象依时空维度重复出现。语言中的押韵、对偶，音乐中的重复，都表现了这种对称"①。如伍铁平从人体对称的生理特征出发，谈到了对联的对称、诗词格律的对称、骈体文的对称、修辞中的对称等汉语对称现象，同时还具体阐发了汉语中双音节词的词素、四字格以及句法上的对称等。②

嵌入式预制语块义控变异中的对称机制就是用一个新的成分来替换原来嵌入式预制语块中的某个成分，填补语块槽中相反的语义空位。受对称机制的制约，新的成分和被替换的成分之间是反义对立关系。如：

（117）一场阳春白雪般的美展，为什么能"曲高和众"呢？（《新华日报》2009年10月16日）

（118）20年来，该刊秉承首任主编冯牧先生所提出的"关注现实、贴近时代、雅俗共赏、曲高和众"的办刊原则，形成了自

---

① 严辰松：《语言临摹性概说》，《国外语言学》1997年第3期。
② 伍铁平主编：《普通语言学概要》，高等教育出版社1993年版，第58—64页。

己的办刊特色。(《人民日报·海外版》2005年11月7日)

认知语言学认为:"对称的概念和对称的语言形式相对应。我们知道,语言里有很多对称的概念要表达,如相互的关系、同时发生的事件、互相依存的事件、交替出现的事件等等。"[①] 成语"曲高和寡"本来指乐曲的格调越高,能跟着唱的人就越少。原比喻知音难觅,现多用于比喻言行卓越不凡、艺术作品等高雅深奥,以至很少有人理解或接受。随着时代的发展,人们眼界宽了,见识多了,审美品位越来越高,过去不少让人望而却步、难于理解的作品受到了越来越多的受众的理解和关注,于是就用与"寡"词义相反的"众"嵌入"曲高和……"的空槽中,形成新嵌入式预制语块"曲高和众"。类似的例子如:

(119)邮船离开了码头,离开了上海,郭沫若望着渐行渐远的沉默着的祖国,潸潸地流出了眼泪。(桑逢康《郭沫若和他的三位夫人》)

(120)只听那二人渐行渐近,语音好生熟悉,原来一个是以前的师父赵志敬,一个却是尹志平。(金庸《神雕侠侣》)

受反义关系的制约和限制,符合语义对称机制的嵌入式预制语块数量较少,能产性也比较差。从原型范畴理论来看,这类通过语义对称机制而发生变异的嵌入式预制语块属于整个嵌入式预制语块范畴的边缘成员。

(二)类推机制

"音变和类推是促进语言发展变化的两大因素。类推形式是以一种

[①] 张敏:《认知语言学与汉语名词短语》,中国社会科学出版社1998年版,第16页。

或多种其他形式为模型,按一种特定的原则而创造出来的一种形式。类推形式并不是语言变化,而是语言创造。"① 在既有嵌入式预制语块的基础上,通过选择其中某个成分所在的语义场中的另外一个成分去替换,可以形成变异的嵌入式预制语块。如:

(121) 有时候,我也想,他会像金岳霖那样,一生只为了守候在林徽因的身边,做我一辈子的蓝颜知己吗?(《河北青年报》2010年11月18日)

"蓝、白、绿、青、黑、紫、粉"等和"红颜知己"中的"红"处于同一个颜色语义场之中。"Schachter(1997)曾提出一条'并列构造限制',定义为'并列构造的成分必须属于同一个语法范畴,并且具有相同的语义功能'。这条限制实际上说的是构成并列结构的一项基本要求:并列的成分必须既在句法上又在语义上相互平行。"② 当原来的"红颜知己"不能够满足当前各种复杂情感的需要时,人们就通过类推机制用和"红"处于并列关系的成分"蓝、白、绿、青、黑、紫、粉"等去替换其中的嵌入项"红",嵌入"……颜知己"的空槽中,衍生出"蓝颜知己、白颜知己、绿颜知己、青颜知己、黑颜知己、紫颜知己、粉颜知己"等变异形式的嵌入式预制语块。

类推机制相对于音控手段和对称机制来说,由于选择范围大,所以能产性很强,可以产生大量的嵌入式预制语块。如:

(122) 官员在交友中应保持清醒头脑,还要努力防止"权迷

---

① [瑞士]索绪尔:《普通语言学教程》,高名凯译,商务印书馆1980年版,第226页。
② 张敏:《认知语言学与汉语名词短语》,中国社会科学出版社1998年版,第16页。

心窍"和"财迷心窍"。(新华网 2008 年 11 月 6 日)

(123) 随着经济畅旺,香港股市日日高升,有不少打工仔都会"股迷心窍"。(人民网 2007 年 11 月 2 日)

(124) "沙迷心窍"的王明海还是选择了治沙。(李欣荣《我的草原我的牧场我的梦想》)

据语料检索我们发现,除了"色、权、财、股"等以外,"卡、菜、球、书、官"等也可以进入"……迷心窍"的空槽中。再如:

(125) 购置税优惠政策可谓"一箭三雕",既拉动消费,促进节能减排,而且也利于发展自主品牌。(人民网 2010 年 12 月 17 日)

(126) 国土部油气资源战略研究中心副主任车长波认为,发展煤层气将起到"一箭四雕"的效果,对煤层气这种资源应当"高看一眼"。(《中国证券报》2010 年 7 月 6 日)

(127) 一向注重效率效能的昆山人,每到一个城市,遍邀高校以及科技界、工商界的嘉宾,从校地、校企、产业、项目、人才等五个方面建立全方位合作关系,形成了"一箭五雕"的多赢格局。(人民网 2010 年 8 月 23 日)

"一箭双雕"语出《北史·长孙晟传》。相传长孙晟看见天空有两只大雕在争夺肉食,他只用一支箭便将两只大雕射了下来。此词原形容箭术高超,后比喻做一件事情同时达到了两种目的。但是当一件事情可以达到两种以上目的时,原来的"一箭双雕"就不足以满足人们的表达需要了,所以形成了"一箭……雕"的框架,空槽中嵌入"三、四、五"等数字来表达做一件事情后所收到的多重效果。

借助类推构成的变异形式的嵌入式预制语块非常多。通过语料考察发现，以"谈虎色变"为基础衍生出的框架"谈……色变"，其空槽中可以嵌入"牛、禽、鸡、网、震、移民、病、羽毛球、温州货"等，具有很强的开放性。

义控手段中值得关注的是语义讹变现象。其中最典型的要数"望洋兴叹"。"望洋兴叹"语出《庄子·秋水》"河伯始旋其面目，望洋向若而叹"。王先谦《庄子集解》中说："'望'作'盳'，云'盳'犹'望洋'，仰视貌。"在古籍中，"望洋"除了可以写作"盳羊""望羊"外，还有"望阳""望佯""茫洋"等异形写法，都表示仰视的样子。"望洋"本来是一个联绵词。联绵词是汉语词汇中较早出现的双音单纯词。一般来说，联绵词是由两个在语音方面有关联的音节组成，或双声或叠韵，而整个词的意义是单一的，语素也是单一的。"望洋"就是形容词性质的叠韵联绵词，在句中作状语，修饰动词短语"向若而叹"。

"望洋兴叹"的讹变本质上是人们对其结构进行重新分析以求对语义透明度作出调整的结果。在日常生活中，当我们面对某一事物或现象时，往往会发出某种感慨，而语言中正缺少一个精炼的形式来反映这种现实情况。而"望……兴叹"正好吻合了这一意象图式。原本仅作为联绵词构成成分且无实际意义的"望"在框架构式中获得了动词意义，"望洋"从原来的联绵词变为今天的动宾结构，形成了一个"望……兴叹"的框架，从而衍生出大量嵌入式预制语块。这一现象完全是语言为了表达需要而作出调适的结果。"望……兴叹"的空槽中可以嵌入"股、杯、车、房、促销活动"等成分进而组合成新的嵌入式预制语块。如：

（128）洪灾救济粮下来了，却因张敏的出身不好而只好望粮

兴叹。(毕永波《嫂子的葬礼》)

(129)堂妹这一组占着火做饭,由于挟爷爷之资深威重,别人只能望火兴叹。(王蒙《坚硬的稀粥》)

(130)"我希望你赶快来,我和妈妈再等你一个月……",但王弘之只能"望信兴叹"。这次,他含着泪水把信烧了。(沈飞德《孙中山女儿六十载难圆见子梦》)

第三章

嵌入式预制语块的语义特征

第一节 嵌入式预制语块的语义透明度

一 语义透明度概说

语义透明度（semantic transparency）来源于认知心理学领域，借用到语言学领域之后，指词义从构成要素上推知的难易程度。许多合成词之间存在语义透明度的差异。举例来说，我们从构成要素"哀"和"愁"就可以推断出"哀愁"的意思就是"悲哀忧愁"，因此"悲哀"就属于一个透明词（transparent words），其语义透明度很高；"马"是一种动物，"虎"也是一种动物，但是"马虎"表示"漫不经心；不介意；疏忽；轻率"的意思，"马"和"虎"这两个构词语素义与"马虎"的整体语义完全无关，因此"马虎"就属于一个不透明词（opaque words），语义透明度很低。

近年来语义透明度受到学者们的关注。王春茂、彭聃龄（1999）[1]通过变化汉语合成词词素的累积频率的方法，考察表面频率和语义透

---

[1] 王春茂、彭聃龄：《合成词加工中的词频、词素频率及语义透明度》，《心理学报》1999年第3期。

明度对加工速度的影响。干红梅（2008）[①] 通过实验探讨了语义透明度对中级汉语阅读中词汇学习的影响。李晋霞、李宇明（2008）[②] 则结合具体词语把词的语义透明度分为完全透明、比较透明、比较隐晦和完全隐晦等四个梯级。

二 嵌入式预制语块的语义透明度

综合来看，当前学界对语义透明度的探讨主要集中在合成词上面。我们认为，嵌入式预制语块的理解过程同样涉及语义透明度的问题。下面针对嵌入式预制语块的语义透明度作相关探讨。

为了简便，我们把嵌入式预制语块的语义透明度划分为三个梯次：完全透明型、透明—隐晦型、隐晦型。

（一）完全透明型

所谓完全透明型，就是指嵌入式预制语块的整体意义可以根据嵌入式预制语块的组成成分和语法关系直接推断出来，也可以称为单层组合型。这类嵌入式预制语块理解难度最低。如以"挨……受……""争……夺……"为框架的嵌入式预制语块基本上属于完全透明型；再如以框架"不……而……"衍生出来的四字格嵌入式预制语块"不辞而别、不战而退、不谋而合、不翼而飞、不劳而获、不约而同、不胫而走"等，其整体意义完全可以从其构件中直接推知出来。以"不言而喻"为例，整体意义就是指不说就明白，字面意义和实际意义完全重合。

有些非四字格的嵌入式预制语块语义也是完全透明的，字面义和实际意义是一致的。如"很……很……"：

[①] 干红梅：《语义透明度对中级汉语阅读中词汇学习的影响》，《语言文字应用》2008年第1期。

[②] 李晋霞、李宇明：《论词义的透明度》，《语言研究》2008年第3期。

（1）虽然目前人工智能正在快速提"智"，但是这不代表它真的很聪明。相反，很多时候它还很傻很天真，仍然需要向人脑学习。（《科技日报》2019年3月18日）

（2）"明天中国的互联网，一定会很美很绿色、很棒很健康、很好很强大！"日前，新华网、人民网、中国网等8家中央网络媒体在北京签署《中国互联网视听节目服务自律公约》，倡议不传播渲染暴力、色情、赌博、恐怖等互联网视听节目。（《中国经济周刊》2008年第8期）

再如"……自己的……，让别人去说吧"：

（3）"姐弟恋"需要一定的心理素质。最好谨记不要管别人的眼光，拍自己的拖，让别人去说吧。（《广州日报》2010年10月21日）

（4）在短文的最后，我还想狗尾续貂一句：读你的书，让别人去说吧！（《江南时报》2004年11月11日）

（5）变自己的态，让别人去说吧。（《华西都市报》2002年3月13日）

(二) 透明—隐晦型

有些嵌入式预制语块字面义和整体义二者有时候相同，有时候会存在一定距离。这一类嵌入式预制语块的语义透明度时而透明，时而隐晦，因而称为"透明—隐晦型"。如：

（6）当下小大姐六宝已经收拾好地毯上的碎碗片和粥粒，重新送进一碗不冷不热的燕窝粥来。（茅盾《子夜》）

(7) 张英才说："不是说好，这个星期的课由我上么？"孙四海不冷不热地说："让你休息还不好么！"张英才听了不高兴起来："休息就休息，累死人了，我还正想请假呢！"（刘醒龙《凤凰琴》）

例（6）中，"不冷不热"指从物理角度看，燕窝粥温度适中，正好可以喝。"不冷不热"的字面意义和实际意义相同，语义透明；例（7）中，"不冷不热"指态度比较冷淡，不太热情。字面意义并非实际意义，二者之间存在一定距离。"不冷不热"在句法上作状语来修饰动词"说"，明显是运用了字面义衍生出的比喻义来形容孙四海对张英才的冷漠态度。

再如：

(8) 青青是北方姑娘，大手大脚，对刺绣这等精细的工作，本来并不娴熟。（琼瑶《青青河边草》）

(9) 看着自己的大手大脚，明明是自己的，可是又像忽然由什么地方找到的。他非常的难过。（老舍《骆驼祥子》）

(10) 该死，这种现象他在学校里的女教师身上也见过，结婚之前大手大脚，结婚之后，生了孩子，就变得十分节俭。（陆文夫《清高》）

例（8）和例（9）中的"大手大脚"指客观上手和脚生得比较大。就例（8）而言，刺绣属于精细的工作，心灵手巧才能干好。大手给人的印象是不容易干好刺绣这类活；例（10）中的"大手大脚"在理解上就不能仅仅局限于手和脚生得比较大了，而是形容对财物毫不吝惜，没有节制地随便花费。后面的"生了孩子，就变得十分节俭"也能够表明此例中"大手大脚"的整体意义并非其字面意思的简单相加。

(三) 隐晦型

有些嵌入式预制语块语义透明度较低，可以归入隐晦型。邵敬敏（1994）指出，"它们的含义往往不能单从构成成分和语法上的逻辑义推导出来，换句话说，它们在交际中所发挥的作用，实际上是隐藏在表层义后面的深层语用含义"①。换言之，字面义和实际的整体意义相去甚远。如：

(11) 靠南半拉儿那儿有一道儿，上水心亭里头玩去那会儿不三不四有的是，姑娘人家别上那里头去。（王文山《1982年北京话调查资料》）

(12) 可怜这一位画家，在国内也算有头有脸的人物，何曾想到会在美国如此狼狈。（方方《特大跨国诈骗犯潘亚中》）

"不三不四""有头有脸"的语义和字面义之间存在着一定的差距，要深入了解它们的真实语义，就不能仅仅停留在字面意义上。如果从对外汉语教学的角度看，这类隐晦型的嵌入式预制语块理应作为教学难点来对待。

第二节 嵌入式预制语块嵌入项的语义变化

嵌入式预制语块的能产性极强。在嵌入项进入框架空槽的过程中，如果不断高频使用，嵌入项就可能会出现意义上的变化。概括起来，嵌入式预制语块中嵌入项的语义变化主要有泛化和扩容两种。

---

① 邵敬敏：《口语与语用研究的结晶——评〈口语习用语功能词典〉》，《世界汉语教学》1994年第2期。

一 语义泛化

语义泛化往往伴随着语用空间的拓展。如"搞"是从西南方言进入普通话的，新中国成立前北方很少用"搞"。① 而现代汉语中的"搞"语义泛化，搭配范围大大增强，几乎成为继"打"之后的又一个"万能动词"。许多新词也会通过语义泛化增加语义内涵并超越本义原有的适用范围。如"山寨"本为筑有栅栏等防守工事的山庄或旧时绿林好汉占据的山中营寨，如今"山寨"语义发生了泛化现象，变成一个具有形容词性质的词语，成为与正规、正版、正常、主流、官方或权威等概念相对立的代名词。

在嵌入式预制语块中，框架往往会使其中的某些嵌入项在语义上出现泛化现象。如邵敬敏（2007）② 就考察了"V 一把"中"V"的泛化现象。该文通过对语料的考察，发现 20 世纪 80 年代尤其是进入 21 世纪以来，"V 一把"的用法迅速蔓延，"V 一把"的组合类型已经出现了很大的拓展，语法意义也发生了明显的变化，如"醉一把、晕一把、痴一把、癫一把"。原来"V 一把"中的"V"为与手有关系的典型动词，如"拉、抓、揪、拽"等，如今能嵌入该框架中的"V"呈现出泛化倾向，除了与手有关的典型动词外，其他一些动词、形容词甚至名词也可以作为嵌入项。这一点对我们很有启示，那就是要以动态的发展眼光来考察嵌入式预制语块，关注框架中嵌入项的语义变化。不少嵌入式预制语块在反复使用过程中，其中嵌入项的语义会发生某些泛化现象，应该引起足够的重视。

在嵌入式预制语块中，嵌入项的语义出现泛化的最典型例子莫过于

---

① 龚千炎、胡治农：《略说动词"搞"》，《中国语文》1979 年第 1 期。
② 邵敬敏：《说"V 一把"中 V 的泛化与"一把"的词汇化》，《中国语文》2007 年第 1 期。

数词。张清常认为:"中国人使用数字,一时有一时的风气,这样就使数词的虚义远远超过实义……汉语的数词是非常活泼富于诗意的,并不仅仅是科学严肃准确的。"① 数词本来表示数量,但是当其中的系数词"一、二、三、四、五、六、七、八、九、十"和位数词"十、百、千、万"等作为嵌入项进入框架之后,往往就不再单纯表示数量,意义出现泛化现象。如:

(13) 有的不法厂家不顾政府三令五申,将一些不合格产品投放市场,甚至继续生产明令禁止的淘汰产品。(CCL 语料库 1994 年报刊精选)

(14) 这位素来脱略形迹,不修边幅的武当长老,此刻居然也脱下了他那件千缝万补的破道袍,换上了件一尘不染的蓝布衫。(古龙《陆小凤传奇》)

(15) 七姑奶奶赶紧回身指挥丫头,搬来一张藤椅,铺上褥子;男仆们七手八脚地将胡雪岩扶着躺下,她这时才发觉,胡雪岩一条腿受伤了。(高阳《红顶商人胡雪岩》)

据我们考察,在涉及数词作为嵌入项的嵌入式预制语块中,数词基本上都出现了语义泛化现象,如"一……一……、百……百……、一……半……、一……二……、三……两……、三……四……、三……四、五……六……、七……八……、……七……八、百……千……、千……百……、千……万……、万……千……、一……三……、一……百……、一……千……万……、三……五……、三……六……、四……八……"。

作为嵌入项的数词虽然出现语义泛化,但在语义表达上主要分为两

---

① 张清常:《汉语的 15 个数词》,《语言教学与研究》1990 年第 4 期。

大类：表示数量多（程度高）和数量少（程度低）。

表示数量多（程度高）的嵌入式预制语块，如：

（16）鼻子下有嘴，逢人便问路；但是三拐四弯，五盘六绕，七出八进，九曲十环，我就像进入诸葛亮的八阵图，没有黄承彦指识迷津便找不到出路。（刘绍棠《大河小镇》）

在小说中，作者连续运用"三拐四弯，五盘六绕，七出八进，九曲十环"四个数词作为嵌入项的嵌入式预制语块，描写了"我"晕头转向的情景。很明显，"三拐四弯，五盘六绕，七出八进，九曲十环"中的数词"三、四、五、六、七、八、九、十"均不再表示确切数字，而是表达"拐、弯、盘、绕、出、进、曲、环"等动作的次数之多。

其他涉及数字的嵌入式预制语块如"三……四……""三……五……""三……六……""五……六……""千……百……""千……万……""万……千……"，一般都表示数量多（程度高）。

表示数量少（程度低）的嵌入式预制语块，最典型的是"一……半……"，如：

（17）他以为也许言语之间得罪了她，而她以为即使有一星半点的顶撞也犯不着这么客气。（老舍《四世同堂》）

（18）老柯的妻子对死者遗愿仍然一知半解，这是她的后来的孀居生活中无法解脱的一个疙瘩。（苏童《灰呢绒鸭舌帽》）

在嵌入式预制语块中，有的数词作为嵌入项既可表示数量多（程度高），也可以表示数量少（程度低），表现出对语境较强的依赖性，如"三……两……"，如：

（19）面对着那帮赖小子，他略使手段，三拳两脚，一眨眼工夫，便把他们打得哭爹叫娘。（张平《十面埋伏》）

（20）全书共收一千多则故事，记述简练，一般只有数行文字，短的只是三言两语。（《中国儿童百科全书》）

（21）他逼着秘书和卫士三天两头去国务院机关事务管理局催，火急火燎地非马上搬不可。（吴思《陈永贵沉浮中南海》）

（22）这是新疆的乌恰，是个闹地震的地方，这个地方三年两头老地震。（张少泉《大地震》）

例（19）和例（20）中的"三拳两脚""三言两语"均表示数量少（程度低），例（21）和例（22）中的"三天两头""三年两头"均表示数量高（程度高）。

嵌入项的泛化往往受到框架成分的影响。如"来"和"去"是现代汉语中两个常见的表示趋向的动词，但是由于"来""去"发生了语法化，所以进入框架"……来……去"空槽中的成分也会随之发生泛化。如：

（23）沿岸沙滩松软，水清见底，热带鱼在珊瑚礁间游来游去，充满热带风情。（《中国儿童百科全书》）

（24）昏黄的灯光下一群飞蛾围在灯前飞来飞去，偶尔从胡同旁的人家中传出现代京剧的锣鼓点和高亢的唱段。（李威海《贺龙元帅悄然离去》）

以上这两个例子中，动词"游"和"飞"是动词里典型的表示空间位移的动作动词，表现出明显的［＋方向性］语义特征。由于"来""去"发生语法化，有些具有［－方向性］语义特征的动词也可以作为嵌入项进入空槽中。如心理动词"怕"、抽象动词"思、想"和演说动词"说",这些动词本来不具有方向性,因为框架成分"来"和"去"的语义虚化,所以也能够进入空槽中。

(25) 郁老大怕来怕去,最怕长毛。不过不要紧;长毛在岸上,我们在江里,他们没有炮船。(高阳《红顶商人胡雪岩》)

(26) 思来想去,老拳王觉得再难也要争取,除此之外,别法不灵。(王德明《中国拳王扬威美利坚》)

(27) 他戛然而止!真是活见鬼,怎么说来说去,又是这句早已没滋味的话呢?(胡辛《蒋经国与章亚若之恋》)

需要指出的是,语义泛化的同时往往会发生语义虚化,二者都属于去范畴化(de-categorization)现象,都涉及词义演变,但具体含义并不完全一致。语义泛化(semantic generalization)是语义由一个认知域延伸到其他认知域,更着眼于共时平面词义适用范围的扩大;而语义虚化(semantic weakening)则关注的是词义演化过程中由实而虚的历时对比。如"……来……去"中的"来""去"发生虚化是历时演变的结果,同时又导致了嵌入项的范围扩大和语义虚化。

二 语义扩容

所谓语义扩容,是指嵌入项进入空槽之后,表层语义信息量有所增加,嵌入式预制语块的整体意义往往大于空槽中嵌入项的简单相加。举例来说,通过具体语料的观察我们发现,"不明不白"不单单指"不明白",更多的是在"不明白"的基础上又增添了"稀里糊涂、受到冤枉或者离奇神秘"等附加的语用意义,凸显受事主体的无奈、不满或冤屈,产生了语义扩容现象。邢福义(1997)指出:"汉语语法重于意而简于形。在结构形式的选择上,常用减法;在结构语义的容量上,则常用加法……我们使用汉语,一贯遵守一条语用原则。这就是:借助言语背景,言语尽可能经济简练。"① 嵌入式预制语块的整体意义往往是由作为构式的框架意义和嵌入项的意义共同整合而成的。如:

(28) 我有个族侄在报馆工作,我敢担保他不是共产党,也被不明不白地被杀害啦!你能永远不出租界吗?就是在租界里也不见得就安全呀!(杨旭《荣氏兄弟》)

(29) 但纪照连态度非常冷淡,声称自己是被另一男子所救,与王连全无关。决不能让儿子死得不明不白。悲愤万分的王荣昌开始奔走,他要拿起法律武器为逝去的儿子讨个公道。(文璇《英雄死后的官司赢得好沉重》)

以"不……不……"为框架的不少嵌入式预制语块都出现了这种语义扩容现象,如"不清不楚"。试比较下面两个例子:

(30) a. 他们两个人的关系不清楚。
b. 他们两个人的关系不清不楚。

很明显,例(30)a 只是对客观事实的一种描述,而例(30)b 则带上了说话人的某种语用意义,在具体的语境中可能传达出说话人鄙夷或者难于言说的语用信息。

在嵌入式预制语块嵌入项的语义扩容现象中,偏义复词离析后分别进入空槽中的语义变化值得我们去关注。"一般不能单用的语素在四字

---

① 邢福义:《汉语语法结构的兼容性和趋简性》,《世界汉语教学》1997 年第 3 期。

格里当单词用。"① 偏义复词进入嵌入式预制语块的框架中，作为陪衬语素的语义往往被激活，这同样是语义扩容的一种重要表现。偏义复词是指一个复音词由两个意义相关或相反的语素构成，但整个复音词的意思只取其中一个语素的意义，另一个语素作为陪衬，只起到构词的作用，如"长短、好歹、窗户、国家、人物、门口、师父、兄长、质量、动静、忘记"等。然而，有些偏义复词的构成语素拆开后分别嵌入空槽中形成嵌入式预制语块后，作为陪衬的语素意义也被激活，语义产生扩容现象。"国家、质量、利害、得失"部分偏义复词进入"有……无……"中，其中的陪衬语素就会被激活，如：

(31) 他的家人说："老爷子是有国无家，在他手里一分钱能掰成五瓣花。"（《人民日报·海外版》2006年1月7日）

(32) 北京高校紧抓教学质量避免有质无量盲目扩招（《北京青年报》2001年6月21日）

(33) "世界工厂"有量无质：变中国制造为中国"智"造（人民网2010年9月17日）

(34) 我们不但不惧怕这种民主政治斗争，而且要发展这样的民主政治斗争，因为它对于我们是有利无害的。（邓小平《邓小平文选》）

例（31）讲述了两度入选中央电视台"感动中国候选人"的天津老人白芳礼从74岁开始，靠蹬三轮车积攒了35万元人民币，捐给了天津多所大中小学近300名贫困学生的故事。他一年四季节衣缩食，并要求全家人节俭。为了在车站前拉活方便，他搭了个3平方米的小铁皮棚

---

① 吕叔湘：《汉语语法分析问题》，商务印书馆1979年版，第52页。

子,在里面一住就是 5 年。家里人请他回去他也不回。他的家人说:
"老爷子是有国无家,在他手里一分钱能掰成五瓣花。""国家"本来是
个偏义复词,语素"家"只是作为陪衬,该词真正意义的落脚点是在
语素"国"上。而当"国"和"家"分别作为嵌入项进入空槽后,
"家"的意义被激活了,在意义上获得了与"国"同样重要的地位。白
芳礼老人的家人之所以说"有国无家"就是因为老人家心里只为贫困
生着想,对家里的事不多操心。同样,偏义复词"质量"意义的落脚
点是在语素"质"上,语素"量"只是作为陪衬,当"质"和"量"
分别作为嵌入项进入空槽后,"量"的意义也被激活。这种现象也充分
体现了框架对嵌入项意义的积极作用。同样,偏义复词"利害"本义在
语素"害"上,框架"有……无……"激活了作为陪衬的语素"利"。

第三节 构式与嵌入式预制语块

一 构式语法理论

随着认知语言学的兴起,基于认知语言学语法理论体系的构式语法
理论受到当前语言学界的广泛关注。构式语法理论兴起于 20 世纪 50 年
代,以 Lakoff(1987)、Fillmore 等学者的研究成果为重要前提。1995
年,*Constructions*: *A Construction Grammar Approach to Argument Structure*
一书出版,标志着构式语法理论的正式确立。构式语法理论赋予了构式
在句法研究中的中心地位,为语言研究提供了一个崭新的视野。

构式语法(construction grammar)是由 Goldberg(1995)[1] 提出的。
她给"构式"下的定义为:

---

[1] Goldberg, *Constructions*: *A Construction Grammar Approach to Argument Structure*, Chicago University Press, 1995, p. 4.

C 是一个构式，当且仅当 C 是一个形式—意义的配对〈Fi, Si〉，且 C 的形式（Fi）或意义（Si）的某些方面不能从 C 的构成成分或其他先前已有的构式中得到完全预测。

构式语法是一种自上而下的分析，注重挖掘构式所携带的意义。该理论认为构式本身具有独立的形式和意义，其形式或意义无法完全从组成成分和其他构式中推导出来，具有不可推导性（non-derivational）。句法结构具有独立于词义之外的抽象意义，会对进入其中的词的用法产生影响，如：

(35) He sneezed the napkin off the table.
　　他打喷嚏把餐巾纸吹下了桌子。
(36) She baked him a cake.
　　她为他烘焙了一个蛋糕。

例（35）中的"sneeze"本来为典型的一元动词，之所以增加了受事和目标题元，是由整个动补结构临时赋予的；离开了这个动补结构，其带宾能力不复存在。例（36）中的"bake"本身也不能带间接宾语，在双宾结构中却带有"him"。这充分说明构式对词义用法和意义的影响。

目前，构式语法理论成为语法界的研究热点并引发了学者们的广泛争议。构式语法理论对于现代汉语嵌入式预制语块的研究很有价值。之所以有这样的观点，就在于汉语语法的意合性很强，尤其对于语义透明度低的嵌入式语块来讲更明显。而构式语法理论认为构式具有赋义功能，其整体意义往往难以完全从组成成分和其他构式中推导出来，具有不可推导性。该理论认为构式义是独立于组成成分的一种意义，不能从组成成分或已有的构式中得到完全预测。这一点和语义透明度隐晦的嵌入式预制语块有着非常高的契合度。① 具体而言，在研究嵌入式预制语块过程中，要充分注意区分词义和结构义之间的关系，千万不可混为一谈，不能简单地把结构义强加到词义上。构式自身具有独立于词语的意义，但如果简单地将构式的意义强加于意义固定的词语之上也是不合适的。因此，嵌入式预制语块的框架所包含的某种意义和嵌入项之间的意义存在着互动关系，二者互相影响。沈家煊（2000）② 就明确指出语法研究有两个研究取向，一是自上而下的语法研究取向；二是自下而上的语法研究取向。这两种研究取向各有各的优势，只有将自上而下的研究取向和自下而上的研究取向结合起来，才能对句子的合格性作出充分的解释。这一理念对于嵌入式预制语块的研究具有积极的指导意义。

二 语义压制与互动对嵌入式预制语块感情色彩的影响

科学研究不断取得进展的一个显著标志是出现许多交叉学科，不同学科领域之间的思想、方法乃至专有术语体现出较强的共通性。以语言学研究为例，就有不少术语是从其他学术领域借鉴而来的。如"语义压制"（semantic coercion）就是源于计算语言学的一个术语，泛指语言形式和语义功能之间的一种不匹配现象。随着构式语法的兴起得到了学界更广泛的关注。下面举个汉语语义压制的例子：

（37）正义是杀不完的，因为真理永远存在。（闻一多《最后一次演讲》）

在例（37）中，动词"杀"要求其逻辑主语应为一个具有生命属

---

① 按照构式语法理论观点，语义透明度低的嵌入式预制语块就可看作构式。因此，本书下篇所探讨的相关构式，均属于特殊的嵌入式预制语块。
② 沈家煊：《句式和配价》，《中国语文》2000 年第 4 期。

性的名词。然而抽象名词"正义"并无生命特征，与动词"杀"形成语义冲突，造成了一种不符合听话人理解上的非常规现象，而这种非常规现象正是压制的诱发因素。"正义"受到句子构式"NP是杀不完的"以及动词"杀"的统辖及压制，在语义上必须作出深层次调整后整句话才能被识解，"正义"被理解为"主张正义的人"，"正义"和"杀"之间的矛盾冲突得到消解，这样貌似不和谐的结构通过语义压制变得和谐起来，符合语义和谐律。[①]

20世纪后期，学者们开始关注语言的主观性，特别是随着功能语言学、语用学以及认知语言学的兴起，传统的结构主义语言学受到了越来越多的挑战。人们逐渐认识到，语言并非只是简单地用来表达命题和思想，而且很多时候还能够表达说话人的观点、情感和态度。"1992年在剑桥大学召开了主观性与主观化问题专题研讨会，标志着主观性研究的高潮。"[②] 对于主观性的定义，学界存在着一些差异，以Lyons（1977）给出的定义最为常见："主观性（subjectivity）是指语言的这样一种特性，即在话语中多多少少总是包含'自我'的表现成分，也就是说，说话人在说出一段话的同时表明自己对这段话的立场、态度和感情，从而在话语中留下自我的印记。"[③] 就主观性而言，说话人使用语言时的感情色彩表现最为突出。

色彩义属于附加义，指附加在核心意义之上的带有说话人主观感情方面的意义。嵌入式预制语块在表达自身的整体意义之外，往往带有人们主观评价的色彩，表达喜爱或憎恶、肯定或否定、赞许或贬斥的感情。

语义压制与互动对嵌入式预制语块感情色彩的影响主要体现在两方面，一是框架对嵌入项意义的影响，二是嵌入项在进入框架的过程中，

---

① 陆俭明：《修辞的基础——语义和谐律》，《当代修辞学》2010年第1期。
② 沈家煊：《语言的"主观性"和"主观化"》，《外语教学与研究》2001年第4期。
③ 张谊生：《试论主观量标记"没"、"不"、"好"》，《中国语文》2006年第2期。

并不只是被动地受框架的制约，也会对嵌入式预制语块的整体意义产生积极作用。

由于受到框架和嵌入项的双重影响，嵌入式预制语块的感情色彩情况比较复杂。

1. 构式义本身带有贬义色彩，嵌入项进入空槽中后整个嵌入式预制语块呈现为贬义色彩

如"胡……乱……"，这一框架表示动作行为是任意的、胡乱的。不管空槽中嵌入什么样的成分，由于受"胡""乱"贬义色彩的管辖，所构成的整个嵌入式预制语块均带有贬义色彩，无一例外。这体现出框架构式对嵌入项语义的压制作用。如：

胡思乱想　胡言乱语　胡编乱造　胡扯乱谈　胡猜乱想　胡说乱道
胡支乱花　胡吃乱用　胡涂乱抹　胡拥乱挤　胡摊乱派　胡整乱查
胡吹乱侃　胡捧乱抬　胡拼乱凑　胡写乱画　胡批乱报　胡批乱砍

再如，框架"极尽……之能事"本身就携带有贬义色彩，空槽中可以嵌入的词绝大部分是贬义词，如"污蔑、侮辱、欺骗、挑拨、讽刺挖苦"等，即使有时候嵌入一个中性词或褒义词，但整体意义仍然呈现为贬义色彩。如：

（38）彭定康还对未来行政长官及特区政府极尽指点之能事，要求国际社会"格外关注"的"十个要项""十六条基准"等，都表明了千方百计想干预未来特区事务。（《人民日报》1996年10月18日）

（39）英国首相劳合·乔治在巴黎和会上也很活跃。……他工于心计，城府深沉，为了维护英国开始动摇的霸主地位，在

巴黎和会上极尽纵横捭阖之能事。他时而同法国站在一起对付美国，时而同美国结成联盟压制法国。（沈永兴、朱贵生《二战全景纪实》）

（40）欧提克则是极尽礼貌之能事地领着贵宾，仿佛从头到尾就是他安排的欢迎仪式一样。（网络小说《龙枪传奇》）

又如，"A 不 AB 不 B"这一框架就带有贬义色彩，而这种框架本身所具有的贬义色彩不会因为嵌入项的不同而发生改变。如：

（41）前些年，一些农民也试着改造过，木门窗换成了铝合金，青砖改为地板砖，纸顶棚吊上石膏板，结果土不土洋不洋，"农家乐"变了味。（《人民日报》2009 年 7 月 19 日）

（42）前段时间，为节能减排，有地方政府提出"铁的决心、铁的手腕、铁的纪律"的"三铁"政策，什么时候发展低碳经济也能这么硬朗一把，别打扮来忽悠去，弄的男不男女不女，人不人鬼不鬼的。（《钱江晚报》2010 年 12 月 2 日）

能进入框架"A 不 AB 不 B"中的嵌入项主要包括形容词、名词和区别词。框架"A 不 AB 不 B"中的 A 和 B 一般含有对比意义，强调两方面的特点都不突出，让人难以分清。说话人心目中某一事物的理想状况应为 A 或 B，然而由于说话人认为某一事物既不属于 A，也不属于 B，与主观认识发生了偏离，从而产生了贬义色彩。

2. 构式义本身无任何感情色彩，嵌入项影响整个嵌入式预制语块的感情色彩。在具体的话语场景中既可以体现为褒义，也可以体现为中性意义或贬义

"不……不……"框架本来谈不上任何感情色彩，但不同的嵌入项

进入空槽中之后,整体上感情色彩就会出现多样化特征。如:

(43) 200多幅珍贵画作向世人传播了南极探险者勇于进取、不屈不挠、为科学献身的南极精神!(牧川《第一位赴南极考察的中国画家》)

(44) 经受过许多行家们的反对,他们认为用西洋乐器演奏中国民族音乐是不伦不类,不可登大雅之堂。(杨曦冬《永恒的"蝴蝶"何占豪》)

(45) 她觉得全身轻飘飘的,像要升到空中,不知不觉合上了眼皮。(尤凤伟《石门夜话》)

在上述三例中,以同一框架为基础产生的嵌入式预制语块"不屈不挠""不伦不类""不知不觉"分别表现出褒义、贬义和中性意义。不同的色彩义和嵌入项之间有着极其密切的关系。

再来看一个例子。口语中有一种常见的嵌入式预制语块"看(瞧)你A的",其框架自身很难说有一定的感情色彩,嵌入项主要为形容词,不同的形容词作为嵌入项会对整体意义有很大的影响,从而显示出语义的倾向性。具体而言,嵌入项为表消极义的形容词时,其整体意义就表示说话人的关心、怜悯、慰藉或嗔怪。如:

(46) 看你急的,既然来到了东京,还怕见不着面?(耿可贵《孙中山与宋庆龄》)

(47) 通讯员的手里托着两粒黄色的阿的平丸子,睁着怜惜的眼睛,几乎是带着哀求的口吻唠叨着:"连长,你总不关心自己的身子,看你瘦的……说什么你睡下之前,一定得把丸子吃掉!"(林予《寨上烽烟》)

上述例子中的"急、瘦"等形容词都具有消极义，进入"看（瞧）你 A 的"框架之后，语块的整体意义就带上了积极的语用色彩。如"看你瘦的"整体上表现了通讯员对连长的关心。

当嵌入项为表积极义的形容词时，语块"看（瞧）你 A 的"的整体意义就表示说话人的贬抑、不满和质疑。如：

（48）（娇嗔地）我只值五百元，看你美的。（周震骅《在悬崖上》）

（49）看你们闹的！（成阳、海默《春城无处不飞花》）

3. 构式义本身并无感情色彩，空槽中填充嵌入项后整个嵌入式预制语块仍然呈现中性色彩

（50）许可证贸易工作涉及的知识面非常广泛，有不少的业务都是边干边学，边学边干。（曾鹏飞《技术贸易实务》）

（51）看着水位越来越接近学校教学楼，易治林急得满头大汗，边跑边喊，不知什么时候，一只鞋已经跑掉了。（《人民日报》2020年7月2日）

"边……边……"中的"边"作状语，只是对所修饰的动作进行描述，并无感情色彩。因而嵌入项进入框架后整个嵌入式预制语块"边干边学""边学边干""边跑边喊"也没有产生新的附加意义，整体上仍然呈现中性色彩。

三　嵌入式预制语块中同一框架构式的多义性

嵌入项的不同也会影响整个嵌入式预制语块的意义，形式和意义之

间形成并非简单对应的"扭曲关系"①,从而出现同一构式框架对应多种意义的现象。

下面以"不 A 不 B"为例,该构式可以表达多重意义,主要取决于嵌入项的不同。

1. 假设意义

(52)"五点半,一路车站,不见不散,我马上出来。"我放下电话,锁好办公桌的抽屉,拎起皮包出了办公室。(王朔《给我顶住》)

(53)一些陈规陋习,一定得破;一些新规,一定要立,古人云不破不立,不然我们就做不成大事!(《乔家大院》)

(54)你愿听也罢,不愿听也罢,我还得把话说完。灯不拨不亮,话不说不明。到了这般天地,生米已做成熟饭,你别惦记着再下山当什么黄小奶奶了,当小奶奶也不见得有什么好。(尤凤伟《石门夜话》)

不难看出,当"不 A 不 B"包含假设意义时,"A"和"B"具有事理上的先后关系或者补充说明关系。嵌入式预制语块"不见不散""不破不立"中的"见"和"散"、"破"和"立"之间就存在着事理上的先后关系;例(54)"不拨不亮""不说不明"中的"拨"和"亮"、"说"和"明"之间分别具有补充说明关系。

2. 消极意义

(55)但是,如果我们的电视台让打扮得不伦不类、不男不女的人走上荧屏,就该值得好好考虑了。(《人民日报》1996 年 9 月 11 日)

---

① 赵元任:《汉语口语语法》,吕叔湘译,商务印书馆1979年版,第11页。

第三章　嵌入式预制语块的语义特征　　　　　　　　91

（56）我也不是没有想过和余重分手。这样不死不活地算什么呢？（姜丰《爱情错觉》）

（57）他们要是接受了这个"革命"的办法，便是成了不慈不孝的野人。（老舍《四世同堂》）

这类嵌入式预制语块整体上的消极意义通常是正面词语进入框架"不A不B"后受否定副词"不"的影响形成的，有时候通过嵌入两个意义相反或相对的成分来表示处于令人难堪的状况，如例（55）。当面对纷繁复杂的客观事物时，我们非常注重事物之间的条理次序以及类别，只有这样才能更好地认识客观世界。"伦"指条理次序或同类同等，"类"指种类或类似，"伦"和"类"嵌入框架之后，受到否定副词"不"的修饰作用，"不伦不类"指既非这一类，又非那一类，形容不成样子或没有道理。"男、女"为区别词，从句法上看，只能做定语或构成"的"字结构，如"男同胞""女同志"或者"男的""女的"。但是在"不A不B"框架中，嵌入项"男"和"女"通过语义扩容已经分别成为说话人心目中男人和女人的标准。人的性别分为男性和女性两类，"不男不女"指人的言行偏离了正常男人或女人的标准，由此贬义产生。"死"和"活"是一对互补反义词，二者非此即彼，意义上并不存在中间过渡地带。但是嵌入框架"不A不B"后，"不死不活"就表示一种让人尴尬的状态，呈现出贬义色彩。同样，例（57）中的"慈"和"孝"也由于受到"不"的修饰使"不慈不孝"呈现出整体上的消极意义。

3. 积极意义

（58）关汉卿的杂剧，热情歌颂被压迫人民的斗争，多方面揭露封建社会的黑暗和残酷，鼓舞人们向丑恶的势力进行不屈不挠的

斗争。作家的这一进步思想，在其名著《窦娥冤》中得到最充分的体现。（《中国儿童百科全书》）

（59）在对外交往中，他既反对傲慢自大，又反对妄自菲薄，主张不骄不躁，不卑不亢，互相尊重，和睦相处，发扬了中华民族的传统美德。这些哲理与美德正是塑造我国外交特色和风格的思想基础。（《人民日报》1995年2月14日）

（60）你看不起蹬三轮的是不是？反正蹬三轮的不偷不抢，比你强得多！我的那口子就干那个！（老舍《龙须沟》）

如果"A"和"B"均为负面意义的话，一般情况下整个嵌入式预制语块就表示积极意义。嵌入式预制语块"不屈不挠""不骄不躁""不卑不亢""不偷不抢"中的"屈"和"挠"、"骄"和"躁"、"卑"和"亢"、"偷"和"抢"都是含有消极意义的成分，嵌入"不A不B"中后，分别得到了否定，就像数学中的"负负得正"一样，整个嵌入式预制语块体现为积极意义。

任何规律都不可能涵盖所有的语言事实。值得指出的是，并非所有表示负面意义的成分嵌入"不A不B"框架的空槽后就会表示正面意义，有时候恰恰相反，不仅仍然表示负面意义，而且程度较原来的"AB"更深。最典型的就是"不尴不尬"。"不尴不尬"指左右为难，不知如何处理才合适。"尴尬"是一个消极意义的词语，当离析开来"尴""尬"分别嵌入"不A不B"框架的空槽中，整体意义并没有表示正面意义，较原来的"AB"（尴尬）程度加深。如：

（61）这间房子里的每个人都有不尴不尬的毛病，只有我例外。所有的人之间都不互称名字，用"喂""哎""嗨"代替。（王晓波《未来世界》）

4. 中性意义

如果"A"和"B"均为中性意义的话，一般情况下整个嵌入式预制语块就表示中性意义。如：

（62）有一回，她竟几天不吃不喝，身边的人慌了手脚，医生也一筹莫展。（水静《毛泽东密召贺子珍》）

（63）每当我情绪低落时，我便翻阅自己的影集，不知不觉便陷入对以前事情的美好回忆中，结果情绪会很快好起来。（王登峰《大学生心理卫生与咨询》）

（64）但双方在实质问题上仍然各执己见，漫漫泛谈不紧不慢，似乎谈判没有最后时限，后天也无须发表公报。（张容《一言难尽乔冠华》）

上述三个例子中的"不吃不喝""不知不觉"和"不紧不慢"都只是对客观现象作出描述，并没有说话人主观性的介入。

通过以上分析可以看到，框架构式与嵌入项之间存在着复杂的关系。但是，我们还不能不考虑语境对嵌入式预制语块整体意义的影响和制约。如嵌入式预制语块"一X之Y"的构式义与主观量密切相关，但在具体使用过程中，是表示主观增量还是主观减量还取决于特定的话语场景。如：

（65）走出了这一步，我乐观地预测，我离成功也许仅仅只有一步之遥了吧。（卞庆奎《中国北漂艺人生存实录》）

（66）谁都知道，剧本剧本，一剧之本，优秀的影视剧首先得益于优秀的剧作，优秀的剧作出自优秀的编剧之手，应该是人所共知的常识。（卞庆奎《中国北漂艺人生存实录》）

例（65）中的"一步之遥"凸显距离短，具有主观减量的表意特征，"一步之遥"之前的"仅仅"和"只有"可视为主观减量的外在标记；例（66）通过"剧本剧本"的重叠作为铺垫形成嵌入式预制语块"一剧之本"，凸显了剧本对于影视剧的重要性，具有主观增量的表意特征。

当"X"为机构名称时，"一X之Y"最常见的形式为"一X之长"，这一嵌入式预制语块主要凸显主观增量。如：

（67）张伯公，你和陈市长讲一下，成不成另外再说。堂堂一市之长，这么点小事，打个哈欠就办了。在我，却是一生的心血。（刘军《张伯驹和陈毅的交往》）

例（67）中，嵌入式预制语块"一市之长"强调市长的重要性，前面的形容词"堂堂"作为外在标记，凸显了"一市之长"所蕴含的主观量性的增强。除了"堂堂"这样的显性标记外，"一X之长"主观量性的增强还可以从上下文语境推断出来。如：

（68）作为一局之长，领导看着你，群众盯着你，同事等着你，投资者盼着你，那么多的工作催着你。如何着手，怎样处理，都成了我展开工作的关键。（《市场报》2000年6月17日）

从上面分析可以看出，就"一X之Y"而言，同一个构式在一定语境中既可以表示主观增量，也可以表示主观减量，这种现象体现了构式的多义性特征，折射出说话人不同的主观体验和心理期待。

第四节　嵌入式预制语块语义的格式塔理解与非线性特征

一　格式塔完形理论

形成于 20 世纪 20 年代的格式塔心理学（gestalt psychology）是德国一个心理学派的名称，它在德语中是"构成整体"的方法或者"完形"的意思。格式塔理论主张心理现象只有被看成有组织和结构的整体才可以被理解，认为人们在认识客观世界时，总是不可避免地要让自己的主观经验参与认识，把看似不相干的事物特征联系起来，从而实现对认知客体的整体性把握，这是"一种最经济简单的组织感觉输入的方式"①。

格式塔心理学提出整体大于局部之和，这是对心理学原子论观点的强有力挑战。知觉的一个重要特点是具有完整和封闭（closure）的倾向，就是把不连贯不完整的图形作为一个完整的整体来知觉，甚至把有缺口的图形尽可能在心理上使之趋合。② 格式塔心理认知在语言理解中经常会用到。对于"锅碗瓢盆""柴米油盐"类似并列结构的理解，我们并不局限于其构成成分的简单相加，而是通过格式塔完形心理作整体意义上的进一步解析，从而产生统括义："锅碗瓢盆"泛指厨房里的各种器具，"柴米油盐"泛指各种基本生活资料。如：

（69）金铨道："你不是说那女孩子国文都很好吗？我想她未必瞧得起我们这擀面杖吹火的东西。不过年纪轻的人，经不得这些纨绔子弟引诱罢了。"（张恨水《金粉世家》）

（70）不过话讲回来，李国香这些年来能够矮子上楼梯，也是

---

① ［美］格里格、津巴多：《心理学与生活》，王垒、王甦等译，人民邮电出版社 2003 年版，第 110 页。
② ［德］库尔特·考夫卡：《格式塔心理学原理》，黎炜译，浙江教育出版社 1997 年版，第 14 页。

颇为不容易的。几次大风大浪的历史转折关头,她都适应下来了,转变下来了。(古华《芙蓉镇》)

通常来讲,一条歇后语主要由"引子"和"注释"两部分构成,这是歇后语结构的最基本特点。作为完整的歇后语应该是"擀面杖吹火——一窍不通""矮子上楼梯——步步高升"。"常用的歇后语,人们都很熟悉,一提前一部分,就自然联想起后一部分说的是什么,并不影响整个歇后语语义的表达"①,其实这也属于格式塔完形理解。上述例子中只出现了引子"擀面杖吹火""矮子上楼梯",但我们在阅读过程中也不会有阻碍,原因就在于受格式塔完形心理的影响,引子"擀面杖吹火"和"矮子上楼梯"激活了我们对这两个歇后语的整体认知,所以"擀面杖吹火"的真实含义"一窍不通"和"矮子上楼梯"的真实含义"步步高升"才能被我们理解。

有些语言表达形式采用节缩法,理解时也需要格式塔完形心理的帮助,如:

(71)爱尔兰的"黄健翔"因国家队的出线而忘形喝酒,结果误了第二天的工作,可能是新闻工作者里因世界杯而被"炒鱿"的第一人。(《人民日报》2002年6月17日)

(72)香港虽只一岛,却活画着中国许多地方现在和将来的小照:中央几位洋主子,手下是若干颂德的"高等华人"和一伙作伥的奴气同胞。(鲁迅《而已集·再谈香港》)

"炒鱿"明显是"炒鱿鱼"的节缩形式,"作伥"明显是成语"为

---

① 温端政主编:《汉语语汇学教程》,商务印书馆2006年版,第280页。

虎作伥"的节缩形式。我们在理解"炒鱿"和"作伥"时，就需要分别还原成"炒鱿鱼"和"为虎作伥"去作整体理解。这就是涉及格式塔完形心理的运用。

二 格式塔完形与嵌入式预制语块的语义理解

从认知角度讲，一个构式就是一个完整的认知图式或者说完形（gestalt）。构式的整体大于部分之和，整体形式和功能不等于各组成部分的简单相加。因此，嵌入式预制语块并非一系列成分的简单相加，而是一个完形。

（一）嵌入式预制语块的格式塔语义理解完形类型

嵌入式预制语块的格式塔语义理解完形类型主要涉及两种情况。

1. 框架本身通过格式塔完形产生整体上的构式意义。如：

（73）在这种白色恐怖下，朱锡民带着黑伢经常东躲西藏，心惊胆战地度过了三年时光。（张亚铎《许世友与结发妻》）

（74）老通宝他们家东借一点，西赊一点，南瓜芋芳之类也算一顿，居然也一天一天过着……（茅盾《春蚕》）

（75）咸丰这一来就不走了，东走走，西看看，庆幸祖辈留下这么个好地方让他躲避。（余秋雨《一个王朝的背影》）

"东……西……"这一框架的构式义为"到处"，"东躲西藏"中的"东"和"西"意义上并非简单的表方位词语，而是涵盖了"东南西北"等各个方向，"东躲西藏"蕴含"四处躲藏"的意思，"东借一点，西赊一点"蕴含"到处赊欠"的意思，"东走走，西看看"蕴含"四处走走看看"的意思。在框架"东……西……"基础上产生的嵌入式预制语块还有很多，如"东奔西跑、东拉西扯、东挪西凑、东躲西藏、东倒西歪、东游西荡、东张西望、东捅西戳、东征西讨、东逃西窜、东挑西拣、东闻西嗅、东一榔头西一棒子"等，其中的"东……西……"均为"到处……"之意。

同样，以"一……不……"为框架而产生的嵌入式预制语块"一毛不拔""一声不响"也存在着格式塔完形理解现象，如：

（76）范大妈瞪了他俩一眼，同时，也不客气地扫视了一下乔老爷和朱大姐。因为这位应名的保护人，居然一毛不拔，不但分文未掏，还冷言冷语。（李国文《危楼记事》）

（77）刘亚楼的命令一下，将、校们都合起了笔记本，纷纷站起来，一声不响地低着头从战士职工当中鱼贯而出，这时全场鸦雀无声，直至最后一位大校走完，才听身后突然响起暴风雨般的掌声。（谷雨《刘亚楼发火和吴法宪挨骂》）

"一……不……"通过自然数中最小量"一"和否定词"不"构成框架，符合"全量肯定否定规律"①——对一个最小量的否定意味着全量否定，对一个最大量的肯定意味着全量肯定。如"一窍不通、一文不值、一成不变、一言不发、一尘不染、一丝不挂"等。不难看出，在框架"一……不……"基础上衍生出数量众多的嵌入式预制语块，其周遍性否定义的理解明显借助了格式塔完形心理。

2. 嵌入项在框架的制约下意义出现某些变化。如：

（78）后来，49床疼得厉害了，就不管不顾没黑没白地尖叫："疼呀，疼死我了！"尤其是在夜里，特吓人。（小野《生命有价——癌病

---

① 沈家煊：《不对称与标记论》，江西教育出版社1999年版，第95页。

房陪伴纪事》)

单独来看,"黑""白"是两种最基本的颜色。但作为嵌入项进入"没……没……"中形成预制语块之后,受框架"没……没……"的制约,其颜色义消失,取而代之的意义是"黑夜"和"白天","没黑没白"的整体意义为"不分白天和黑夜,无时无刻"。我们认为,框架中的"黑""白"由基本的颜色义变换为"黑夜""白天"的原因主要在于框架形式上的制约。"没……没……"中的嵌入项通常为单音节词,"黑夜""白天"要作为嵌入项进入槽中,势必要适应嵌入项的音节要求而压缩为单音节。人们在理解的时候就需要根据语境由"黑""白"激活"黑夜"和"白天"的意义。

再以"做人不要太……"为例,其中嵌入项多为形容词,如"老实、善良、嚣张、贪婪、自信、麻木、执着、阴险"等。通过对语料的考察,我们发现空槽中也可以嵌入某些专有名词而形成嵌入式预制语块。如:

(79)美国高尔夫球手泰格·伍兹2月19日在佛罗里达州召开新闻发布会时,首次对婚姻不忠一事道歉。死板的念稿、没有现场问答、虎嫂艾琳缺席和精挑细选的观众,让这场万众瞩目的13分钟道歉演变成一场地地道道的"表演秀"。球技一绝,但道德有所亏欠,众人高呼:"做人不能太伍兹"。(《国际金融报》2010年2月24日)

这类以"做人不要太……"为基础的框架而形成的嵌入式预制语块包含了一个近年来经常可以看到的"副名结构"——"太N"。副词最主要的功能是修饰谓词,修饰名词是其次要功能,因为名词受程度副词"太"的修饰，我们在理解此类结构时，就会主动激活名词"N"所携带的主要特征，以此来完成格式塔完形理解，特别是空槽中经常嵌入某些人名时更是如此。丹麦语言学家叶斯柏森在其《语言哲学》中谈到"专有名词"时说"当你第一次听到某人的名字，或第一次在报纸上看到某人的名字时，他对你来说不过是个名字而已。然而，你越经常听到他，越了解他，这个名字对你意味的东西也就越多"[①]。如"伍兹"本来是美国高尔夫球手，但是他的所作所为使得他在人们心目中的形象是"球技一绝，但道德有所亏欠"，因此"伍兹"这一名词便在一定程度上成为道德缺失的代名词，人们提到"伍兹"的时候，道德缺失这一信息就会被激活，由此就形成了嵌入式预制语块"做人不能太伍兹"。

除了人名，其他不少专有名词在使用过程中，其携带的某种附加信息也可能被激活。如：

（80）"做人不能太鲁能"……这两天，网友调侃鲁能的新词层出不穷。（《京华时报》2009 年 5 月 23 日）

（81）"做人不能太 CNN"的网络流行语还未来得及在公众视线中淡去，一则"商务部全球投放广告宣传中国制造"的消息又广受关注。（《国际金融报》2009 年 12 月 7 日）

（二）嵌入式预制语块格式塔语义理解中的隐喻和转喻

语言深深地扎根于认知结构中。隐喻作为一种重要的认知模式也充分体现在语言中。有一部分嵌入式预制语块的意义具有隐喻性质，如"一笔写不出两个……字"。认知语言学认为隐喻不仅是语言问题，还

---

① 李计伟:《走出银幕的"阿凡达"》,《语文建设》2010 年第 9 期。

是一种思维工具和方式，它普遍存在于语言与思维之中。人类的认知域之间经常有迁移的情况，通常是用较为熟悉的事物特点和结构来认识、理解、思考和表达相对陌生的事物，这在认知语言学中称为"隐喻"（metaphor）。在隐喻的认知机制中，概念系统从一个认知域"源域"向另一个认知域"目标域"进行跨域结构投射，即某个范畴赖以得到解释的概念域是用另一个概念域来解释的。前者叫来源域（source domain），后者叫目标域（target domain）。例如，在"时间就是金钱"这一表达中，"金钱"就是来源域，"时间"就是目标域，之所以用"金钱"来说"时间"，主要借"金钱"表达"时间是宝贵的"的意思。

认知语义学家认为，在人的各种认知能力中，一个主要的和普遍的认知能力就是通过想象把一些概念投射到另一些概念中去。隐喻是认知的一种方式和维度，利用隐喻，人们大大拓展了思路和认识世界的深度和广度。许多无法用简单的基本词汇表达的内容，可以通过相似事物的表达来达到认知的目的。例如，对某一事物的理解和领会，我们可以说成"吃透或消化"，这个隐喻是通过人体消化食物和理解事物的相似性来完成的。再如，"甜蜜的微笑"借助了情感上美好的感觉和味觉上甜的感觉之间的相通性。实际上，语言中存在着大量的隐喻，只不过面对好多确立已久甚至变为死喻的语言表达，我们有些习焉不察罢了。不少嵌入式预制语块的真正意义就是通过隐喻而建构的，如：

（82）一笔写不出两个潘字。按说他们是一家子。阶级斗争不可调和，正是：大水冲了龙王庙，一家人不认一家人。（梁晓声《一个红卫兵的自白》）

（83）先是咱亲戚、美国科学家钱永健获 2008 年度诺贝尔化学奖，让老少爷们特别是媒体异常亢奋，因为他不仅是华裔而且是咱们著名科学家钱学森的堂侄，一笔写不出两个钱字，想不认都不

行。(中国网 2008 年 11 月 14 日)

通过语料考察我们发现,在"一笔写不出两个……字"的基础上,变体"一笔写不出两个……"框架的空槽中也可以嵌入姓氏之外的其他名词性成分,如:

(84) 一笔写不出两个武林,红花白藕青莲叶,三教原来是一家。此佛家所谓不二法门。(常杰淼《雍正剑侠图》)

(85) 但我们又要说,一笔写不出两个梦,难道这两层含义之间就没有什么逻辑的联系吗?(人民网 2012 年 3 月 11 日)

(86) 陈力俊说,两岸清华有共同的校训、校歌,校徽也只有很小的差别,校园里的教室和场馆的命名都非常相似,顾秉林则表示,双方有共同的校长梅贻琦先生,他转述陈力俊的话说,"一笔写不出两个清华",两岸清华"互为表里"。(《新京报》2010 年 9 月 30 日)

无论是"一笔写不出两个……字"还是"一笔写不出两个……",都是通过隐喻手段表明涉及的双方关系之密切。

在对嵌入式预制语块进行格式塔语义理解的过程中,转喻也会起到非常重要的作用。和基于"相似"的隐喻不同,转喻(metonymy)则基于"相邻",是指当甲事物同乙事物不相类似但有密切关系时,可以利用这种关系以乙事物的名称来指代甲事物。认知语言学认为转喻是在同一认知框架内实体(源域)向另一实体(目标域)提供心理通道的认知操作。如"红"和"绿"本来为颜色词,其中"穿红挂绿"用颜色来指代衣服就属于转喻,因为本体"衣服"有各种各样的颜色特征,颜色和衣服属于"本体—特征"的认知框架。再如"我看到许多新面孔""壶开了"等表达中也含有转喻。我们认识一个人的时候，一般来说最先留下印象的是"面孔"，人和面孔之间处于"整体—部分"的认知框架之内。由于显著度高，所以语言中常用"面孔"来转喻一个人；而"壶开了"中的"壶"是盛水的容器，也是认知的显著对象，"壶"和"水"具有认知角度上稳固的常规关系，二者共同处于"容器—内容"这一认知框架之内。说"壶开了"的时候，我们凭日常经验马上就会动用"邻近原则"激活"壶中的水开了"这一事实。以下例子中都含有转喻：

（87）方鸿渐从此死心不敢妄想，开始读叔本华，常聪明地对同学们说"哪有时间恋爱？压根是生理冲动。"转眼已到大学四年，只等明年毕业结婚。（钱锺书《围城》）

（88）何爹剃头几十年，是个远近有名的剃匠师傅。无奈村里的脑袋越来越少，包括好多脑袋打工去了，好多脑袋移居山外了，好多脑袋入土了，算一下，生计越来越难以维持，才够保证他基本的收入。（韩少功《乡土人物》）

例（87）"叔本华"转喻他的著作，例（88）"脑袋"转喻人，意为需要剃头的人越来越少，何爹的剃头生意越来越难做。

嵌入式预制语块形简意丰，形式和意义之间存在着一定的矛盾。为此，转喻就成了嵌入式预制语块整体意义产生张力的一种重要手段。从实质上讲，转喻主要遵循省力的认知原则。如以框架"一……一……"为基础形成的诸多嵌入式预制语块"一丝一毫""一心一意""一言一行"等都包含转喻。如：

（89）他在诗歌里，痛斥卖国的小人，表达了他忧国忧民的心情，对楚国的一**草**一**木**，都寄托了无限的深情。后来人们认为屈原是一位我国古代杰出的爱国诗人。(《中华上下五千年》)

"一草一木"中的"草"和"木"都只是作为源域中的事物名称，真正的意义是屈原心目中楚国的一切，二者同属于"部分—整体"这一认知框架，具有明显的转喻关系。

三 嵌入式语块语义理解的非线性特征

(一) 语言结构语义理解的非线性

《马氏文通》产生近百年来，基于"原子论"的结构主义语言学影响可谓根深蒂固。分析没有错，因为它有助于我们更加深入地认识语言的内部结构，但是光靠分析是远远不够的，那样容易忽略语言结构的整体性。打个比方，就像欣赏交响乐，固然其中每一个演奏的人都很重要，他们所使用的乐器音色不同，但我们最终关注的是交响乐的整体效果。"语言学中的浑沌现象，以往语言学家并不是没有觉察到。不论是梅耶、索绪尔、萨丕尔或是霍凯特等人，他们都曾注意到语言分布和演化中的浑沌现象，只是当时浑沌学理论尚未被科学界普遍接受，还没有发展起来，因此也没能用浑沌学的原则加以处理。"[①] 索绪尔在《普通语言学教程》第四章"语言的价值"中谈到"要素"和"整体"的关系时就提出："把一项要素简单地看作一定声音和一定概念的结合将是很大的错觉。这样规定会使它脱离它所从属的系统，仿佛从各项要素着手，把它们加在一起就可以构成系统。实则与此相反，我们必须从有连带关系的整体出发，把它加以分析，得出它所包含的要素……整个要素

---

① 张公瑾、丁石庆主编：《文化语言学教程》，教育科学出版社2004年版，第108页。

的价值永远不能等于各部分的价值的总和。"① 很明显，索绪尔已经超越了简单还原论的局限性，敏锐地意识到整体和局部之间的非线性属性，并提出了一种符合语言事实的整体观。同样，萨丕尔也持有类似的观点，他认为语系、语言到单词等不同层次上都能体现出整体论来。他在提出句子的结构和词都要从整体角度去观察分析的主张后举例说："这个复合整体的意义和组成它的成分的词源价值并不一致，就像英语 typewriter （打字机）的意义和 type（印记）、writer（写字者）加起来的价值并不一致。"② 以汉语为例，并非所有带轮子的椅子都叫轮椅，"椅子"和"轮子"两个概念整合，整体意义是"医院患者或残疾人专用的一种坐具"，而不是"椅子"和"轮子"这两个概念的简单相加。这与浑沌学理论关于语言结构的非线性特征的主张是不谋而合的。

（二）《现代汉语词典》释义商榷一则

对于词典而言，要对嵌入式预制语块作出较为合理的解释，就需要从三方面入手：首先是框架中嵌入部分的词性、词义关系，其次是说明框架所具有的构式义，最后是例证。《现代汉语词典》对其中所收录的嵌入式预制语块的释义就比较全面。如：

【爱……不……】分别用在同一个动词前面，表示无论选择哪一种都随便，含不满情绪：~管~管｜~说~说｜~来~来。③

【七……八……】嵌用名词或动词（包括词素），表示多或多而杂乱：~手~脚｜~嘴~舌｜~拼~凑｜~颠~倒｜~零~落｜~上~下｜~长~短｜~扭~歪｜~折~扣（折扣很大）。④

---

① ［瑞士］索绪尔：《普通语言学教程》，高名凯译，商务印书馆1980年版，第159—171页。
② ［美］萨丕尔：《语言论——言语研究导论》，陆卓元译，商务印书馆1985年版，第56页。
③ 中国社会科学院语言研究所词典编辑室编：《现代汉语词典》第7版，商务印书馆2016年版，第5页。
④ 中国社会科学院语言研究所词典编辑室编：《现代汉语词典》第7版，商务印书馆2016年版，第1020页。

嵌入式预制语块的框架往往不只存在一个构式义，因而要对某一个嵌入式预制语块的构式义进行合理的概括进而作出全面的释义也是一件有难度的工作。《现代汉语词典》中对嵌入式预制语块的某些释义也有值得商榷的地方。如《现代汉语词典》中收录了框架"一……一……"，指出该框架的第一种用法是"分别用在两个同类的名词前面。"a）表示整个：～心～意｜～生～世（人的一生）。b）表示数量极少：～针～线｜～草～木｜～砖～瓦。其中关于框架"一……一……"的 b）种用法就值得进一步探讨。① 因为框架中的"针、线""草、木""砖、瓦"实质上是通过转喻手段获取遍指意义的，"针、线""草、木"在框架"一……一……"的制约下遍指所有的东西，"砖、瓦"在框架"一……一……"的制约下转喻所有的建筑材料。如：

（90）王强说，"饭菜我们都得给钱，八路军不拿群众一针一线，这是我们的规矩！"（知侠《铁道游击队》）

（91）废名不放过一草一木，因为在他看来，这一切，都是含了美的精神的。（曹文轩《艺术感觉与艺术创造》）

（92）他们喜欢房子的一砖一瓦，在他们手中，砖瓦自然是音符。（李辉《永远的〈老房子〉》）

"不拿群众一针一线"是指不拿群众的任何东西，而不是指不去拿群众的少量东西；"一草一木"遍指废名眼中的"包含了美的精神的一切东西"，而不是指废名眼中的"包含了美的精神的少量东西"；"一砖一瓦"遍指房子的每一块砖瓦，而不是指数量极少的砖瓦。这三个例

---

① 中国社会科学院语言研究所词典编辑室编：《现代汉语词典》第 7 版，商务印书馆 2016 年版，第 1540 页。

子充分说明框架"一……一……"并没有表示数量极少的意思，也反映了《现代汉语词典》在概括框架语义过程中忽略了框架的构式意义对语义的影响，以至把框架的意义强加在整个嵌入式预制语块的身上。这也是应该引起词典编纂工作者高度注意的问题。

以上分析表明，嵌入式预制语块的语义理解实际上是纷繁复杂的，框架和嵌入项之间存在着各种各样的关系。因此，针对嵌入式预制语块的研究，我们应树立一种整体观，重视嵌入式预制语块语义理解过程中的非线性现象，注意框架和嵌入项之间的互动关系，不能把二者生硬地割裂开来。语言现象中存在着大量的非线性问题，不能完全用线性分析的方法解决。语言具有整体性，是非线性系统，并不是由低一级的语言成分简单叠加而成的，也不能全部还原为它的组成成分的性质。"以前我们把语言只看成是一个线性系统，如今我们看到语言系统在非线性相互作用下会产生貌似无规则的复杂行为。浑沌学理论独特的概念体系和方法论框架正好适用于语言或语言与文化相互作用的非线性分析。"[①] 浑沌学理论非常重视非线性表现，无疑为我们提供了一种极具指导意义的语言观和方法论。因此我们要充分认识到语言的非线性特征。只有把部分和整体有机结合起来，才能对语言作出更加深入的分析。当然我们也要清醒地看到，浑沌语言学理论目前处于不断探索完善阶段，今后如何进一步把浑沌学理论和语言学密切结合，如何将来源于自然科学领域的浑沌学理论进行合理系统地转化，准确深入把握浑沌学理论的核心精神之所在，并对现代汉语嵌入式预制语块作出合理的解释，以此来提升词典编纂的质量，仍然需要我们不断去努力探索。

[①] 张公瑾：《浑沌学与语言研究》，《语言教学与研究》1997年第3期。

第四章

嵌入式预制语块的语用修辞价值

第一节 稳中有变,灵活多样

嵌入式预制语块由常项和变项组成,固有的框架是不断产生新的预制语块的基础,符合允准条件的嵌入项可以进入空槽中,从而体现出稳中有变、灵活多样的语用价值。举例来讲,按照认知语言学理论,人的面孔在一个人的诸多特征中显著度最高,"今天在单位我见到了不少新面孔"中的"新面孔"通过转喻手段指"人"。人的五官中,眉毛和眼睛无疑是其中最重要的两个部分,日常生活中不仅具有区别不同面孔的作用,而且还可以起到传情达意的作用。现代汉语中就有大量以"……眉……眼"为框架而产生的嵌入式预制语块,这就为文学作品表现不同的人物形象提供了极为丰富生动的描写语言材料。如:

贼眉贼眼 凶眉恶眼 粗眉大眼 环眉阔眼 柳眉杏眼 浓眉大眼

恨眉醉眼 张眉努眼 添眉画眼 愁眉泪眼 单眉细眼 横眉直眼

安眉带眼 挤眉弄眼 愁眉皱眼 低眉下眼 涎眉瞪眼 善眉善眼

白眉赤眼 蛇眉鼠眼 垂眉闭眼 豹眉虎眼 修眉俊眼 龙眉凤眼

正是看中了眉毛和眼睛丰富的表情达意作用，文学作品中经常借助"……眉……眼"嵌入式预制语块塑造人物形象，或描写人物外貌动作，或展示人物内心世界。如：

（1）她们不但穿得花哨，头和脸都打扮得漂亮，她们也都非常的活泼，大声地说着笑着，一点也不像妈妈那么愁眉苦眼的。她们到冠家来，手中都必拿着点礼物。小顺儿把食指含在口中，连连的吸气。（老舍《四世同堂》）

在祁老太爷曾孙女小妞子的眼里，冠家过年的情景让人羡慕。在妈妈不留神的时候，她和哥哥小顺儿偷偷跑到冠家看热闹。冠家的漂亮小姑娘们精心打扮，有说有笑，小妞子都看呆了。她想起自己贫寒的家庭，妈妈吝啬到"连磕泥饽饽的模子也不给买"，过年时候"愁眉苦眼"，于是不由自主地发表了意见："他们过年，有多少好吃的呀！"老舍在着力描写冠家过年的情景时，"愁眉苦眼"这一个嵌入式预制语块就把小妞子家贫困交加的处境表现出来。

（2）那甄家丫鬟撷了花，方欲走时，猛抬头见窗内有人，敝巾旧服，虽是贫窘，然生得腰圆背厚，面阔口方，更兼剑眉星眼，直鼻权腮。这丫鬟忙转身回避，心下乃想："这人生的这样雄壮，却又这样褴褛，想他定是我家主人常说的什么贾雨村了，每有意帮助周济，只是没甚机会。我家并无这样贫窘亲友，想定是此人无疑了。怪道又说他必非久困之人。"（清·曹雪芹《红楼梦》）

通过甄士隐丫鬟娇杏的目光，曹雪芹刻画了封建官僚典型代表人物贾雨村的容貌和服饰。眉眼往往是一个人面貌的集中代表。贾雨村虽然生活贫困窘迫,他却"剑眉星眼",气度不凡。

(3) 对人前巧语花言;没人处便想张生,背地里愁眉泪眼。(元·王实甫《西厢记》)

《西厢记》的人物形象个性鲜明,血肉丰满。"对人前巧语花言;没人处便想张生,背地里愁眉泪眼"出自第三本第二折"闹简"。这几句唱词真实地反映了崔莺莺内心充满矛盾的心理世界。由于长期受到封建礼教的熏陶,加上对红娘有所顾忌,她表面上还得保持应有的矜持,但实际上对张生念念不忘,迫切希望能早日与张生结合。"愁眉泪眼"这一嵌入式预制语块生动形象,同时与"巧语花言"对举出现,淋漓尽致地刻画了表面矜持却内里多情的贵族小姐矛盾复杂的性格,充分体现了嵌入式预制语块非凡的表现力。

第二节　推陈出新,表现力强

许多嵌入式预制语块依托固有的某些表达作为语块基,通过"旧瓶装新酒"的方式推陈出新,具有极强的表现力。在框架的选择范围上,主要涉及经典的诗文语句、熟语、名人的哲理名言、影视剧名称、流行歌曲、书名以及风行一时的网络流行语等。从表情达意角度归纳起来主要有以下几种类型。

一　情感宣泄型

这类嵌入式预制语块主要用来表达说话人的某种强烈的情感,成为宣泄情感的一种有效手段。如:

（4）可馨自然没有什么兴奋，精神涣散地打开冰箱找吃的，拿出啤酒、熏肠、煮花生米等物，一脸的我是赤贫我怕谁的表情。（张欣《爱又如何》）

（5）我是光棍我怕谁？（莫怀戚《透支时代》）

（6）我是明星我怕谁？实际上，明星们最怕的是不被关注。（《中国经济周刊》2008年第22期）

（7）有一次，我看到一辆车后面贴的是："我是新手我怕谁"，一看就知道开车的是大老爷们儿，谁见着不躲远点儿？（《京华时报》2002年6月20日）

（8）时至今日，同仁堂高管层似乎仍不以为然，看不出什么整改措施，其背后的宣言就是：我是同仁堂我怕谁？（《健康时报》2008年9月4日）

"我是……我怕谁"来源于曾经流行的网络武侠玄幻小说《我是流氓我怕谁》，并成为表现性格叛逆不羁和张扬个性的极好载体。通过语料整理，我们发现能进入框架"我是……我怕谁"空槽中的词语往往代表人的某种身份类型或者强势力量，如"明星、英雄、大腕、老虎、艾滋、恶人、品牌、疯子"，整个构式具有"满不在乎、无所畏惧"的意思。

捷克作家米兰·昆德拉著有畅销书《生命不能承受之轻》，因书名中"轻"之不能"承受"而给人一种超常规搭配的新奇感，于是以框架"生命不能承受之……"为基础的各种嵌入式预制语块接踵而至。如：

（9）生命不能承受之累——关于心脑血管疾病的调查与思考（《陕西日报》2007年7月9日）

（10）生命不能承受之美丽（《现代语文》2006年第11期）

（11）生命不能承受之"惯"（《江南时报》2007年6月10日）

（12）生命不能承受之"酷"（《江南时报》2005年4月12日）

（13）生命不能承受之痛（《京华时报》2005年5月18日）

（14）生命不能承受之"雪崩"（《国际金融报》2001年3月8日）

语料检索得知：能够进入"生命不能承受之……"空槽里的嵌入项主要为形容词或名词，包括"败、重、痛、悲、房、声、肥、情、便宜、孤独"等。在"生命不能承受之……"的基础上，又产生了双槽式的"NP不能承受之……"。相对于最初的框架"生命不能承受之……"而言，"NP不能承受之……"突破了原有框架里"生命"这一限制，因而组造嵌入式预制语块的能力进一步加强，更有利于情感的宣泄。如：

（15）广州亚运会首金不能承受之"重"（《人民日报》2010年11月14日）

（16）语文教材不能承受之重（《江南时报》2010年10月27日）

（17）艾滋病——南部非洲不能承受之痛（新华网2004年8月17日）

二 劝导说理型

有些仿拟性质的嵌入式预制语块具有劝导说理功能。如汉语中本来就有"有什么别有病，没什么别没钱"这样的熟语，再加上2004年都市新型情感剧《动什么别动感情》的有力推动，以"V什么别VO"为语块模而产生的具有劝导说理性质的嵌入式预制语块被广泛使用。如：

（18）缺什么别缺体检（《健康时报》2008年2月28日）

（19）动什么别动筷子（《江南时报》2005年3月26日）

（20）玩儿什么别玩儿粉丝，因为他们是一种很"炫"的东西，这周的滨崎步演唱会就证明了粉丝的力量。（《京华时报》2007年4月15日）

（21）昨天，邓婕针对"动什么别动《红楼梦》"的说法发表了看法。（《京华时报》2006年9月7日）

以"V什么别VO"为语块模衍生出来的具有劝导说理性质的嵌入式预制语块也不少，如"伤什么别伤男人尊严""考什么千万别考研""玩什么别玩命"等。

再如，《别拿豆包不当干粮》本来是一部电视剧，但是这一名称居然也成了嵌入式预制语块产生的来源，形成"别拿……不当……"的框架，进而产生了诸多嵌入式预制语块，如：

（22）别拿人流不当回事（《生命时报》2010年10月29日）

（23）别拿种粮不当回事（《江西日报》2011年2月18日）

劝导说理有正面劝导，也有反面劝导。为了满足这一表达需要，又衍生出了框架"别拿……当……"，在此基础上产生了大量嵌入式预制语块，如：

（24）别拿"环境保护"当口号（《国际金融报》2010年8月4日）

（25）别拿自己当精英（《健康时报》2009年3月2日）

三 嘲讽批判型

《谁动了我的奶酪》是美国斯宾塞·约翰逊所写的一本畅销书,其中"奶酪"具有隐喻性,代表我们生命中最想得到的任何东西,诸如工作、金钱、爱情、幸福、健康等。以此书名为语块基,形成了语块模"谁动了我的 NP"。不同的 NP 嵌入框架中的空槽后,整个嵌入式预制语块就表现了说话人对自己应有的合法权益受到不公正对待或侵害而产生的质疑,带有明显的嘲讽批判意味。如:

(26)二手房交易:谁动了我的购房款?(《经济参考报》2014年11月21日)

(27)谁动了我赖以维生的土地?(《中华工商时报》2010年12月13日)

(28)谁动了我的卷面分数?(《中国青年报》2010年4月7日)

语料观察发现,"谁动了我的 NP"中,NP 一般为"赞助款、房产、版权、退休金、选票"等涉及当事人切身权益的词语。

同一个语块基可能会产生不同的语块模,形成一个语块模链条。在"谁动了我的 NP"的前提下,又形成了"谁……了 N 的 NP",不同的嵌入项进入空槽中,整个嵌入式预制语块的嘲讽意味仍然存在。如:

(29)谁娱乐了犀利哥的眼泪?(《新民晚报》2010年3月17日)

"谁娱乐了犀利哥的眼泪"这一嵌入式预制语块寓庄于谐,反映了说话人对犀利哥事件中所充斥着的某些"娱乐""调侃"现象的批判,引起我们对于人格尊严、弱势群体以及社会良知等现实问题的深刻反思。

四　幽默风趣型

嵌入式预制语块的框架本身具有某种意义，特别是在语块基的基础上产生的抽象性的语块模，尽管它只是作为一个有待嵌入的框架，但仍然携带了某种潜在的意义，尤其是在流行语基础上产生的框架，一旦嵌入项进入空槽中，该框架所携带的潜在流行义马上会被激活。如：

（30）但非常不幸的是，到目前为止，北汽还是原来的北汽，没有一个成功兼并的案例。有媒体甚至用流行的网络语言调侃说：北汽，你妈妈喊你回家吃饭了。(《京华时报》2009年8月6日)

（31）"刘彬彬，你妈妈喊你回家吃饭。"这样的呼喊声下，刘彬彬似乎更有些紧张。(凤凰网2010年10月8日)

众所周知，"贾君鹏，你妈妈喊你回家吃饭"这样一个12字的网帖曾经一度莫名蹿红。上例中明显套用了流行语句"贾君鹏，你妈妈喊你回家吃饭"，构造出"北汽，你妈妈喊你回家吃饭"和"刘彬彬，你妈妈喊你回家吃饭"这样幽默风趣的新式表达。

从构式角度看，框架明显携带了某种流行义。在"贾君鹏，你妈妈喊你回家吃饭"的基础上进一步形成"NP_1，NP_2喊你回N_LVP"这样一个框架形式，说话人只要根据不同场景的表达需要嵌入相关内容，框架所携带的潜在流行语义就会被激活并扩散到其他场景。如：

（32）钱文忠，季羡林喊你回校上课！(《现代快报》2009年7月27日)

在这一例中，新场景中的"钱文忠、季羡林、校、上课"四个嵌入项都进入对应的空槽而分别得以明示,提醒当事人不要去干与本职工作无关的事情。整个嵌入式预制语块幽默风趣的流行语义在具体场景中得以实现。

五 陈述事实型

有些嵌入式预制语块是对事物现象作出客观陈述。如:

(33)"村霸"是这样炼成的(《江南时报》2010年7月22日)

(34)奥巴马:总统是这样炼成的(《人民日报·海外版》2008年11月8日)

(35)绿色是这样炼成的(《绿色家园》2004年第5期)

(36)彭小峰微笑着说,我只是在合适的时间、合适的地方,拥有一个合适的团队,做了一件合适的事。在彭小峰眼里,百亿富翁就是这样炼成的。(《中国能源报》2009年4月13日)

苏联作家奥斯特洛夫斯基的名著《钢铁是怎样炼成的》影响深远,作品中"人的一生应该这样度过:当他回首往事的时候,不因虚度年华而悔恨,也不因碌碌无为而羞耻"这段话,相信我们每个人都耳熟能详。正是因为该作品的影响力,所以书名自然成了产生嵌入式预制语块的语块基,形成框架"NP是这样炼成的",把"怎样"换作"这样",用来陈述某种客观事实。

"东方红,太阳升,中国出了个毛泽东。"这句歌词歌颂了毛泽东的伟大革命业绩。于是以"中国出了个毛泽东"为基础产生了框架"NP_L出了个NP"并衍生出大量嵌入式预制语块,表示某个地方涌现出令人瞩目的新事物、新现象、新人物。如:

(37)《中国出了个童话大王》(石湾著,八一出版社 1994 年版)

(38) 胶东出了个"文天祥"(《烟台晚报》2008 年 2 月 25 日)

(39) 丹东出了个"张学友"(《鸭绿江晚报》2010 年 2 月 23 日)

(40) 辽阳出了个"许三多"(人民网 2010 年 4 月 25 日)

(41) 四川:越西县出了个"烤烟王"(《凉山日报》2003 年 10 月 10 日)

(42) 扬州出了个"最牛维权哥"(《扬州时报》2010 年 7 月 2 日)

(43) 水口出了个"楼危危"(《东江时报》2010 年 1 月 28 日)

通过观察我们发现,在"NP_L 出了个 NP"框架中,空槽"NP"中的嵌入项一般可以分为两种情况:一种是直接为知名度比较高的人名,如"文天祥、张学友、许三多"等,这类表示某地出现了一个人,在行为、相貌或其他方面和"NP"的所指有着相似之处;另一种情况是"NP"为某种称号,如"烤烟王""最牛维权哥"或者"楼危危"等特殊称谓。总之,以框架"NP_L 出了个 NP"为语块模而产生的嵌入式预制语块表示某地新出现的事物现象或脱颖而出的人物。

下 篇

现代汉语嵌入式预制语块个案分析

第一章

表高程度义的"别提多 X（了）"类构式[①]

本章讨论的强调高程度义的"别提多 X（了）"类构式指的是下面一类结构，如：

（1）这时听说上边有指示，给"右派"摘帽子，我院分了三个半的指标。……有人悄悄告诉我，我这次摘帽"榜上有名"。那时别提多高兴了，干活更起劲。（冯骥才《一百个人的十年》）

（2）若鸿的愤怒和沮丧就别提有多么严重了。（琼瑶《水云间》）

（3）我们队从小郝庄整整划过一百多亩地来！别提我们有多忙了。（戴厚英《流泪的淮河》）

（4）这短信来得别提多么是时候了，内容也棒。娟子看后禁不住在心里头叫好。（电视剧《中国式离婚》）

这类结构在现代汉语口语里使用频率很高，能产性非常强，通常用来强调高程度义，具有一定的描述功能。从语义上分析，整个结构表达的高程度义显然不能从其构成成分直接推导出来。可见，强调高程度义

[①] 本章发表于《汉语学习》2013 年第 5 期。

的类构式"别提多 X（了）"当属于现代汉语中的一个典型构式。如果把"别提多 X（了）"定义为基式，基式之外还存在其他一些变体形式，如："别提有多 X 了""别提多么 X 了""别提 + NP +（有）多 X 了"等。由于基式和变式之间可以自由转换而整体的构式义不变，为论述方便，我们统称为"别提多 X（了）"类构式。本章试图在描写"别提多 X（了）"类构式句法功能和构成情况的基础上，揭示其高程度义构式义的产生机制。

第一节 "别提多 X(了)"类构式的句法功能和"X"的构成

一 "别提多 X（了）"类构式的整体句法功能

从整体句法功能看，"别提多 X（了）"类构式通常作谓语。如：

（5）我们都顾不得隐蔽，站起来欢呼，想象敌人都被血淋淋地炸飞到空中，心里别提有多痛快了。（邓贤《大国之魂》）

"别提多 X（了）"类构式还可以充当句子补语。如：

（6）"我小时候，腰腿长得别提多科学，人们都说我是舞蹈苗子。"我手揣着裤兜和于晶在大街上边走边笑着说，"经常手举着树枝跳到半空中，像洪常青在娘子军女战士面前舞大刀一样。"（王朔《浮出海面》）

（7）这短信来得别提多么是时候了，内容也棒。娟子看后禁不住在心里头叫好。（电视剧《中国式离婚》）

二 "别提多 X（了）"类构式中"X"的构成

"别提多 X（了）"类构式中的"X"是一个变项。说话人使用该构式时，语用焦点主要集中在"X"上。据语料库调查结果，除了形容词和心理活动动词之外，"别提多 X（了）"类构式中的"X"还包括较为复杂的形容词性短语、动宾结构和部分名词。

从词义来看，形容词"X"主要是表示某种心理情绪。如：

（8）故友阔别重逢，别提有多高兴。（宗道一《才女外交家龚澎》）

（9）看着陈老板把表装进口袋，小六子别提多沮丧了。（季宇《县长朱四与高田事件》）

例（8）和例（9）中的"高兴"和"沮丧"都是用来描述人心理情绪的形容词。通过实际语料考察发现，进入空槽"X"的这类形容词还有"开心、神气、惬意、兴奋、舒畅、自豪、得意、后悔、痛快、难受、失落、美气、爽、舒坦、好、着急、喜人、窝囊、难过、激动、恶心、为难"等。

有些形容词"X"主要表示说话人对客观事物的主观评价。如：

（10）电视上正播出一部电视剧，嘿，你以为我看不出来吗？别提多假了——那个女英雄身中数弹，可偏不死，她抿着个嘴、瞪着双眼，扔出一个手榴弹去，"轰"的一声，不消说，五六个坏蛋反倒一下子全报销了！（刘心武《我可不怕十三岁》）

（11）"这王大爷仨闺女，一妈生的。"牛大姐声情并茂，不时辅以手势。"偏这老二长得宫女似的，那俩丫头没法看。这老二

啊,平时不吭不哈的,瞅着别提多文静了,一个初中生看着跟研究生似的……"(王朔《修改后发表》)

例（10）中的"假"是对电视剧中演员动作的评价,说话人主观上认为演员的表演不真实;例（11）中的"文静"则是说话人对王大爷二闺女印象的主观评价。

除单个形容词外,有些复杂的形容词性短语也可以占据该类构式中"X"的位置。如:

（12）全部安排好,我便在值班室坐等消息。别提有多么紧张焦灼。如果这些法子不灵,他再要吃第三份安眠药,明天早晨就要麻烦了……（权延赤《红墙内外》）

"别提多 X（了）"类构式中的"多"为程度副词,而动词中表示心理活动的动词可以受程度副词的修饰,因而该类动词进入"X"的位置也比较自由。如:

（13）所有乘务员在乘务长江微的带领下,给每位旅客送上礼物——中国结、凌燕马克杯,还特意为小朋友们准备了会说恭喜发财的龙人小锤子,孩子们别提有多喜欢啦,客舱里洋溢着节日喜庆温馨的气氛。（人民网 2012 年 1 月 24 日）

（14）再看自由市场经济学,别提有多讨厌！整天喊着政府退出经济,无为而治,谁愿听你啰嗦？（《江南时报》2010 年 5 月 31 日）

"X"有时也会由动宾结构来充当。如:

第一章　表高程度义的"别提多 X（了）"类构式　　125

（15）那天，我在电视上看到了孙工受奖的场面，心里别提多受鼓舞了。（《人民日报》1993 年 1 月 14 日）

（16）只要洪水来犯，孤岛就断电断水，人们只能搬上房顶，有的居民则一到夏天就要上岸投靠亲戚，别提多遭罪了。（《人民日报》2007 年 12 月 20 日）

（17）"过年了，东北的大秧歌最能体现咱老百姓的心情。这喇叭一响，锣鼓一敲，十里八村的百姓就都聚了来，别提多有劲儿了。"梁二宝说。（新华网 2004 年 1 月 20 日）

（18）当我把所有款式的包的图片全部都放在网上的时候，我心里别提多有成就感了。（《市场报》2002 年 5 月 31 日）

刘丹青（2011）指出：高频动词"有"并不是单纯表达中性领有关系的动词，往往还具有显著的语义倾向，表示主观大量。① 例（17）和例（18）中的动宾结构"有劲儿""有成就感"分别蕴含"劲儿大"和"成就感强"的语义倾向，这两个"有"字结构和"别提多 X（了）"类构式整体上强调高程度义是吻合的，符合"语义和谐律"。②

部分名词也可以进入"X"的空槽中。如：

（19）第二天吃饭时，面对满桌丰盛的菜肴，女儿居然稳坐在那儿，小口小口地吞咽食物，别提有多淑女了！（《京华时报》2009 年 2 月 3 日）

这类名词通常就是受到语法学界普遍关注的"副 + 名"类结构中

---

① 刘丹青：《"有"字领有句的语义倾向和信息结构》，《中国语文》2011 年第 2 期。
② 陆俭明：《修辞的基础——语义和谐律》，《当代修辞学》2010 年第 1 期。

的名词。关于这类结构,学界已经作了充分探讨。其中的名词之所以能进入"X"的空槽中,主要是因为通过转喻这一认知手段激活了其所具有的相关性状属性。例(19)中的"淑女"尽管是一个名词,但我们是从其所携带的性状义的角度来识解的,认知上属于性状范畴,构式"别提有多淑女了"表明说话人主观上认为"女儿居然稳坐在那儿,小口小口地吞咽食物"这一行为具有淑女风范。

从整体使用频率看,"X"多由表示某种心理情绪和表示对事物主观评价的形容词来充当。

第二节 "别提多X(了)"类构式中"别提"的固化历程

一 "别提多X(了)"类构式中"提"的言说义

沈家煊(2003)指出,"我们的概念系统中存在三个不同的概念域,即行域、知域、言域。反过来,这三个概念域之间的区别和联系在语言的许多方面都有反映"。现代汉语中不少手部动词已经通过隐喻手段实现了从单纯表示物理行为到表示言语行为的转变,从行域逐渐进入言域。如:

(20)老东山想了一想,眼睛又闭上了,摇摇头说:"瞎扯,人家要咱们的人干么。"(冯德英《迎春花》)

(21)老人和折莉同床共眠,谈身世,拉家常,直到鸡叫才合上眼。(靳贤锋、李国金、王国庆《女中校与病残老兵的爱情》)

(22)大儿子说媳妇时,女方听说村里没有电,抬腿就走,临走撂下一句话:"人是不错,就是没电,俺娘家陪送的电视机怎么看?"(《人民日报》1996年5月8日)

例（20）中的"瞎扯"就是"瞎说"；例（21）中的"谈"和"拉"同义对举使用，"谈身世"和"拉家常"就是"说家常和身世"；"撂"的动作义为"撇开，搁下，丢开"，例（22）"撂下一句话"中，"撂"已经失去了典型的动作义而用来表示言说义。和"扯、拉、撂"的语义发展轨迹类似，"提"在现代汉语中所具有的言说义同样是手部动词词义不断演化的结果。"提"最早的意思和"挈"相同，表示物理行为的"悬握、悬持"，许慎在《说文解字》中对"提"的解释是"提，挈也。从手，是声。"（《说文解字·手部》）成语"提纲挈领"中的"提"就保留了这个意思。如：

（23）提刀而立，为之而四顾，为之踌躇满志。（《庄子·养生主》）

（24）奉承亲戚，提挈妻子而寄托之。（《墨子·兼爱下》）

相对于表示物理行为的"悬握、悬持"义，表言说的"提"语义进一步抽象泛化，实现了从手部动作到口部动作的转移，进而引申出"引出话题、显示问题"之义。如：

（25）以是与天子提衡，争秩于诸侯。（《管子·轻重己》）
（26）记事者必提其要，篡言者必钩其玄。（唐·韩愈《进学解》）
（27）三桩儿誓愿明提遍。（元·关汉卿《窦娥冤》）

从元代开始，表言语行为义的"提"的使用已经十分常见。如：

（28）不相（想）臣扶待（侍）君王不到头，提起来雨泪交流。（元·孔文卿《东窗事犯》）

（29）便休提苦尽甘来，利名场有成有败。（元·无名氏《小张屠焚儿救母》）

二 "别提多 X（了）"类构式中"别提"的固化

关于"别"的来源和演化过程，学界存在一定的分歧。持合音说的有吕叔湘（1985）和李炎、孟繁杰（2007），也有人认为是从其本来意义"另外"的意义引申而来的（太田辰夫，1987），还有人认为"别"来源于蒙古语（卜师霞，2002）。我们不打算对此作深入探讨。尽管副词"别"来源未定，但从历时角度考察，其所具有的"不要"意义还是比较固定的。通过历时语料考察发现，"别"和"提"首次相邻排列出现是在宋代，但用例中的"别"并非"不要"之意，而是指"其他的，另外的"。如：

（30）龙竖一指示之，师当下大悟。自此凡有学者参问，师唯举一指，无别提唱。有一供过童子，每见人问事，亦竖指只对。（宋·普济《五灯会元》）

到明清时代，作为"不要说"意思的"别提"用例急剧增多，"别提"开始固化为一个常用的句法结构。下面是部分较早的用例：

（31）希大道："哥别提，大官儿去迟了一步儿，我不在家了。"（清·兰陵笑笑生《金瓶梅词话》）

（32）计老道："这是晁亲家不知道的事，别提。我再说一件晁亲家知道的事。"（明·西周生《醒世姻缘传》）

（33）你别提贼字，张玉龙在莲花湖当过水八寨寨主，咱们都是一家人。（清·张杰鑫《三侠剑》）

强调高程度义的"别提多 X（了）"类构式从明代开始出现，并一直沿用至今。如：

（34）这是京城里的一个小姐。年方一十六岁。才落到这里来的。你去看看。长的别提多好看啦。（明·东鲁落落平生《绣像初刻玉闺红全传》）

（35）昭王坐着船在长江上航行，凭栏四望，想起这些日子受的苦，看着眼前自由自在追波逐浪，心里别提多高兴了。（明·冯梦龙《东周列国志》）

（36）这回用轿把韦驮送回去，以后我一出来，他就磨我，别提多跟脚了。（郭小亭《济公全传》）

（37）她搬到这儿来的时候，老伴儿已经死啦，她只带着天祥，母子俩呀寸步不离，别提多么亲热啦！（老舍《全家福》）

第三节 回溯推理与"别提多 X(了)"类构式高程度构式义的产生

一 回溯推理

作为一种逻辑推理方式，回溯推理是从已知的事物现象（结果）去推测产生这一现象的另一事物现象（原因）。和演绎推理不同的是：演绎推理三段论是从大前提、小前提来推导出结论，而回溯推理则是从结论出发，根据大前提推导出小前提。即：

如果用 p 表示一般规律性知识（大前提），q 表示已知事实（小前提），p 表示结论，∧ 表示推测，则该推理的逻辑形式为：q ∧ （p→q) p。

回溯推理在公安、法律和医学领域非常重要。例如只要作案，犯罪分子就必然会留下一些蛛丝马迹。根据这些蛛丝马迹，侦破人员就可以利用生活中某些事理来还原犯罪分子的作案过程，进而揭开案件真相。日常生活中也常会运用这种推理方法，最常见的一个例子就是早晨起床后，当我们看到室外地面上是湿的，就会推测昨晚可能下雨了。这个推理过程可以分析为：

事理（大前提）：如果下雨了，地面就会变湿。

事实（小前提）：地面现在是湿的。

推论：昨晚很可能下了雨。

回溯推理所依据的前提是一种事理和常识，认知语言学称之为"理想认知模型"，如"下雨后地面就会变湿"。

二 回溯推理与"别提多 X（了）"类构式高程度构式义的产生

我们认为，"别提多 X（了）"类构式高程度构式义的产生正是源于回溯推理，整个过程可以表示为：

事理（大前提）：某种性状非常显著，没必要说出来，就可以不用说起某种性状。

事实（小前提）：现在不用去说某种性状。

推论：某种性状非常显著。

接下来我们结合"别提多 X（了）"来分析一下其中的回溯推理过程。如：

(38) 这两个男娃娃别提有多淘气了，苏岭泉放学一回家，他们俩就一个抱住苏岭泉一条腿，这个要他给叠飞镖，那个要他给讲故事——你说他怎么复习得好功课？（刘心武《看不见的朋友》）

(39) 别提肯尼迪航天中心的专家、记者们有多么紧张！他们在指挥大厅屏幕前,有的看得发呆,有的将手中的笔记本电脑掉在了地上,有的女记者竟尿了裤子……(贾玉平《险些夭折的"太空狂吻"计划》)

例(38)说这两个男娃娃非常淘气,而这种淘气主要表现为:苏岭泉放学一回家,他们俩就一个抱住苏岭泉一条腿,这个要他给叠飞镖,那个要他给讲故事。按照事理和常识,说话人认为这两个男娃娃淘气的程度之高是显而易见的,没必要和别人说出来。既然"别提",其实就蕴含了这种非常淘气的高程度性状没必要再去专门指出来,"别提"正是让听话人在听话过程中去得出这两个男娃娃淘气程度高这一推导性的结论,因而"别提有多淘气了"实质上就是通过回溯推理这种语用推理形式来表示"非常淘气"。例(39)中,肯尼迪航天中心的专家、记者们紧张时有种种表现:有的在指挥大厅屏幕前看得发呆;有的将手中的笔记本电脑掉在了地上;有的甚至尿了裤子。之所以"别提",就是因为按照回溯推理,专家、记者们的紧张是显而易见的,程度非常高,没有必要给别人指出来。

在回溯推理过程中,"某种性状非常突出而没必要说出来,就可以不用说起某种性状"是一种跟语言使用有关的事理,属于"理想认知模型"。在逻辑推理过程中,"别提多 X(了)"的真正意图是向受话人传达"某种性状 X 非常突出"这一信息而并非"不去提起","别提多 X(了)"因而也就具有了高程度的构式义。

当说话人认为单个的"X"不足以表示描写对象属性程度之高时,就会采用"多 X"连用的方式进行强化,这体现了认知语言学上的复杂性象似动因,也显示出该类构式的能产性。如:

(40)你正从大街上走过,穿着花裙子,像个花蝴蝶。我的泪当时就下来了，世界上还有这么多美好的事物，我怎么舍得去死？当时天是那么蓝，阳光是那么充足，你又是那么青春无忧，显得我是别提多阴暗多渺小了。（王朔《你不是一个俗人》）

(41) 她仍然没想起词，只好又跟着喊一声："枪！"就这样重复同一个动作同一声"枪"，重复了四五遍。重复得手脚发僵，头上冒汗，两眼发潮，别提多紧张，多尴尬，多狼狈了。（权延赤《红墙内外》）

结　语

综上所述，可以归纳如下：从整体句法功能看，"别提多X（了）"类构式多作谓语，个别时候也作补语；该类构式中变项"X"主要由形容词、心理活动动词以及较为复杂的形容词性短语、动宾结构和部分名词来充当。在回溯推理机制的作用下，"别提多X（了）"类构式主要用来强调高程度义。该类构式从明代开始大量出现，并一直沿用至今。

第二章

"说不出的 A"研究

现代汉语中有一个嵌入式预制语块"说不出的 X",其中 X 多为名词或名词性短语。如:

(1) 我呆立在门外,灰溜溜地走了,心里有说不出的滋味。(人民网 2020 年 8 月 8 日)

(2) 实际上,利兰不愿意收他为"干侄儿"的主要原因,是她对达娃次仁有一种说不出的异样感觉。(CCL 语料库作家文摘)

除了名词之外,X 还可以是单个形容词或较为复杂的形容词短语,如:

(3) 周四嫂知道事情弄僵了,再也说不动他了,便立即感到说不出的颓丧,浑身失掉了好多的气力,腿子也仿佛拉不动似的。(艾芜《一个女人的悲剧》)

(4) 心里说不出的高兴和难过,她扬起头来看见我茫然的样子怔住了,我马上哭着对她说:"您,你看我又发怔了不是,妈不好!"(文雨《我还有明天吗》)

上述例句主要传达说话人对形容词所表示的性状程度之高的主观评价，认为"颓丧"或"高兴和难过"的状态达到了显而易见、不言自明的程度，因为形容词所表示的程度很高，说话人可能认为不必说出或难以说出，所以产生了"说不出"的后果。为论述方便，我们称之为"说不出的 A"。从形式上看，程度评价性的"说不出的 A"有否定标记"不"，但是意义上指向对 A 程度之高的极力肯定与强烈认同。Goldberg（1995）对构式下了一个定义："C 是一个构式，当且仅当 C 是一个形式—意义的配对〈Fi, Si〉，且 C 的形式（Fi）或意义（Si）的某些方面不能从 C 的构成成分或其他先前已有的构式中得到完全预测。"[①] 按照该定义，"说不出的 A"的整体意义并不能从其构成成分的组合简单推导出来，因此我们有理由把这类评价程度的嵌入式预制语块"说不出的 A"看作一种典型的构式。本章将以"说不出的 A"为个案，从构式义的产生与形成、构式化的动因与机制以及其他相关构式的分析等方面展开研究和探讨。

第一节　A 的准入条件

Fillmore（1988）提到语素、词、复合词及全固定的习语叫作实体构式（substantive construction），这些构式在词汇上是固定（lexically fixed）的，其组成分子不可替代，而半固定习语及句型都可称为图式构式（schematic construction）。从形式上看，"说不出的 A"属于半固定的图式构式，是嵌入式预制语块中的单框式结构，其中"说不出的"为常项，形容词"A"为变项。因为其中的变项具有一定的开放性，和

[①] Goldberg, Construction: A Construction Grammar Approach to Argument Structure, Chicago: Chicago University Press, 1995, p. 4.

实体构式相比，图式构式的实例要更多一些。但是并非所有的词项都可以进入图式构式的语法槽之中。就"说不出的 A"而言，作为嵌入项的"A"进入框架需要一定的准入条件。通过语料检索发现，"A"要具有［＋可计量］的语义特征，才能嵌入框架中，即 A 所表示的性状可以前加程度副词"很"，否则就会受到排斥。

（5）临别时，她竟对我送了几秒钟之久的羞赧的凝视，令我说不出的满足，因为像她那样的性格，做到如此，已可说比普通女子献身还难了！（朱云影《朵朵玫瑰》）

（6）贾乐山居然还没有倒下，一张很好看的脸却已变得说不出的狰狞可怕，一双很妩媚的眼睛也凸了出来。（古龙《陆小凤传奇》）

"A"的性状程度在量级轴上存在从低到高的层级分布趋势，这种层级分布使得 A 具有了可以进行程度切分的可能，①"说不出的 A"的程度评价功能才有机会得以呈现。我们以"说不出的满足"为例，性质形容词"满足"就具有［＋可计量］的语义特征，可以前加表不同程度义的副词"稍微""很""十分"等，从而在量级轴上体现出不同的量级弹性。如果 A 自身已经具有一定的计量性语义特征，如性质形容词的重叠形式或状态形容词，因为自身已经携带有一定的计量性语义特征，所以就不可以进入框架之中。如：

（7）a. 走在路上，小莉的心里有说不出的高兴。（蓝帆《龙宫游记》）

---

① 王晓辉、池昌海：《程度评价构式"X 就不用说了"研究》，《世界汉语教学》2014 年第 2 期。

b. *走在路上,小莉的心里有说不出的高高兴兴。

(8) a. 她瞪着一对大眼睛望着吉明,心里说不出的气。(凤子《无声的歌女》)

b. *她瞪着一对大眼睛望着吉明,心里说不出的气呼呼。

张国宪（2000）着重考察了汉语形容词的量性特征,认为性质形容词主要表现为弥散量,状态形容词主要表现为固化量;性质形容词占据的是一个量幅,为无界量值,状态形容词表述的是一个量段,为有界量值。由此使得性质形容词具有被不同量级程度词切割的潜能,在量上具有可延伸性。[①] 这种可延伸性和我们所说的可计量性实质上是一致的,由于性状程度动态上可延伸性的存在,使得 A 之前可以用程度副词"很、十分"等标记来体现 A 的可计量语义特征。

结合语料进行分析,我们发现,"A"具有［＋可计量］的语义特征只是构成"说不出的 A"的前提条件。实际上,在量级轴上,A 的量性特征越显著,"说不出的 A"的使用倾向越明显。如:

(9) 这两道柔媚的曲线,和上面的颇带锋棱的眼睛成了个对比,便使得史循的面孔有一种说不出的可爱。(茅盾《蚀》)

(10) 她的声音透过麦克风,竟有说不出的美妙,带着一种难以言喻的抚慰力量。(杨晓静《最佳女婿俏千金》)

就形容词而言,通常在人们的心目中其所反映的性质状态是一个社会大众默认的认知平均值,在形容词的量级轴上可以当作一种参考基

[①] 张国宪:《现代汉语形容词的典型特征》,《中国语文》2000 年第 5 期。

准。当形容词所表示的程度大大超过社会大众默认的认知平均值时,才会使用高程度义构式"说不出的 A"。换言之,A 高量性的语义特征和构式的整体构式义是契合的。试比较:

（11） a. 这孩子有点可爱。
　　　 b. 这孩子很可爱。
　　　 c. 这孩子特别可爱。
　　　 d. 这孩子说不出的可爱。

在 a、b、c、d 这几个例子中,"可爱"的程度逐渐增加,d 的可爱程度最高。构式语法认为,构式成分和构式义是互动的,构式成分对构式的整体语义也有重要的贡献。从编码角度看,如果一个孩子的可爱程度不高,甚至低于社会认知平均值,那么就很难用"说不出的可爱"来形容这个孩子。相反,如果一个孩子令人喜爱的程度相当高,则容易使用"说不出的可爱"来形容这个孩子。这充分表明了 A 的程度义越高,A 的量性特征越明显,越倾向于使用该构式。

由从下到上的角度看,量性特征显著的 A 对构式整体的高程度义有一定的贡献。那么,A 的量性特征显著性来自哪里？陆俭明（2008）认为,构式及构式义不仅可以在话语使用中产生,还可以在使用背景中产生,话语是其产生的动因。① 接下来我们将结合语境来进行考察。请看:

（12）辽宁队今年卫冕失败了,保三的目标也落空了,作为一名老队员,心里有一种说不出的遗憾和痛心,开始那几天,真的很

---

① 陆俭明：《构式语法理论的价值与局限》，《南京师范大学文学院学报》2008 年第 1 期。

难接受这样一个现实。可既然失败了，作为一个目击者，我认为应该正视这一现实。（CCL 语料库 1994 年报刊精选）

（13）经过近一年的训练，小路君已能离开小桶和凳子行走了。看着女儿学会了走路，赵群德心里有说不出的高兴。（CCL 语料库作家文摘）

以例（12）为例，"辽宁队今年卫冕失败了，保三的目标也落空了"，这两件事的发生使得"我"作为一名老队员，心里的遗憾和痛心远远超过了一般的基准量，是非同一般的、特殊的遗憾和痛心。这种遗憾和痛心的程度是显而易见的，和平常作为一般基准量的遗憾和痛心相比，其显著性更高。因此，作为背景事件，语境中"辽宁队今年卫冕失败了，保三的目标也落空了"使 A 的量性特征成为话语理解的焦点。

从"说不出的 A"出现的语境分析，A 之所以体现出高量性特征，是因为 A 总是暗含一种对比结果在里面，通过对比才能凸显其量性特征的显著性。如例（13），经过近一年的训练，小路君已能离开小桶和凳子行走了。在赵群德看来，女儿学会了走路，这是一件非常值得开心和庆贺的事情，其令人高兴的程度自然超过了日常生活中其他让人高兴的事情。在暗含比较的语境中，当某一性状具有显而易见的、无法或无须说出来的特点，那么就会产生"说不出来"的后果。从一般认知的角度看，显而易见的东西因为显著度极高，使得人们在识解的过程中容易识别，而显著度极高的东西表现在程度上，则为程度极高。[①]

那么，"说不出的 A"是如何实现构式化的呢？学界认为，构式通

[①] 王晓辉、池昌海：《程度评价构式"X 就不用说了"研究》，《世界汉语教学》2014 年第 2 期。

常是通过动态浮现而得以形成的。施春宏（2013）则明确指出：对构式特征认识的一个基本立足点就是：整体大于部分之和，构式的（句法、语义、语用）特征是不能或不完全能从其构成成分中推导出来的。也就是说，构式至少有某个方面的特征是从构式线性序列中"浮现"（emerge）出来的，是非线性的。这就是构式特征的浮现性（emergence），也就是构式所具有的构式性（constructionality）。[①] 刘丹青（2010）在讨论流行构式"（连）X 的心都有"和"也就一 X"时，指出这两种构式都有两重性：原有的句法结构和新兴的特定构式。原有的句法结构符合一般的语法规则，意义可以根据字面推知，不属于构式。[②] "说不出的 X"也有这种两重性。以例（1）和例（2）来说，当 X 为名词或名词性短语时，"说不出的滋味""说不出的异样感觉"等属于原有的句法结构，其形义关系的透明度很高，只是属于一般的临时短语。程度评价的用法"说不出的 A"则属于新兴的特定构式。从动态演变的角度来观察，"说不出的 A"是在原有的"说不出的 N"基础上实现构式化的。"说不出的 A"之所以属于新兴的特定构式，是因为其语义透明度明显降低。所谓语义透明度（semantic transparency），是指词义从构成要素上推知的难易程度：整体意义可从部分意义上得出，那么语言单位的意义是透明的，反之是不透明的。施春宏（2013）曾提出考察形义关系透明度的方法："语言单位形义关系的透明性至少应该包括三个方面：形式透明度、语义透明度、形义关系透明度。"[③] 下面我们以这一划分为出发点，通过和原有句法结构"说不出的 N"对比，对"说不出的 A"进行语义透明度的考察。

[①] 施春宏：《句式分析中的构式观及相关理论问题》，《汉语学报》2013 年第 2 期。
[②] 刘丹青：《构式的透明度和句法学地位：流行构式个案二则》，《东方语言学》2010 年第 1 期。
[③] 施春宏：《句式分析中的构式观及相关理论问题》，《汉语学报》2013 年第 2 期。

一是形式不透明。"说不出的滋味""说不出的异样感觉"可以通过改变语序，变换为"滋味说不出来""异样感觉说不出来"，其形式构造遵循一定的结构规则，形式上是透明的。而表高程度义的构式用法"说不出的 A"已看不出这样的结构规则，即使换作"高兴说不出来"也很别扭。

二是语义不透明。"说不出的滋味""说不出的异样感觉"字面义相加等于其整体义，其中"滋味""异样感觉"是"说"的直接论元，其语义是透明的。而程度评价的构式用法"说不出的 A"的构式义则不能把组成成分进行简单相加，整个结构所表示的程度评价义从字面无法推知，如"特别漂亮"这一意义并非"说不出的漂亮"字面义简单相加的结果。

三是形义关系不透明。"说不出的滋味""说不出的异样感觉"通过换序使其线性序列发生一定的改变，但其形式和意义的对应关系还是存在的，句法结构的改变并不影响深层语义关系的改变，因此其形义关系是较为透明的。而程度评价的构式用法"说不出的 A"，其形义之间是明显不对应的，形式上虽有否定标记"不"，但整体意义指向对程度 A 的高度肯定和认同，形义关系是不透明的。

第二节 "说不出的 A"的构式化过程

作为表示 A 程度之高的构式，"说不出的 A"主要在口语交际中出现，携带说话人很明显的强主观性评价。Lyons（1977）指出，所谓主观性（subjectivity）是指"说话人在说出一段话的同时表明自己对这段话的立场、态度和感情，从而在话语中留下自我的印记"。Nunberg（1994）认为习语的必要特征是规约性，其典型特征则是语体上的非正式性（informality）和情感立场（affective stance）等。按照这一主张，表程度评价的"说不出的 A"可以看作一种典型的习用语构式,是一种带有说话人主观态度和情感的规约化了的图式习语构式①。

一 "说不出的 X"句法结构的两重性

王晓辉(2018)认为习语构式在构式化实现的过程中,"原型用法是习语构式浮现产生的起点和基础,句法结构的两重性是习语构式浮现产生的重要依据和参照"②。就"说不出的 X"而言,其句法结构也具有两重性。例如:

(14)在任何情况下,我们虽然能感觉到某个人身上强烈散发出女性的"魅力",却不能直接看见那些"魅力"究竟是什么。那种看不见说不出的"魅力",其实才是真正的"美丽"。(张晓梅《修炼魅力女人》)

(15)你是一个有爆发力的演员,我很喜欢你眼神中有种说不出的东西。(人民网 2014 年 4 月 15 日)

(16)当他去见逸琳的妈妈时,家门一开,一阵饺子的香气扑鼻而来。那一刻,一种说不出的幸福感油然而生。(《人民日报·海外版》2016 年 8 月 13 日)

(17)1985 年秋,黄蕴慧作为我国第一批获得大专文凭的小学教师,手捧着一本殷红的毕业证书,心里有着说不出的激动与兴奋,对于教好书,她的信心更坚定了。(CCL 语料库 1994 年报刊精选)

---

① 根据外在形式,学界通常把习语构式划分为两大类:一类是组成成分固定、无嵌入项的实体习语构式,如"真是的""你也是"以及惯用语(如穿小鞋、背黑锅);另一类则是组成成分包括常项和变项两部分,其中变项实质上就是我们所认为的嵌入项,这类属于图式习语构式。

② 王晓辉:《习语构式的动态浮现——由程度评价构式"X 没说的"说开去》,《语言教学与研究》2018 年第 4 期。

试作比较，例（14）中的"看不见说不出的'魅力'"是一个普通的定中结构，"魅力"无法看见也无法说出。例（15）中，"说不出的东西"中的"东西"则是指表达的内容。例（14）和例（15）中的"说不出的 X"其整体意义就是组成成分的简单相加。例（16）中的"一种说不出的幸福感"同样也是一个定中结构，但是中心语"幸福感"明显属于人的一种主观心理感受，在意义上已经不属于一般的名词，而是与人的心理活动密切相关。众所周知，人的心理感觉会有程度之分。"幸福感"是人对幸福感知的一种结果，必定携带有人的主观感受。"说不出的幸福感"说明说话人内心中有一种强烈的幸福感受，只是这种感受难以言传。通过语料检索发现，很多表示说话人心理感受且包含语素"感"的名词都可以进入"说不出的 X"之中。如：

（18）在他们眼中，能够看着自己的宠物一天天长大，更是有说不出的满足感。（《中国青年报》2019 年 8 月 14 日）

（19）这种"说不出的幸福感"，"当代雷锋"郭明义不止一次地"试过"，而且"经常幸福得流泪"。（《解放军报》2013 年 4 月 1 日）

（20）其中一张是和她 14 岁表姐的合照，两人一黑一白的头发形成了鲜明的对比，给人以说不出的美感。（环球网 2017 年 4 月 21 日）

语料显示，表示心理感受的"满足感、幸福感、美感"等类似名词都可以作为嵌入项自由进入"说不出的 X"的框架中。这些结构在语义理解上仍然很透明，但是已经包含了说话人某种强烈的心理感受，暗示了心理感受的语义程度很高。

二 "说不出的 A"构式化路径

当标记心理感的名词性语素"感"脱落后,"凉爽、真切、美、满足、充实、幸福……"等兼具名词属性的形容词①进入"说不出的 X"框架中,其高程度义就浮现出来了,此时句法结构所表示的高程度义已经不能简单从字面义出发来理解了。换言之,当 X 不再为普通名词而是用来表示心理感受的名词时,属于中间状态的"说不出的 X"就开始迈出了构式化的第一步。"说不出的 X"构式化路径可以概括为:

原型结构(说不出的 $N_{普通名词}$)→中间结构(说不出的 $N_{心理名词}$)→构式(说不出的 $A_{心理形容词}$)

具体转换过程如下:

说不出的 $N_{普通名词}$	说不出的 $N_{心理名词}$	说不出的 $A_{心理形容词}$
说不出的东西	说不出的幸福感	说不出的幸福
说不出的魅力	说不出的真切感	说不出的真切
说不出的奥秘	说不出的充实感	说不出的充实
说不出的味道	说不出的满足感	说不出的满足
……	……	……

如上文所述,"说不出的 A"中 A 的允准条件是可受程度副词修饰且能进行语义量化的形容词。通过语料检索,发现这类词主要有:

愉快、感激、遗憾、宽慰、快乐、兴奋、高雅、忧伤、痛快、

---

① 汉语中的形容词和名词有很多是兼类词,有些名词如"危险"可以看作形容词的一个小类,被称为名形词。

失落、内疚、心酸、感伤、喜悦、难过、惆怅、舒坦、激动、骄傲、虚伪、残忍、糟糕、无奈、心疼、苦……

从词性的跨类角度看，这类形容词兼有名词性的语义特征，属于名形兼类词。以上所列举的名形兼类词之所以能出现在"说不出的 X"框架里，究其原因，一是其名词属性和定中结构"说不出的 X"相契合。原型结构"说不出的 $N_{普通名词}$"名词 N 的指称性在"说不出的 A"中得以保留；二是基于其性质形容词的量性特征而表现出高程度的整体构式义得以体现。

由上述分析可以看出，"说不出的 A"脱胎于非构式的常规句法结构"说不出的 X"，其中关键的中间环节是原型结构中的普通名词由表示心理活动的名词充当。

第三节 "说不出的 A"构式化的动因和机制

如第二节分析，"说不出的 A"并非凭空产生，而是依托规则性普通结构"说不出的 $N_{普通名词}$"实现构式化的。那么，"说不出的 A"构式化的动因和机制有哪些？下面将分别进行分析。

一 "说不出的 A"构式化的动因

王晓辉（2018）指出，习语构式在原型用法的基础上产生新的构式用法后，原型用法并没有就此消失，由此便形成了习语构式原型用法和构式用法并存的两重性局面，这种两重性一定程度上可看作习语构式"前世"和"今生"的反映与写照。[1] 从现代汉语共时平面看，"说不

---

[1] 王晓辉：《习语构式的动态浮现——由程度评价构式"X 没说的"说开去》，《语言教学与研究》2018 年第 4 期。

出的 X"包括规则性普通结构"说不出的 N$_{普通名词或心理名词}$"和高程度义构式"说不出的 A",二者并存,体现出句法结构的两重性特征。这种表现的原因在于语言演变过程中,形式和语义的演变往往不是同步的。很多时候形式的变化滞后于意义的变化,新的意义产生后,旧有的形式并没有跟着变化,而是保持原状。具体到"说不出的 X"上,就是"说不出的 N$_{普通名词或心理名词}$"和高程度义构式"说不出的 A"并存,高程度义构式出现后,规则性普通结构"说不出的 N$_{普通名词或心理名词}$"并未很快退出历史舞台,高程度义构式也并未通过新的形式来表示,而是依然使用"说不出的 X"这一既有的结构框架来负载。这种"旧瓶装新酒"现象是语言表达的经济原则的反映。语法形式需要一定的稳固性。如果每次出现新的意义就去采取新的语法框架,语言的变化将会让使用者无所适从。

我们认为,"说不出的 A"实现构式化至少有以下两方面的动因:一是 N 从普通名词到心理名词的语义专门化;二是构式功能的扩展化。

首先来看 N 从普通名词到心理名词的语义专门化。从原型范畴理论来看,心理名词是名词范畴中的一类特殊成员。之所以特殊,是因为普通名词的语义具有客观性,而用来表示心理活动的名词与说话者的主观情绪和心理感受密切相关。例如,"说不出的滋味"就是一种客观陈述。"滋味没办法表达出来"是说话人无法用语言来表达心中感受的客观事实。而"说不出的幸福感"则有所不同,它暗含了说话人因为某种原因而内心感到很幸福,而这种幸福一定是超过了普通的量性特征。在"说不出的 X"框架中,N 从普通名词到心理名词的语义专门化,是高程度义的"说不出的 A"构式化实现的起点。如果 N 只是局限于单纯的普通名词,就不会产生高程度义构式"说不出的 A"。因此,嵌入项的心理形容词语义聚合正是该构式得以产生的基础。

构式功能的扩展化是相对于原来的规则性句法结构而言的。对原型用法的"说不出的 X"的理解就是字面意义的简单相加。但是，表示心理活动的这一类名词进入框架中的时候，与原型用法的"说不出的X"相比较而言，其整体功能开始发生变化，在原型用法"说不出的X"客观叙述功能的基础上，又新增了表达主观世界的功能。具体而言，"说不出的 N$_{心理名词}$"开始和说话人的主观世界挂钩，为高程度义构式的最终形成创造了可能。因为高程度义的产生就是说话人对某种性状的判断和感知。举例来说，一个人表明他有"说不出的幸福感"时，说明他已经有了关于幸福的感觉，只是这种感觉不容易或不能说出来而已。人的主观感受有程度高低的区别，"说不出的幸福感"反映了说话人心中幸福程度之高。可见，"说不出的 N$_{心理名词}$"相对于原有的句法结构"说不出的 X"而言，功能进一步扩展，使得其表示高程度义有了可能性。

二 "说不出的 A"构式化的机制

除以上两点动因之外，"说不出的 A"的构式化过程包含以下两种重要机制。

首先是类推机制。俗话说"言为心声。"语言最主要的功能是用来传递信息。从理论上讲，语言具有传递任何信息的可能性。但是实际上很多时候语言也并非万能的。受各种原因的影响，现实生活中会出现"欲说不能"的现象。这一现象投射到语言表达中，就形成了"说不出的 X"这一能产性的框架。当某一信息难以说出来的时候，它都可以嵌入该框架中，来满足说话人欲说不能的现实。从最初的框架来看，X 主要是各种普通名词，如"滋味、秘密、道理、原因、苦衷"等。在名词嵌入项的强大类推作用下，诸如"幸福感、满足感、充实感、真切感"等表心理感受的名词也可以进入框架中，为高程度义构式化的实现奠定了重要基础。

其次是高使用频率。频率和类推之间有着非常密切的关系。我们认为，类推是频率的前提，高频则是类推的结果。由于"言不尽意"的现象经常发生，所以"说不出的 X"就会高频使用，这在一定程度上对构式的形成起到了固化作用。高频使用可能会产生语音衰减、功能游移或结构化等高频效应。当表示心理感受的名词频繁进入"说不出的 X"框架中，那么这类名词所负载的主观心理感受就会进一步吸引心理范畴的名形兼类词进入其中，表达说话人对事物性状高程度义的评价和判定。相反，如果这一框架中心理范畴的名形兼类词很少出现，那么就很难想象最终会出现"说不出的 A"来表达高程度义。

第四节 回溯推理："说不出的 A"中的语用推理

王晓辉、池昌海（2014）指出，在交际中，无论说话人选用哪一种语言形式，都和其中的交际意图直接相关，而听话人对对方的交际意图能否准确把握，其中不乏语用推理的参与。[①] 语言的外在形式和内在意义之间的关系和表现极其复杂。汉语有许多高程度义的表达方式，说话人往往采取不明说或模糊表达的策略，如"别提有多 A 了"[②]、"A 得什么似的"、"A 就不用说了"等。这类表达如果只从字面意义去理解，就无法得到说话人真正的表达意图，所以它们在理解过程中都包含着某种语用推理，其背后的表达机制都是回溯推理，即从已知的事物现象（结果）去推测产生这一现象的另一事物现象（原因），其推理模式是从结论出发，根据大前提推导出小前提。即：

事理（大前提）：如果下雨了，地面就会变湿。

事实（小前提）：地面现在是湿的。

[①] 王晓辉、池昌海：《程度评价构式"X 就不用说了"研究》，《世界汉语教学》2014 年第 2 期。
[②] 孟德腾：《强调高程度义的"别提多 X（了）"类构式》，《汉语学习》2013 年第 5 期。

推论：昨晚很可能下了雨。

回溯推理所依据的前提是一种众所周知的事理和常识，认知语言学称之为"理想认知模型"，如"下雨后地面就会变湿""犯罪就会留下蛛丝马迹"。

具体到"说不出的A"而言，其回溯推理过程可以表示为：

事理（大前提）：某种性状非常显著，可能无法言说或无须言说。

事实（小前提）：现在某种性状说不出来。

推论：某种性状具有较高的显著度。

在回溯推理过程中，"某种性状A的显著度高，就会说不出来"是一种跟语言使用有关的事理，属于"理想认知模型"。"说不出的A"在逻辑推理过程中，真正意图是向受话人传达"A的高程度性"这一信息，并非"说不出"本身，在回溯推理的作用下，"说不出的A"高程度的构式义便因此产生。回溯推理的目的是"强调说话人和听话人之间的互动关系和交谈规范"（沈家煊，2004），因此，回溯推理的发生，使得听话人和说话人之间的人际互动关系明显增强，听话人对说话人的话语需要付出更多的努力去作出识解，反映出语言交际的交互性特点。

结　语

高程度义的表达多种多样，最常见的就是形容词前直接加程度副词，也有用数量词来表示程度高的情况。温锁林（2012）指出，汉语中有不少包含数量词的格式颇有特色，其中的数量词并不表示实际的数量，而是以虚设的数量来表达说话者对事体或状态所达到的程度的评价与态度，如"一百个不情愿、一千个不同意"。[①] 吕叔湘（2002）提到，

---

① 温锁林：《话语主观性的数量表达法》，《语言研究》2012年第2期。

第二章 "说不出的 A"研究

为了表示程度之高，除用副词和数量词外，还有用感叹语气、叠用形容词、用典型的事物来比拟、用结果来衬托、用比较和假设来表示极限等方式，还有一类用含蓄表极致的方式，如"你这话糊涂得可以、别提有多 A 了"。① 我们所探讨的"说不出的 A"也属于用含蓄表极致的手段。语言和哲学有着极其密切的关系。"说不出"是一个古老而又年轻的哲学话题。说它古老，是因为古代许多哲学家认为它是不可言说的，如老子的"道可道，非常道"。说它年轻，是因为 19 世纪末 20 世纪初，哲学家在探讨语言和世界的关系问题时，特别重视语言意义的表达问题。有的哲学家（如 Searle）主张凡是意义都可以用语言表达，这就是可表达性原则。但是，也有少数哲学家（如 Wittgenstein）主张存在着不可言说之物。这两种不同的看法一直在延续。从意义角度看，程度义表达与说话人的主观世界密切相关。语言是不是存在无法表达的可能，我们在此不作是非方面的评论，但是一个不可忽视的客观事实就是：当程度义非常高时，说话人往往会有意无意采取"无声胜有声"的表达方式，促使听话者运用回溯推理来得出程度高的语用含义，这反映出语言使用过程中形式和意义之间的扭曲关系。②

---

① 吕叔湘：《吕叔湘全集》（第一卷），辽宁教育出版社 2002 年版，第 149 页。
② 在共时平面上，形式和意义之间往往不是一对一的对应关系，而是一种不对当的关系，赵元任（1979）称之为"扭曲关系"（skewed relations）。

第三章

"这一X不要紧,Y"的认知策略与语用功能[①]

现代汉语中形容词"要紧"义项有二:一是"严重",如"他只是受了点轻伤,不要紧"。二是"重要",如"这段河堤要紧得很,一定要加强防护"。其否定形式的"不要紧"有两种类型,一种是构成真值否定。如[②]:

(1) 让她去看病,她说不要紧,休息休息就能好,实在不行,就在回家时顺路买点药丸吃吃,就算"治"了病。(章廷桦《同窗钱瑗》)

(2) 吴远家说:"其实,儿子是谁的都不要紧,我一生无儿无女,不也活过来了吗?"(虽然《"父子"窃贼归正记》)

上两例中的"不要紧"表示"不严重"或"不重要",可用同义短语"没关系"替换,属于真值否定。考察实际语料发现,"不要紧"还存在另外一种特殊的否定类型。如:

[①] 本章发表于《语文研究》2018年第4期,收入本书时题目和内容进行了部分改动。
[②] 本章语料主要来自北京大学CCL语料库和北京语言大学BCC语料库。为节省篇幅,个别例子有删略。

（3）他发着狠地咬了一咬牙。这一咬牙不要紧，就感着伤口火辣辣的酸疼，疼得钻心，眼睛流泪，豆大的汗珠子从额头上滚落下来，两腿一软就倒在地下。（刘流《烈火金刚》）

（4）卡那封勋爵不幸被一个蚊子咬到了左面脸颊上……于是他就开始发烧，一病不起，最后这一烧不要紧，把他的命烧没了，他死去了。（李晓东《法老的诅咒》）

（5）世纬个子高，伸长脖子看过去，要看看花车为什么进展缓慢？这一看不要紧，怎么观音菩萨前的那对穿着古装衣裳的金童玉女有点儿眼熟？（琼瑶《青青河边草》）

例（3）"伤口火辣辣的酸疼，疼得钻心，眼睛流泪……"从不同侧面描述了"他""咬牙"后极其难受的感觉；例（4）"把他的命烧没了，他死去了"说明"他"的生命因"烧"而结束。可见，这里的"不要紧"实际上表达的是"非常重要或严重"的意思。例（5）"观音菩萨前的那对穿着古装衣裳的金童玉女有点儿眼熟"，表面上看只是陈述新情况的出现，谈不上要紧不要紧，但稍加分析便知，这一新情况在说话者看来是一个具有重大意义的发现，由此看来，"这一看"又是非常要紧的。

显然，上述例子中的"这一 X 不要紧"不能按常规的语义否定来理解，因为从后续句来看，"这一 X 不要紧"并非真值条件的否定，即不是对命题"这一 X 要紧"进行否定，它否定的是在特定条件下使用命题"这一 X 不要紧"的适宜条件，因而属于语用否定。此类表达已经成为某种形式与语义高度固化的框式结构[①]，可抽象为"这一 X 不要紧，Y"。该类表达式由两个小句为构件，前一小句为否定命题"这一

---

① 邵敬敏：《"连 A 也/都 B"框式结构的争议及其框式化特点》，《语言科学》2008 年第 4 期。

X 不要紧",先给出一个假性的否定,后一小句"Y"表示结果,用以回应这个否定的不适宜性。此类表达式的最大特点是前后小句间在逻辑语义上呈现出自相矛盾的情形:前一小句直言表白"X"无关紧要,后一小句"Y"却以"X"引发的出人意料的结果或情状来执意表明"X"至关紧要。据此,我们可以将"这一 X 不要紧,Y"类格式命名为"假性否定转折句"。目前学界针对此种表达式的研究只有张艳(2016)一篇论文。① 张艳借鉴构式语法理论,对其构成成分进行了详细的描写,并对其构式义及实现作了一些分析,对后一小句"Y"结构类型的分析尤其细致。但是,该文所给出的构式义"凸显致使遭受结果义"几乎与"被"字句、致使句的构式义一致,仅从这点即可反映出文章对该表达式特殊的表意机制和识解过程的解读并不到位。有鉴于此,我们将重点探讨其表意机制及语用推理,着力研究言者使用"假性否定转折句"的真实意图和其中所包含的言语表达策略,并从语用角度来发掘其作为一种独特表达式的存在价值。

第一节 "这一 X 不要紧,Y"的句法与语义

假性否定转折句以"这一 X 不要紧,Y"为表达的基本框架。前一小句的形式化程度很高,以"这一"和"不要紧"为常项,变项"X"处于两者中间。后一小句"Y",在结构上并无显著的共同点,有致使义"把"字句、"得"字句、"使"字句、"让"字句、"VC 了 O"结构、"$V_{使}$O"结构和其他类的致使表达。作为框式化的构件,"Y"的共性特点主要表现在语义上(具体情况详见下文)。

---

① 张艳:《"这一 X 不要紧,Y"构式研究》,硕士学位论文,上海师范大学,2016 年。

一 变项"X"的类型

"X"通常为谓词性成分,其中动词最为常见。如:

(6) 到了狼山,我便立在山顶上喊:猴儿国的国民听者:新王来到,出来瞧,出来看!这一喊不要紧哪,喝!山上东西南北全呕呕的叫起来,一群跟着一群,一群跟着一群,男女老少,老太太小妞儿,全来了!(老舍《小坡的生日》)

除单个动词外,联动结构、动宾结构等复杂性谓词结构也可以充当"X"。如:

(7) 亲家,我这一来听戏不要紧,把你打扰得不轻!(刘震云《故乡天下黄花》)

(8) 宋金刚说:"我没事闹着玩儿。""您这么一闹着玩儿不要紧,我们都凉快啦。"(《中国传统相声大全》)

(9) 他这一看药单不要紧,把自己看笑了。(刘流《烈火金刚》)

"X"也可以是形容词或名词(包括量词),但使用频率明显偏低。如:

(10) 但是的确有一部分少量的小行星,它的轨道略微扁一点。这一扁不要紧,一扁它这个轨道可能会到地球轨道之内。(赵君亮《寻找"丢失"的行星》)

(11) 他这一嗓子不要紧,把新娘吓了一跳,心里纳闷儿:他这是什么毛病。(《中国传统相声大全》)

(12) 这一下可不要紧,楞秋儿的左手那血花花地直往外流,

可是他已经不觉得疼。(刘流《烈火金刚》)

二 "X"的提取

假性否定转折句不能作为首发句出现,在其之前总是有一些先行信息。也就是说,"X"所代表的均为上文提及的已知、定指信息。根据提取方式的不同,"X"可分成两种,一种是从先行句中直接提取。如:

(13) 楼上楼下是乱成一团。这一乱不要紧,吴起醒了,一瞧坏了,刺王杀驾这个计策行不通了,仗着自己有工夫,推开后窗户,一个跟头出去了。(《郭德纲相声集》)

(14) 最近几天,我天天在家里拨弄算盘并盘点库存,这一盘点不要紧,我从中发现了大问题,我家的经济形势非常严峻啊。(《人民日报》2007年10月16日)

另一种是通过同义转化的方式把先行句中的相关词语间接提取为"X"。如下两例中的"生气"与"看"就分别从相关词语"愤愤不平"与"瞄"转化而来:

(15) 司马藐……不但无人同情,反倒被他们耻笑,心中早已愤愤不平。他这一生气不要紧,就把自己是考生的这个碴儿给忘了。(《中国传统相声大全》)

(16) 于是我过去用英语同她道了个寒暄,并用眼角稍稍瞄了一下她手中的那几页纸。这一看不要紧,令我大吃一惊的是那老妇手中的几页纸居然全是用中文写成的。(《人民日报》2000年4月7日)

三 "Y"的语义类型

从句法形式上看,后续小句"Y"呈现出多样化特征,其共性主要集中体现在语义上,即"Y"小句展现的都是"X"引发的"要紧"的结果与事态。考察发现,"Y"小句体现的"要紧性"可概括为三个方面。

一是展示"X"引发的负面结果,可谓"后果很严重"。如:

(17) 我一个哥们前些天还好好的,结果昨天骑摩托车与一个小面包车相撞,这一撞不要紧,命也没了,哎……(《中国保险报》2011年12月7日)

(18) 因为访问耽误了一些时间,下午返回时比预计时间晚起飞1个多小时。这一耽误不要紧,天气突然变化,航线上来了雷雨,首都喀布尔机场的能见度只有500米。(李克菲《秘密专机上的领袖们——毛泽东专机长王进忠的回忆》)

二是展示"X"引发的正面结果,可谓"结果很惊喜"。如:

(19) 姑娘本来是杨柳细腰,这时候劲也来了,就使足了力气,把缸一下掀起来了,这一掀起来不要紧,就见霞光万道,瑞彩千条,一道闪光一道电光屋里头全部是香味,香气扑鼻……(倪宝臣《铃记中华》)

(20) 过路人看到这个名字很稀奇,有的人以为是国外的凉皮,就进来尝一尝。这一尝不要紧,口碑立即就传出去了。(人民网2006年4月11日)

三是展示"X"引发的意外新情况，可谓"情况很意外"。如：

（21）忽然围观的人群喧闹起来："这个人不是民警，他是舂伢子！"这一嚷不要紧，人们马上把这个"民警"包围起来，七嘴八舌地发问：……（柳文《预备警官》拍摄记）

（22）他再翻另外十几本，本本都有同样的前言。他这一翻不要紧，就引起了书摊主人的注意。（梁晓声《冉之父》）

观察发现，在这三种"要紧"情况中，表负面结果与新情况的出现次数要远远高于表正面结果的那类。我们以北京大学 CCL 语料库中检索到的 64 例"这一 X 不要紧，Y"为考察对象，其中"Y"表正面结果的 4 例，表中性结果和表负面结果的分别为 29 例和 31 例。这组数据大体反映出"Y"在语义上以表达负面结果与中性结果为主的倾向。

第二节 "这一 X 不要紧,Y"的表意机制

"这一 X 不要紧，Y"的使用有一定的前提条件，那就是"Y"必须属于反预期信息，即与人们对"X"所持有的某种习惯性心理预期相悖或偏离。吕叔湘说过："凡是上下两事不谐和的，即所谓句义相戾的，都属于转折句，所谓不谐和或背戾，多半是因为甲事在我们心中引起一种预期，而乙事却轶出这个预期。因此由甲事到乙事不是一贯的，期间有一种转折。"[①] 从客观事理上看，"X"和"Y"具有因果关系，"X"是因，"Y"是果；但是从话语所显现的语义关系来看，"X"和"Y"之间存在着隐性的逆转关系，因为该类话语可以明码化为"尽管

---

① 吕叔湘：《吕叔湘全集》（第一卷），辽宁教育出版社 2002 年版，第 341 页。

在你（或按常理）看来这一'X'不要紧，但是，'X'引发的'Y'的结果（或状态）是很严重的"。根据话语的这种语义关系，我们将其看成一种特殊的转折复句。

一　"Y"的反预期性

"这一 X 不要紧，Y"中，"X"和"Y"一般都为已然发生的某事件，二者在时间顺序上具有承继关系，"X"发生在"Y"之前。从逻辑上看，二者具有前因后果的语义关联。但是，在"这一 X 不要紧，Y"中，"X"的"因"被否定性的"不要紧"淡化，"Y"的结果并没有按照人们的认知常理以某种影响甚微或可被忽略的情形出现，而是以一种非常严重的方式被强化与放大，所以"Y"小句所表达的结果带有明显的反预期性。仔细观察，"Y"所代表的反预期信息大致可以分为两类。

1. 反客观预期

吴福祥（2004）指出，特定言语社会共享的预期通常体现为某个言语社会普遍接受或认可的先设，它是人们基于对客观世界的认识和经验建立起来的一种常规。[①] 由"X"所引发的事件"Y"超出了特定言语社会共享的心理预期或事理逻辑，我们称之为反客观预期。如：

(23) 早上，他浏览报纸新闻，当他翻到双色球开奖公告栏时，看着开奖号码特别熟悉，马上找出前一天买的彩票，这一对不要紧，500 万大奖梦想成真！（陈青青《幸运彩民机选撞上双色球 500 万》）

(24) 吸完了一袋烟，他顺手在地上碰一碰烟锅，准备收起烟

[①] 吴福祥：《试说"X 不比 Y·Z"的语用功能》，《中国语文》2004 年第 3 期。

袋，谁知这一碰不要紧，居然磕响了埋藏在草丛中的一颗地雷。（向启军《生命之泊》）

在现实生活中，彩民查看开奖号码不中大奖是常态，烟民吸烟后在地上碰烟锅一般也不会引发什么重大事故，这些都是社会成员共知的常识和判断，具有常态性与客观性。"500万大奖梦想成真""居然磕响了埋藏在草丛中的一颗地雷"这两种结果，都是对社会常理和普遍认知经验的背离。可见，这些结果小句"Y"所表达的都属于反客观预期信息。

2. 反主观预期

和反客观预期有所不同，反主观预期无关人们普遍持有的认知经验，不带有社会规约性。"Y"的反预期仅仅是与言者自身或言语事件的参与者的心理期待相悖。如：

（25）于是，我开始了对谣言的研究。没想到，越研究，越变得神定气闲。所谓研究，首先是一种凌空鸟瞰。这一鸟瞰不要紧，目光一下落到了古希腊的柏拉图、亚里士多德和中国先秦诸子那里。（余秋雨《关于谣言》）

（26）当看清楚是一个鼓鼓囊囊的黑色皮包时，他很快下来拣在手上，朝四下里看……随即一拉拉锁，把包打开了。这一打不要紧，惊得他吓了一跳，里头竟装着齐茬茬十捆百元面值的人民币！活了四十多年，张少颜还是头一回看见这么多的钱。他又惊又喜，赶快又把皮包拉上。（刘儒《官场女人》）

例（25）中，在对谣言的研究过程中，言者之所以会把"目光一下落到了古希腊的柏拉图、亚里士多德和中国先秦诸子那里"，是因为这一事态或状况与"我"起初对谣言"凌空鸟瞰"这种无关紧要的心理预期大相背离。例（26）中，打开皮包后发现其中装着"齐茬茬十捆百元面值的人民币"，这一新事态的出现也完全颠覆了张少颜的心理预期，"活了四十多年，张少颜还是头一回看见这么多的钱"，所以他才会受到心理上的冲击而感到"又惊又喜"。

无论是反客观预期还是反主观预期，"Y"的反预期性，也往往能在形式上得到进一步验证，即在"Y"小句前后文中，常会使用特定的反预期标记性词语，如使用"居然""竟"等表意外的评注性副词或"谁知"类话语标记，或用叹词句来显示出"Y"的反预期性。

二 "这一 X 不要紧，Y"的表意机制

语言理解不仅是解码过程，更是一个推理过程。我们认为，"这一 X 不要紧，Y"的表意机制中包含了一个招请推理（invited inference），即从已知的事物现象（结果）去推测产生这一现象的另一事物现象（或原因），是一种基于事理常识和事实的三段推理。所谓"招请"，就是一种"招引"听话人作出的推理（我不用多说啦，就请你自己来推导吧）[①]。从语表看，"这一 X 不要紧，Y"中，言者将"X 不要紧"这一断言故意推到前台，以否定性表述极力淡化"X"自身的要紧程度。但随即又用"Y"的严重性后果邀请听话人来反推"X"的要紧程度。上述分析显示，结果小句"Y"意在凸现"X"所带来的反预期特征，通过"Y"所表现出的结果的超常性或偏离性，巧妙而有效地建立起"X"和"Y"之间的因果联系，招请听者纠正对"X"作用的认识。按照话语表达的常规，如果听到说"X"不要紧，那自然的心理预期就是，即便有某种结果或事态"Y"出现，也可能影响甚小或可忽略不计。"这一 X 不要紧，Y"这种话语方式的奇特处就在于，它有意地利

---

① 沈家煊：《认知与汉语语法研究》，商务印书馆 2006 年版，第 250 页。

用了人们在言语信息接收过程中自发的心理习惯，巧用招请推理的反推机制，故意造成话语表意的"花园小径现象"①，让听者从反预期结果Y来修正其对"X"作用的认识，从而领会言者的真实用意。下面，我们通过还原"这一X不要紧，Y"的识解过程来解析其表意机制，揭示其所包含的认知策略。

以S代表言者，H代表听者，"这一X不要紧，Y"的识解过程可假设为以下六个环节：

A. S声称"这一X不要紧"，同时附加了一个由"X"直接引发的结果"Y"；

B. H通过招请推理，认为之所以发生不同寻常的"Y"，其原因"X"可能很重要；

C. S偏偏说"这一X不要紧，Y"且持合作态度，必定是想表达某种会话含义；

D. S和H的共知事理是，"X"并非微不足道，否则不会出现不同寻常的结果"Y"；

E. S并未阻止H作这样的理解；

F. 因此S声称"这一X不要紧，Y"，其真实意图是表达"X"实际上很要紧。

吕叔湘指出，"语言的表达意义，一部分在于显示，一部分在于暗示"②。说话者之所以要采用"这一X不要紧，Y"的表达方式，实际是故意违背会话原则中"质"的准则来制造一个"话语陷阱"，以否定之名来迂回实施肯定之实。言者意在表明，"我"所声称的"这一X不要紧"并非真意，而是要以反预期信息"Y"向听话人暗中施行一种劝

---

① "花园小径现象"（garden path phenomena）指的是，读到某个句子后面发现理解有偏差，这时就需要二次加工，对输入的语言重新进行处理，采用其他方式才能达到理解的目的。

② 吕叔湘：《语文常谈》，生活·读书·新知三联书店2018年版，第73页。

止性的言语行为"你可千万别以为它不要紧",这一劝止性的言语行为是曲折地从反预期的信息"Y"的倒推实现的,因为从"Y"代表的实际结果看,这个X恰恰是太要紧了!这种话语策略等于把"X"到底是不是"很要紧"的决定权交由听者,让他去作出倾向于言者真实意图的决断。据此,我们可以将"这一X不要紧,Y"的表意机制概括为:利用人们惯常的认知或者言语事件参与者的心理期待,以"Y"的反预期性来招请人们由果溯因,通过修正认知偏颇而反推出"X"非常重要的新结论。"这一X不要紧,Y"蕴含了一个语用否定,言者使用"这一X不要紧"并非构成对"X"真值条件的否定,而是指出在特定语境中持有或作出"这一X不要紧"这种看法的不适宜性,包括言者自己曾认为X不要紧或预测到听者可能认为X并不要紧。"这一X不要紧,Y"完全可以换成"你可别说这一X不要紧,事实是Y"。可见,否定只是一种语言的外在包装和手段,其真正意图恰恰是凸显"X"之于"Y"的重要性。问题是,言者采用"这一X不要紧,Y"有何特殊用意呢?我们认为,这与该表达式独特的语用功能有关。

第三节 "这一X不要紧,Y"的语用功能

任何特定的表达式都有其独特的表达效果。通过以上对"这一X不要紧,Y"话语方式表意机制的分析,我们已经对其表面否定而实质肯定的表意方式有了初步的了解。那么,言者为何不直接作出"这一X很要紧"的断言,明示"X"与"Y"之间的因果关联,而是故设曲折来招请听话者推导话语的意思呢?要进一步明了"这一X不要紧,Y"的语用效果,必须通过比较的方式才能得出。一句话百样说,但不同的话语组织方式其表达效果一定存在着某种区别。"这一X不要紧,Y"所表达的意思,也可以不绕弯子直接用解说复句"这一X很要紧,Y"

来表达。所以，接下来我们从两种表达方式的对比中来探讨"这一 X 不要紧，Y"的语用功能。

一 否定认知常规，凸显事态之因

如前所述，"这一 X 不要紧，Y"先否定"X"的"要紧"，后用"Y"小句来表明"X"的严重程度，招请听者关注被忽略的因果关联，从而调整常规认知。言者之所以不直接表述"这一 X 很要紧，Y"，而是偏偏正话反说，其话语动机就是要强化因果之间的逻辑关系，以果显因，以某种严重结果来突出某个被听者忽略的原因。事态与结果越是显著，越能反映原因的直接性与显著度。众所周知，因果关系存在一果多因与一因多果等情况，一个微小的动作或事件，其结果常常不被人关注，又因为结果微小，这个微小的动作或事件也可能被忽略。以抽烟后在地上"碰烟锅"的动作为例，这对于抽烟的人来说太正常了，其结果只是弄脏地面而已，一般不会被人所特别关注，但例（24）所示的结果是磕响了一颗地雷，这种严重的后果促使人们对"碰烟锅"这一看起来微不足道的动作作出重新认识。人们对于整体之间的因果关系的忽略或是出于客观经验，或是出于主观认识。考察我们发现，这种反常规的话语方式把两个事体间的因果关系以转折关系显现出来，就是为了凸显原因的显著度，以调整人们的认知，让人们通过重大的结果来建立起事体间被忽视的因果关联，展示事体联系的多样性。虽然采用解说复句"这一 X 很重要，Y"也具有揭示"X"与"Y"之间因果关联的作用，但对原因"X"的凸显效果要远远逊色于"这一 X 不要紧，Y"，原因很明显，那就是解说关系的"这一 X 很要紧，Y"只是一般性的表达，并无强调原因或结果的特殊性手段。而转折关系的"这一 X 不要紧，Y"先否定淡化某种动作，再通过转折关系把这个动作的结果特意展示出来，调动听者去反推其原因，从而凸显"X"与"Y"之间的因果关系。

二 故设理解陷阱，巧示会话含义

与解说关系的"这一X很要紧，Y"相比，"这一X不要紧，Y"最明显的特点是表达方式上明言否定实则肯定的故设玄机，借违反会话的合作原则巧示会话含义。我们知道，解说关系的"这一X很要紧，Y"在话语表达上直来直去，并无特殊的会话含义。"这一X不要紧，Y"故意违反了会话合作原则中的方式准则和质的准则：一是要强调"X"的要紧却先来个否定，在表达方式上有意拐弯抹角，违反了方式准则；二是明知"X"要紧而说反话，用不真实的话故设圈套，这又是对质的准则的违反。根据语用学"异必有故"的意义推导原则，言者故意违反会话的合作原则，一定是要表达某种特殊的意义。这种特殊意义就是会话含义，它是通过超过字面意义的意义来表达的。"这一X不要紧，Y"通过故意违反会话的合作原则，巧用招请推理的反推机制，不仅强调了"X"对于"Y"出现或形成过程中所起的关键作用，而且还表达了一种提醒和劝阻的言外之意（即会话含义）："你可别以为X不要紧"或"你认为X不要紧是不适宜的"。由此可见，言者还通过这种会话含义，巧妙暗施了一种提醒和劝阻的言语行为。

三 采取策略否定，产生委婉效果

探究形式和意义之间的复杂关系是语言学研究的永恒话题。Leech（1983）有言："言者，即交际者，不得不解决这样一个问题：假如我想在听话人的意识中产生这样那样的影响，那么，使用语言达到这个目的最好的方式是什么？"[①] 达到特定表达效果的手段多种多样，采用语

[①] Leech, *Principles of Pragmatics*, London: Longman, 1983, p.36.

用否定无疑是较常见的言语策略之一。言者想要表明"X"的重要性，但他不采用肯定性命题"这一 X 很要紧"，而是直接来提出否定命题"这一 X 不要紧"。言者故意正话反说，是有其语用考量的，它使得话语的表达增加了委婉性与可接受度。

策略式语用否定"这一 X 不要紧"并非否定"X"的重要性，而是否定说出"这一 X 不要紧"这一命题的适宜条件。解说复句"这一 X 很要紧，Y"，无须话语预设，"这一 X 不要紧，Y"则不然，它必须有话语预设才能使用，即言者认为听者可能持有或实际表达出了"这一 X 不要紧"的看法，那么话语预设"这一 X 不要紧"就构成了使用的前提条件。言者借助否定这个话语预设来强化自己对"X"重要性的认识，避免了直接表明"这一 X 很要紧"的强硬化表达，并通过否定说出"这一 X 不要紧"的适宜条件，暗示了一种提醒与劝导的言语行为，通过展示结果 Y 的严重性来招请听者得出"这一 X 很要紧"的结论。这种语用否定的使用，使话语表达的语气曲折委婉，从而提高了其所传内容的接受度。

结　语

从信息编码看，"这一 X 不要紧，Y"前后小句逻辑语义矛盾，属于一种特殊的假性否定转折句；从表意机制看，就常规认知心理而言，面对反预期信息，听话人通常就会自发地探寻反预期信息背后的原因和诱发因素。"这一 X 不要紧，Y"正是采用语用否定这一特殊手段来设置"语言陷阱"，利用人们惯常的认知或者言语事件参与者的心理期待，以 Y 的反预期来招请听话者由果溯因，通过修正认知偏颇进而反推出 X 非常重要的真正话语含义。从表达功能上看，"这一 X 不要紧，Y"具有凸显事态之因、巧示会话含义以及使表达委婉的语用效果。古希腊哲学家亚里士多德《修辞学》中曾说过:"给平常的语言赋予一种不平常的气氛,这是很好的;人们喜欢被不平常的东西所打动。"[①] 和直陈式"这一 X 很要紧,Y"相比,"X"非常重要这一含义的推导无疑需要听话人付出更多的识解心力,这也许是其成为汉语中高频出现的独特格式的深层原因。

---

① 伍蠡甫主编:《西方文论选》,上海译文出版社 1979 年版,第 90 页。

第四章

称谓纠偏构式"别 NN 的"考察

现代汉语中的副词"别"常用来表示劝阻或禁止[①]，其用法可概括为三种：一是用在动词或形容词的前边，如"别哭""别嚷""别难过""别麻痹大意"等；一是用于作谓语的小句前，常带有熟语性，如"别一个人说了算"，"别整天张家长李家短的"；还有一种是单用，用于借着对方的话说，如"我先走啦！——别，别，咱们一块走吧。"有学者进一步指出"别"后的动词或形容词多为中性（动词居多）或贬义（形容词居多）[②]。"别"字句不同的语法意义跟进入"别"字框架的动词以及形容词的语义特征［＋可控］和［－可控］密切相关[③]。除单用形式之外，学界将更多的注意力集中于"别"在谓词性成分之前的用法。实际上，口语中还有另外一种高频使用的特殊否定祈使表达，如"别主任主任的、别老总老总的"等。这类祈使表达的特殊之处有二：从结构上看，副词"别"并非单独出现或者后接谓词性成分，而是后接表示称谓的名词或代词的重叠形式；从功能上看，它不像普通祈使句

[①] 吕叔湘主编：《现代汉语八百词》，商务印书馆 1999 年版，第 83 页。
[②] 侯学超编：《现代汉语虚词词典》，北京大学出版社 1998 年版，第 38 页。
[③] 邵敬敏、罗晓英：《"别"字句语法意义及其对否定项的选择》，《世界汉语教学》2004 年第 4 期。

那样对别人的某种行为进行客观而直接的制止,而是受话人针对发话人话语中表示称谓的名词或代词作出否定。为论述方便,下文我们将其码化为"别 NN 的"①。如:

(1)"干,哥们儿豁出了,能找着诸位这么对脾气的人不易。咱不能这么窝窝囊囊地着了,让他们尝尝咱们的厉害,生产打仗都是模范。"……"别咱们咱们的。"李江云笑,"听着就像咱们是同谋似的。"(王朔《玩儿的就是心跳》)

(2)"谢谢你大哥!""好了,别大哥大哥的叫,我叫李平,今年二十三岁,是个退伍兵。大家都叫我小平,你就叫我李哥或者小平哥都行。"看门保安主动介绍了一下自己。(沉默《保安大哥》)

关于"别 NN 的",学界已有关注,有学者认为"别 NN 的"的性质是"别+引语"元语言否定②,也有人持"省略说",主张该句式是用来表达说话人对听话人使用人称代词不当的不满,可以看作"别+说+人称代词重叠式"的省略③。但限于篇幅,均未展开详细论述。吕叔湘(1979)指出:"怎样用有限的格式去说明繁简多方、变化无尽的语句,这应该是语法分析的最终目的,也应该是对于学习的人更为有用的工作。"④ 可能因为习焉不察,长期以来"别 NN 的"并未受到足够的重视,相关研究还比较少。我们拟从以下三方面进行探讨:一是探讨"别 NN 的"构式鉴定和"N"的准入条件;二是归纳"别 NN 的"的否定类型和构式成因;三是"别 NN 的"的语用特征。

---

① 语料检索中,我们发现"别鼠标键盘的""别微信 QQ 的"等形式的"别 N1N2 的"构式。这类非重叠形式的"别 N1N2 的"不在本章讨论范围之中。
② 陈一、李广瑜:《"别+引语"元语否定句探析》,《世界汉语教学》2014 年第 4 期。
③ 白雁:《现代汉语代词重叠现象之考察》,硕士学位论文,华中师范大学,2008 年。
④ 吕叔湘:《汉语语法分析问题》,商务印书馆 1979 年版,第 61 页。

本书语料主要来自北京大学 CCL 语料库、北京语言大学 BCC 语料库以及人民网和百度等。为节省篇幅，个别语例不再注明出处。

第一节 "别 NN 的"构式鉴定和"N"的准入条件

一 "别 NN 的"构式鉴定

结合上下文语境来看，"别 NN 的"的整体意义可以提炼为："受话人对发话人话语中 N 存在异议并施加否定。"显然这一意义并不是构成成分的简单相加。就"别 NN 的"而言，这种不可预测性主要体现在三个方面：一是其构成成分之间的语法关系不可以用常规的语法规则来解释，原因在于否定副词"别"后一般为谓词性成分；二是其整体意义并非构成成分的简单相加；三是该构式具有特殊的语用价值。基于此，我们有理由作出判断，"别 NN 的"是一个典型的构式。

结合具体用法，该构式具有以下特征。

从构成方式看，"别 NN 的"整体结构已经呈现出明显的习语化倾向，不能随意变化为"别 NN"或"别 N 的"等形式。如：

（3）＊你们可别主任主任，我姓刘，大家就叫我小刘吧。
＊你们可别主任的，我姓刘，大家就叫我小刘吧。

之所以说其有习语化倾向，原因在于"别 NN 的"整体结构是相对稳固的。有时两个 N 之间会插入"啊""呀"等语气词，起到舒缓音节的作用。如：

（4）"算你狠，你到底想怎样？"柳杨没想到自己威胁利用别人惯了，今日却栽在这令人作呕的女人手中，难道这就是报应？

"别你啊你的，太没教养了，我乃夜冥神庙的神女，至少你也该尊称我一声'兰姑'。"兰姑满意地坐在一张大椅子上。（小芽《荒唐小丫丫》）

（5）他想起了罗渠大队的谷场上丢了一包稻子的事。"你呀……""别你呀你的！""黄毛鬼"却陡然发开了火。（张贤亮《河的子孙》）

语料检索发现，有时候"别"和"NN的"之间也会出现"老是""一直"等时间副词。如：

（6）话说了一半，被季惠霞扯了扯胳膊，隐忍了回去，心疼地看着季慧霞说："别老是'人家人家'的，你注意你自己的身体，会议上就你累……"（乔雪竹《城与夜》）

（7）"是，属下遵命。"他改不了习惯的抱拳道，不敢再多说。"唉！别老是属下属下的，你去找船的时候，我到附近去走走。"他连一点自由都没有，真是既可怜又可悲。（梅贝尔《一缕相思绕君心》）

（8）"你们……""别一直你们你们的，你不是要带我们去白宫郊游，那就走罗！"（左晴雯《烈火青春》）

从句法分布看，"别NN的"可以为独立小句，有时候也可以出现在状位上，其中"NN的"具有描述功能。如：

（9）院长说："这药主要治什么病啊，老板？"周鹰说："别老板老板的叫了，叫帅帅好了。我的小名叫帅帅。"（都市小说《打算开药厂》）

从所用语境看,该构式总是出现在面对面的会话语境中,使用过程中具有不自足性,对发话人的话语有依赖性,"别NN的"中的N在发话人话语中一定要出现。如:

(10)马威又回到古玩铺去找李子荣。"李先生,对不起!你饿坏了吧?上那儿去吃饭?"马威问。"叫我老李,别先生先生的!"李子荣笑着说。(老舍《二马》)

(11)"谢谢大婶。""哎呀,别大婶大婶的叫,多拗口,叫刘妈就好了。"(柳盈《狼的花嫁》)

二 N的准入条件

构式可以划分为实体构式与图式构式两大类,前者主要指语素、词、复合词以及全固定的习语,结构上具有封闭性特征;后者则包括半固定习语或句型,结构上具有开放性特征[①]。依据这种分类,"别NN的"属于图式构式,"别"和"的"为常项,二者共同构成一个框架,变项"N"重叠后填入框架的空槽中。语言事实表明,图式构式并非拥有无限多的实例,"别NN的"也不例外,不是所有的N都可以进入框架的空槽中。语料观察发现,"别NN的"中的"N"主要由以下四类表示称谓的词语充当。

1. 职衔称谓类。如:

(12)苏易文说着还推了推陶乐,她马上反应过来,叫了声科长。"别科长科长的,叫声姐就行。"于科长似乎对陶乐印象不错。(苏释《你好,检察官》)

---

① 严辰松:《从"年方八十"说起再谈构式》,《解放军外国语学院学报》2008年第6期。

第四章 称谓纠偏构式"别 NN 的"考察　　　　171

（13）潘："喂，张教授。"

张："潘院长，别教授教授的了，你还是叫我小张吧。"

（百度贴吧）

2. 人称代词类。如：

（14）"不好意思？敢情国民党脸皮儿也薄！我给你上一课吧，说实在的，你们当年但凡有点人样儿……""别你们你们的，国民党就是国民党，我也不是国民党。"（王朔《一点正经没有》）

3. 亲属或泛亲属称谓类。如：

（15）"嗯！对了，我叫萧倾心。大婶您叫什么？""我叫邓琳，你别大婶大婶的，叫我邓阿姨就行了。你多大年纪了啊？"（艾兰《粉色卡片》）

（16）"软禁你？呵呵，给你两个选择：一是去监狱，二是去山庄，你现在可以选择，我不为难你。但也由不得你了，必须等到大哥回来。""你别大哥大哥的，你的大哥到底是谁？"班宁继续问道。（网络小说《都市猎狼》）

4. 人名类。如：

（17）洪连举的回答大同小异：报纸电视台上看消息去。喂！别心凤心凤的，她是乔山县的副县长。（《人民文学》1998年第9期）

第二节 "别 NN 的"否定类型和构式成因

一 知域否定和言域否定："别 NN 的"否定类型

语言世界不是直接对应于物理世界，而是有一个心理世界作为中介。有学者认为，语言世界内部存在相应的三个世界——行域、知域、言域[①]。按照这种观点，副词"别"后带各种谓词性成分的否定祈使句是针对对方的某种行为作出劝阻或禁止，如"别吃了""别拿豆包不当干粮""别睡过头了"等，分别是针对"吃""拿豆包不当干粮""睡过头了"等行为作出的否定，否定意义是"不应该做什么"，因而属于行域否定。和"别"后带各种谓词性成分的否定祈使句相比，"别"后带名词性的称谓类词语的"别 NN 的"否定类型则有所不同。通过语料考察发现，"别 NN 的"否定类型主要有两类。

一类是对发话者言语表达中称谓词 N 的真实性进行否定，属于知域否定，主要用来表示提醒。如：

（18）肖亚文把数码摄像机和挎包放到沙发一侧，坐下说："丁总，一晃都 3 年了。"丁元英笑道："别丁总丁总的，我早就不总了。"（豆豆《遥远的救世主》）

（19）叶松冷笑道："陈一平？他跟薛非那么好，怎么会帮我们？"廖小琼"啪"地扔下毛衣，起身走到镜子边梳头："搞清楚啊，别我们我们的，你跟你们大小姐的事跟我有什么关系？"（电影《冬至》）

[①] 沈家煊：《三个世界》，《外语教学与研究》2008 年第 6 期。

第四章 称谓纠偏构式"别 NN 的"考察

知域指主观的直觉和认识，和发话人的知识状态有关。既然是知识状态，就会有正误之别。当受话人意识到发话人话语中表示身份、职务、辈分等称谓词 N 和客观现实有偏差时，就会通过"别 NN 的"来作出及时的纠正。例（18）丁元英之所以说"别丁总丁总的"是因为"我早就不总了"，肖亚文再叫"丁总"显然违背了客观事实。例（19）发话人话语中的"我们"包括发话人和受话人双方，明显属于包括式用法，其话语中存在着一种预设——你廖小琼和我们是一伙人。在语言活动中，预设是说话人预先假定听话人已知的某些信息，或者听话人可以从受话人话语中推导出来的背景信息，因此，预设往往具有隐蔽性特征。廖小琼捕捉到叶松冷话语中人称代词"我们"的"弦外之音"，并且认为这一预设信息是荒谬的，意识到对方"我们"这一称谓方式是把自己也包含在内的，所以极力强调大小姐的事跟自己没有关系，用"别我们我们的"纠正发话人的称谓偏差，以达到撇清关系的目的。

另一类是对发话者言语表达中称谓词 N 的适切性进行否定，属于言域否定，主要用来表示劝阻，否定意义是发话人话语中的"N"虽然是对的，但从语用表达角度看并不合适。如：

（20）几句寒暄，芮小丹接过箱子，等沈楠换上拖鞋后请客人到客厅入座，然后从冰箱里拿出一瓶饮料放到沈楠面前，客气地说："您请。"沈楠大大方方打开饮料喝了一口，笑笑说："你别您您的称呼，太客气了，你叫我小楠就行……"（电视剧《天道》）

（21）小徐就苦笑了一下，说："我，我哪敢呀，我是来汇报的。姐，这事……"徐淑敏绷着脸说"你别姐姐的，您是大局长，是书记县长的红人，早把我们忘啦，年初你们公安局调整时，我家小四咋就不行呢！"一提这事，小徐更尴尬了。（何申《穷县》）

从现实情况看，实际上发话人话语中的称谓词 N 并没有错，受话人只是出于交际中的礼貌原则或者双方人际关系等角度考虑，觉得这样叫有点受不起、太生分或者不太合适，所以劝阻对方不要这样称谓，因而是对发话人的言语表述方式本身进行语用否定。沈家煊（1993）指出："'语用否定'不是否定句子的真值条件，而是否定句子表达命题方式的适合性，即否定语句的适宜条件。"例（20）中，芮小丹用"您"这一称谓，沈楠觉得有些太客气，所以用"别您您的"来纠正芮小丹的说法，并提出"你叫我小楠就行"。例（21）中，小徐出于礼貌考虑，称徐淑敏为"姐"，但是在徐淑敏看来，这一称谓并不合适。因为在徐淑敏看来，小徐"是大局长，是书记县长的红人"，称自己"姐"有些降低身份。从语言交际角度看，无论是芮小丹用"您"这一称谓，还是小徐称徐淑敏为"姐"，其实都没有错，只是受话人觉得语用的适切性出现了偏差，认为发话人所使用的称谓有不妥之处，通过"别 NN 的"对发话人的言语表达方式进行语用否定。不管是对称谓词 N 的真实性还是适切性作出否定，都反映出受话人主观上认为发话人话语中的称谓词 N 出现了一定的偏差，无论表示提醒还是劝阻，"别 NN 的"都带有称谓纠偏的功能，因此我们称之为称谓纠偏构式。

二 "别 NN 的"构式成因

副词"别"后最常见的是接谓词性成分，"别 NN 的"并非典型的"别"类否定祈使句。关于该构式的形成机制，我们认为至少有以下三方面的原因。

一是称谓词 N 的前景化处理。根据认知语言学的图形—背景理论，人在感知事物时，被感知的对象始终被区分成图形和背景两部分，前者易于感知和识别，后者只是起到衬托和凸显图形的作用，而且人对图形/

第四章 称谓纠偏构式"别NN的"考察

背景的感知是一个动态的过程，图形和背景的确立并非固定不变。无论处于呼位还是非呼位①，称谓词N并非发话人话语中最重要的核心内容，均可视为话语中的背景信息。人类的言语交际不仅仅要求我们能够利用语言系统来理解和生成句子，还需要我们将语言本身作为思维对象，审视、操控语言的结构特征，并不断对自己的言语行为进行积极而自觉的监察、调整和操控。当受话人对于对方话语的适宜性存在异议时，就会出现以对方话语中的称谓词N为否定对象的元语言否定。元语言否定必须要以图形/背景的扭转为前提，其原因就在于它并非对语言所描述的事实本身进行否定，而是对别人话语适宜性的否定。因此，当受话人对先行句中称谓词N的适宜性表示怀疑或反感的时候，他就会重新确立图形/背景关系，选择引述的方式把原先处于背景部分的称谓词N提取出来，专门置于图形的位置上，使其前景化为元语言否定的直接对象。

二是称谓词N的拟声化重叠式运用。拟声化重叠并不直接表达该词原义所指的反复，而是转化为拟声词，表达的是声音或能指的反复，这是以往重叠研究尚欠关注的领域，其象似性的特殊表现值得重视②。例如"你看这孩子阿姨阿姨的，叫得多可爱啊"，汉语中这类拟声化重叠的例子不胜枚举。我们认为，"别NN的"正是来源于发话人称谓词N的拟声化重叠，其实质就是在提取对方话语中的称谓词N并使之成为前景化信息的基础上，受话人进一步通过拟声化重叠这种形式化操作手段，达到凸显N的形式（能指）进而达到抑制其语义（所指）的一种语义效应，然后在拟声化重叠形式NN之前加否定副词

---

① 黎锦熙依据名词和代词在句中的位置，将其分为主位、宾位、补位等七种，其中呼位具有一定的独立性，如"桂官，我且问你。"这句话中，"桂官"就处于呼位。参见黎锦熙《新著国语文法》，湖南教育出版社2007年版，第38页。

② 刘丹青：《实词的拟声化重叠及其相关构式》，《中国语文》2009年第1期。

"别",来纠正称谓词 N 的使用偏差,提醒或劝阻对方调整言语行为的语用目的。

"别 NN 的"中的称谓词"N"是从发话人的话语中引述而来,因此整个构式并不是否定称谓词 N 之外的其他内容,而是否定 N 自身真实性或适切性,因而属于元语言否定。值得注意的是,使用"别 NN 的"这一元语言否定祈使句的受话人主观上认为不适宜,未必是社会价值标准之下的不适宜。受话人在使用"别 NN 的"的过程中,是在通过提醒或劝阻来实施以言行事的语力。上文提到,N 主要包括职衔称谓类、人称代词、社交称谓以及人名类词语四种类型。仔细观察,这种以言行事会根据 N 的不同类型而有所不同。

一类是当 N 为职衔称谓类词语时,受话人对自己和对方之间的人际关系认知进行调整。当发话人话语中出现表示职衔称谓类的 N 时,表明发话人主观上意识到在权势关系上与受话人相差悬殊,因此在表示敬意的同时,也有意和受话人保持一定的人际距离。这时候,受话人就通过"别 NN 的"对发话人主观认定的权势关系作出调整。如:

(22)"经理,你找我。""快坐,快坐,以后呢,咱们就以兄弟相称了,千万别经理经理的叫了,要不我都不习惯了。"(都市小说《狼来自北方》)

例(22)中,"以后呢,咱们就以兄弟相称了"就是对"经理"这一人际关系作出的调整。

另一类是当 N 为人称代词、社交称谓以及人名类词语时,受话人对人际距离作出调整,改变 N 所蕴含的人际亲疏关系。如:

(23)李孝擦擦汗,受宠若惊道:"是的是的,当时我去办公厅跟领导汇报工作，有幸见过您一次。"方水玲招呼道："别您您的，怎么这么客气？快坐啊，对了你怎么这么快就来了？我还以为得等你下班呢，还让他们慢点上菜。"（尝谕《权财》）

例（23）中，方水玲对李孝话语中的"您"表示异议，并通过"怎么这么客气？"来表明自己不认同"您"的主观态度。

在现实对话情境下，"别 NN 的"对词语 N 的真实性或适切性表示否定，属于以言行事的言语否定，通过对发话人话语中的称谓词 N 进行语用修正，表现为辩解式的否定。总体上看，"别 NN 的"之后的辩解小句是说话者的表意中心。有的辩解是直接式的，受话人的态度非常鲜明。如：

（24）"大哥，这个世界上只有你才能帮我，就帮帮小弟吧，你不帮小弟，小弟就不走。"威立泣声而求，也不知道是不是装的。"别大哥大哥的，谁是你大哥，再不走别怪老子不客气了。"勿龙有些不耐烦了，他从来没见过这么死皮赖脸的男人。（百度）

有的则是借音发挥，利用谐音手段作出的辩解与称谓词 N 的字面义并没有关系，属于调侃性曲解，是一种带有幽默色彩的辩解式否定。如：

（25）秘书介绍："这是设计总监潘总。"胖子对我笑笑说："叫我大潘就行了，别总总的。我已经够肿的了。"（百度）

称谓词 N 的拟声化重叠，对于"别 NN 的"而言，就是在从对方话语中提取 N 的基础上，运用重叠手段再现模拟的一种形态操作手段。

我们认为这种手段至少有两方面的作用：一方面，通过主观增量来表明受话人对发话人话语中称谓词 N 的不认同。词语重叠是一种表达量变化的语法手段，调量是词语重叠的最基本的语法意义①。在"别 NN 的"先行句中，称谓词 N 客观上一般只出现一次，但从"别 NN 的"使用者的视角出发，这种称呼并不是恰当的，正是通过 N 的重叠来获得主观增量的效果进而起到强调作用。另一方面，称谓词 N 重叠后增加了语符长度，从而加大了表达形式所负载的信息量，提高了 N 前景化之后的显著度，更容易引起对方的注意。这一点和日常生活中敲门这一现象有点类似。打个比方，日常生活中很少有人在敲门时只敲一下。之所以重复敲这一动作，其目的就在于引起屋里主人的充分关注。"别 NN 的"使用者正是借助重叠这一语法手段引起对方足够的注意，表达对称谓词 N 的真实性或适切性有自己的不同看法，从而达到受话人阻断对方继续使用 N 的语用目的。当受话人不耐烦的主观情感比较强烈时，称谓词 N 的重叠不仅仅限于两次。如：

（26）"毕竟裴家不差钱是吧？"伊珥将潘美丽没说出口的话给说了出来，然后没好气地白了一眼潘美丽："别老是钱钱钱的，你忘了你自己说过，关于钱的话，那都是俗气的！"（减加加《爱住不放》）

（27）"你……你……"孙拂儿气得说不出话了。"别你你你的，快去拿珠子，我带你去溪边抓鱼。"（唐瑄《小姐难为》）

三是语音手段的使用。在语音层面，重音是一种表达受话人有意强调的话语信息的常见手段。在口语交际中，"别 NN 的"中的称谓词 N 必须重读。N 的重读是为了强化 N 作为图形信息的显著度，用以纠正

---

① 李宇明：《论词语重叠的意义》，《世界汉语教学》1996 年第 1 期。

发话人使用 N 所出现的违背事实或语用适切性的偏差。

因此,"别 NN 的"的形成机制与前景化、重叠和重音有密切关系,三种手段殊途同归,都是为了将说话者的主观情感移植入该构式中,凸显 N 的形式(能指)进而弱化其语义(所指),从而更加有效地提醒、劝阻对方调整言语行为,引起对方的高度重视,最终实现对发话人称谓词 N 使用的纠偏目的。

第三节 "别 NN 的"语用特征

语言形式的存在根据就在于它在自己所处的系统中有着独特的价值,否则就会成为多余的东西而被淘汰。构式语法理论强调说话者对情境的"识解",也就是关注特定构式与特定语境的适切度,解释人们在什么样的语境条件下会说这样的话[①]。"别 NN 的"具有独特的语用价值,体现出受话人在特定语境下对特定构式的选择,以达到构式与语境相适切的表达效果。其语用特点可以概括为以下几方面。

一是语气的强烈性。试比较:

(28)"你好徐主任!"
　　徐嘉丽:别叫我主任,大家都是同事。(电影剧本《春晓》)
(29)"你好徐主任!"
　　徐嘉丽:别主任主任的,大家都是同事。

把"别叫我主任"改为"别主任主任的"之后,受话人徐嘉丽辩

[①] 吴为善:《"V 起来"构式的多义性及其话语功能——兼论英语中动句的构式特征》,《汉语学习》2012 年第 4 期。

驳和修正的语气明显增强。相比之下，"别叫我主任"只是一般性的建议，语气强度明显减弱。

二是言者的主观性。"主观性"是指在话语中多多少少总是含有"自我"的表现成分，说话人在说出一段话的同时表明自己对这段话的立场、态度和感情，从而在话语中留下自我的印记。① "别NN的"往往反映受话人不耐烦或者对发话人的主观异议，表现出比较强烈的主观性。如：

（30）"依你说，我只能永远挨女人不歇气儿地暴骂而得不到机会和她们交流了？""别她们她们的，她，就一个，一个随便你怎么交流。"（王朔《顽主》）

例（30）中，针对对方话语中的"她们"一词，说话人及时作出反应予以纠正，并表现出强烈的感情色彩。

有时候，"别NN的"之前添加评注性副词②"千万"来凸显受话人的情感与态度。如：

（31）就在焦姬绝望地转身离去时，林森开口了："等一下，请问小姐以前都做过什么，为啥辞职，怎么想起到我们这里来？"焦姬……款款说道："先生，我是医生，虽然只是一名助理医生，但不是小姐。我名子是焦姬，如果你不愿意喊名字，可以喊焦医助，要是非想喊一声焦小姐我也无所谓，但千万别小姐小姐的喊，这名字我担当不起。"（金矢《博弈》）

---

① Lyons, *Semantics*, Cambridge: Cambridge University Press, 1977, p. 739.
② 评注性副词主要用来表示说话者对事件、命题的主观态度和评价。参看张谊生《现代汉语副词探索》，学林出版社2004年版，第18页。

（32）芮小丹拿起电话说："郑先生您好，我是丁元英的朋友芮小丹，我来柏林办事，元英给您带了一套音响，我已经送来了，您看卸在饭店可以吗？"郑建时在电话里热情地说："是芮小丹？知道，知道，听楚风说过几次。小丹哪，你可千万别您您的，我比元英大两岁，你叫我郑大哥就成。"（豆豆《遥远的救世主》）

至于"别"和"NN的"之间经常会插入"老是""老""一直"等时间副词，我们认为这也是强化受话人主观性的一种手段。时间副词"老是""老"表现的是某种情状反复出现，"一直"则表现的是情状在一定长度的时间内延续发生。无论是表重复出现还是延续发生，这类时间副词都会携带受话人的某种主观情态。针对发话人话语中的称谓词N，"别NN的"自身具有表达受话人不满、厌烦或辩驳的主观性。客观上不见得N是对方话语中反复出现或延续使用的，但受话人通过"老是""老""一直"等时间副词进一步强化了受话人针对对方话语中"N"施加否定的主观情态。

三是形式的简短性。句法成分的长度对句法结构的合格性往往有着直接的影响。N作为称呼语，或为单音节，或为双音节，本来就短小，即使受话人引述后重叠也不会太长。"别NN的"符合语言表达的经济原则。语料考察发现，"别NN的"中称谓词N的长度鲜见三音节或三音节以上的情况。关于这一点，我们猜测，"别NN的"形式上的简短性与构式口语性强的特点有密切的关系。

四是语境的交互性。"别NN的"不能单独出现，总是用于面对面的对话场合中，属于广义的回声应答句。回声用法指一个陈述性话语述及他人的话语或想法，并表达对其话语或想法的态度。称谓词N总是出现在发话人的先行句中，因而构式具有回声用法特征，受话人针对发话人话语中 N 的真实性或适切性作出否定，体现出语境的交互性特征。

结　语

"别 NN 的"是口语中用于会话相邻对中的应答语，具有回声模拟特征。它通过提取受话人认为发话人话语中违背事实或语用适切性的称谓词语 N，然后加以否定，并借助重叠这一句法手段再度言说以达到凸显的效果，目的是阻断对方对 N 的继续使用，并表达出受话者腻烦、不满等情绪类型的话语主观性。从话语交际的合作原则来看，"别 NN 的"显然违背了相关原则，受话人的不合作态度使得对方意识到这种不适宜，从而实现称谓纠偏的功能。同处于否定语义场，不同的否定词语用法上会存在一定区别。"别"和"不要"的意思接近，都表示制止、劝阻，但有所不同，"别"比"不要"更具口语化色彩。[①] 语料检索发现，"不要 NN 的"较为少见，检索北京大学 CCL 语料库仅发现一例：

（33）陈寺福直冲宋秘书的办公室，任接待员怎么拦都拦不住。办公室里，宋思明在伏案工作，看他进来，只抬了一下头，就当没看见似的。呃，宋大哥，我这都找你好多天了。也不知道您怎么没消息了？不要大哥大哥的，听着像黑社会。你叫我宋秘书就行了。关系突然就被拉开。前几次陈寺福叫他大哥，他都默认的。（豆豆《遥远的救世主》）

---

① 刘月华、潘文娱、故铧：《实用现代汉语语法》，商务印书馆 2001 年版，第 829 页。

从上面列举的材料和分析可知,"别 NN 的"的使用在口语语料中具有比较明显的特点:第一,从来不单独出现,总是和其他语句共同构成一个话轮;第二,从发话人和受话人的权势关系看,多用于地位平等者之间或与地位较高的人之间;第三,在语用功能方面,以表示提醒和劝阻为主,往往带有受话人厌烦、不满等主观情绪。

第五章

释因构式"VOV 的"研究

汉语口语中有一种句法构式"VOV 的",其中 V 主要为单音节动作动词,个别为心理动词。如:

(1) 他最近视力下降得很厉害,准是看电视看的。①
(2) 老张最近瘦了一大圈,想儿子想的。
(3) 她头发乱蓬蓬的,都是睡觉睡的。
(4) 他的嗓子特别难受,吃饭噎的。
(5) 李先生的胳膊有些疼是打篮球摔的。

"VOV 的"在口语中高频出现,但学界的关注并不是很多。赵金铭(1999)主张"抽烟抽 de"为"抽烟抽得的"之省。魏扬秀(2001)认为"VOV 的"常出现在因果关系语境的原因分句中。陆俭明(2005)从对外汉语教学与汉语本体研究的密切关系角度出发,强调要加强对某些特殊格式进行研究,其中就提到"VOV 的",不过限于篇幅未展开讨论。这些成果富有启发性。我们感兴趣的是:"VOV 的"作为现代

---

① 本章语料主要来自《人民日报》(电子版)、人民网和北京大学 CCL 语料库,另有部分来自网络论坛、博客以及作者自造的例句,为节省篇幅,不再一一注明出处。

汉语口语中常用的一种构式，其构式义是什么？其整体特征有哪些？该构式的主观性来源是什么？有何语用价值？本章将围绕上述问题展开讨论。

第一节 "VOV 的"构式鉴定和整体特征

一 "VOV 的"构式鉴定

从词性上看，"VOV 的"中的 V 为动词，而且只能是单音节形式。前后两个 V 可以相同，如例（1）、例（2）和例（3）；也可以不同，如例（4）和例（5）。

作为一种以"构式"为研究对象的语法理论，构式语法体现了自上而下的研究范式。随着对理论认识的不断深入以及对汉语语言事实研究的结合，构式具有独立于构成成分之外的整体意义已经成为学界的共识。根据 Goldberg（1995）提出的关于构式的定义："C 是一个构式，当且仅当 C 是一个形式—意义的配对 <F_i, S_i>，且 C 的形式（F_i）或意义（S_i）的某些方面不能从 C 的构成成分或其他先前已有的构式中得到完全预测",[1] 我们有理由认为"VOV 的"是一个构式。在构式中，V 和 O 是变项。单音节动词 V 有致使义，其语义特征为［＋生命］［＋动作］［＋结果］［＋致使］。如：

（6）我们的手和老槐树皮差不多，上面还有血口儿。这是捉鱼捉的。

---

[1] Goldberg, *Construction: A Construction Grammar Approach to Argument Structure*, Chicago: Chicago University Press, 1995, p. 4.

如果 V 为非致使义动词，则不能进入"VOV 的"语法槽之中。如：

(7) *叫爸爸叫的
(8) *买菜买的。

吕叔湘（1982）指出，作为一个总括的名称，"原因"细分起来至少有三种：事实的原因、行事的理由以及推论的理由。在"VOV 的"中，VO 是表示已然或经常发生的动作，不具有未然性，因此属于事实的原因。如：

(9) 第二天耀鑫就病在床上了。他说是昨晚着凉了。阿苗硬说是喝酒喝的。（新浪博客）

(10) 刘墉有很大的驼背，是念书念的，不是真的罗锅儿，要是真的罗锅儿也入不了阁，也叫他刘罗锅儿。（相声《君臣斗》）

(11) 毛泽东难于反驳，勉强接受了检查。经过检查，他的眼、耳、鼻、喉都没有任何毛病。医生说，他的牙齿不行。他幽默地说："太黑是不是？那是在延安吃黑豆吃的。"（权延赤《红墙内外》）

例（9）中，"喝酒"这一动作是昨晚发生的。例（10）中"驼背"是一种既定的事实。例（11）中"吃黑豆"则是过去在延安发生的动作。

从分布环境看，"VOV 的"可以在对话中单独出现。如：

(12) 甲：你走路怎么一拐一拐的？
    乙：哎，快别提了。打篮球崴的。

"VOV 的"也可以作为句子成分或复句中的小句,出现在句末位置。如:

(13) 我的眼睛高度近视是看手机看的。
(14) 小王的肚子真够大,喝啤酒喝的。

二 "VOV 的"整体特征

第一是凝固性。"VOV 的"固化程度极高,组成成分之间的关系非常紧密,不能随意删减,否则就很难成立。如:

(15) 张富贵瘦成这样了,想儿子想的。
* 想儿子想
* 想儿子的
* 想想的
* 想的

第二是能产性。构式语法理论认为,构式可以分为实体构式和图式构式两大类。其中,语素、词、复合词以及全固定的习语叫作实体构式(substantive construction),这些构式在词汇上是固定的,即其组成成分不可替代;半固定习语类的构式都被称作图式构式(schematic construction)。"VOV 的"除了常项"的"之外,其他成分具有可变性,因而属于图式构式。图式构式具有半开放性特征,不同的词语可以进入构式的语法槽之中,极具能产性。

通过语料考察发现,"VOV 的"这一构式成立至少要满足以下三个条件。

一是在说话人看来,"VO"这一动作所导致的结果具有不如意特征或超预期性，是一种偏离了特定标准的"非常态"①。如：

（16）他讲课讲得口干舌燥。
→他口干舌燥，讲课讲的。
（17）想亲亲想得我手腕腕软，拿起个筷子我端不起个碗。
→我手腕腕软，拿起个筷子我端不起个碗，想亲亲想的。
（18）他看书看得特别高兴。
→*他特别高兴，看书看的。
（19）王主任回来时，我正看报纸看得入神。
→*王主任回来时，我正入神，看报纸看的。
（20）同学们听课听得很细心！
→*同学们很细心，听课听的！

例（16）中的"口干舌燥"是一种消极的生理变化，是说话人认为不如意的事情，所以可以变换；例（17），"我手腕腕软"和"拿起个筷子我端不起个碗"这些现象都属于"非常态"，都是"想亲亲"带来的结果。例（18）至例（20）中的"看得特别高兴""看得入神""听得很细心"都属于积极的情绪表现，并非不如意的事情，所以不可变换。"VOV 的"在变换后是否能单独出现，取决于说话人心目中对结果性质的认定。按照客观事理，动作行为一般会产生一定的结果。有时候这种结果符合说话人主观意愿，或符合常规，那么这种结果便具有预期性，有学者称之为"规约性"②。这种可预期性的因果关系体现出一

---

① 总体上看，"VO"动作所导致的结果倾向于表示不如意，但是也有例外。如"她身材那么好，跳舞跳的。""跳舞"导致的"身材那么好"这一结果并非不如意，而是超出了说话人的心理预期。

② 郭继懋、王红旗：《粘合补语和组合补语表达差异的认知分析》，《世界汉语教学》2001年第 2 期。

种固定的认知模式，因而客观性较强。如"洗衣服洗得干净"，"干净"是"洗衣服"带来的具有预期性的结果，"洗衣服"导致"衣服干净"这一结果是符合我们的常规期望的。但是，并非所有的结果都符合说话人的主观期待或意愿，那么我们说这种结果具有超预期性，甚至带有负面性。如"抽血抽得脸都白了"，"脸都白了"是"抽血"带来的一种具有反预期性的结果，不符合我们的常规期望。无论医生还是病人，谁也不愿意在抽血时由于特别紧张而变得脸色惨白。如果因为"抽血"导致出现"脸白"这一后果，那就不符合我们的心理预期或意愿。这种非常规的因果关系则体现出说话人对因果关系的一种主观上的认定，因而主观性较强。

二是在语义指向上，结果联系主体 S 或是其他用作话题的成分，表明出现了某种新的超乎寻常的情况，不能指向"VO"中的宾语"O"。如：

（21）张富贵想儿子想得瘦成这样了→瘦成这样了，想儿子想的。

（22）他写字写得困了。→他困了，写字写的。

（23）戏台跳舞跳塌了！→戏台塌了，跳舞跳的！

（24）我锯木料锯坏了那把锯子。→那把锯子坏了，锯木料锯的。

（25）他写字写得一塌糊涂。→*他一塌糊涂，写字写的。

（26）他唱歌唱得很好听！→*他很好听，唱歌唱的！

在例（21）和例（22）中"瘦"和"困"的语义指向分别为"张富贵"和"他"；例（23）中的"塌"语义指向"戏台"，例（24）中的"坏"并不指向"我"，但指向"锯子"，因此都可以变换为"VOV

的"。例（25）中的"一塌糊涂"语义指向并非"他"，而是"写"的宾语"字"，例（26）中的"好听"的语义指向是"唱"的宾语"歌"，均不能变换为"VOV的"。

综上所述，"VOV的"的构式义可以提炼为：对某种非常态结果进行释因。

第二节 移位和类推："VOV的"的演化过程和成因

语言经验告诉我们，出于某种表述需要，一个构式往往运用"凸显原则"，通过句法操作产生一个相关构式，新的构式与原构式就有了一种承继关系，原构式就是新构式存在的理据。① 我们认为，"VOV的"是从致使义句法结构"S+VOV得+表情态的结果补语R"② 演变而来的。为了论述方便，我们将"S+VOV得+表情态的结果补语R"称为原型构式，"VOV的"为承继构式。其承继链条可以表示为：

S+VOV得+结果补语R→S+结果补语R，VOV得→S+结果补语R，VOV的

从这个承继链条可以看出，"VOV的"并非从"S+VOV得+表情态的结果补语R"一步到位实现的，而是分两步完成"VOV的"构式化进程：

---

① 顾鸣镝：《关于构式承继及其理据的可探究性研究》，《北京交通大学学报》（社会科学版）2012年第2期。

② 关于"VOV的"的原型构式，可以有不同的码化形式，如"V1OV2得C""VOV得+表情态的结果补语R""S+VO+VC"等。本章采用"VOV得+表情态的结果补语R"。

第一步是句法移位：S + VOV 得 + 结果补语 R→S + 结果补语 R，VOV 得。

第二步是类推。即在句末语气助词"的"的推动作用下，"VOV 得"进一步演变为"VOV 的"，最终实现了构式的固化。

之所以我们推测"VOV 的"是从致使义句法结构"S + VOV 得 + 表情态的结果补语 R"演变而来的，主要基于以下理由。

朱德熙（1982）将带"得"的述补结构称为组合式述补结构，"以区别于补语直接粘附于述语之后的粘合式述补结构，并且认为表示状态的述补结构里的"得"是一个动词后缀，表示状态的述补结构应该二分"①，如"看得/多""长得/漂亮"。作为典型的组合式述补结构，致使义句法结构"S + VOV 得 + 表情态的结果补语 R"即应二分为"VOV 得""表情态的结果补语 R"。换言之，"VOV 得"和"表情态的结果补语 R"之间的关系并不是特别紧密。这一点可以在两方面得到体现：一是致使义句法结构"S + VOV 得 + 表情态的结果补语 R"中，"得"后可以有语音停顿；二是"得"后可以插入"呀"等词语。如：

（27）他熬夜熬得呀两眼通红。

（28）小李喝酒喝得呀胃都有毛病了。

由此可以看出，正是由于"VOV 得"和"表情态的结果补语 R"之间的松散关系，在组合式述补结构中，"表情态的结果补语 R"容易剥离出来，进而为实现句法移位提供了前提条件。

"VOV 得"和"表情态的结果补语 R"之间的松散关系，使得"VOV 得"和"表情态的结果补语 R"具有可还原性。"VOV 的"和上文出现过的表情态的结果补语 R 可以还原成原型构式"S + VOV 得 + 表

---

① 朱德熙：《语法讲义》，商务印书馆 1982 年版，第 125—126 页。

情态的结果补语 R"。如：

(29) 他脸色蜡黄，拉肚子拉的。→他拉肚子拉得脸色蜡黄。
(30) 小王肚子难受，喝饮料喝的。→小王喝饮料喝得肚子难受。

Goldberg（2006）提出两个构式之间的"无同义原则"：如果两个构式在句法上不同，那么它们在语义或语用上也必定不同。对比发现，原型构式"S + VOV 得 + 表情态的结果补语 R"重在强调由"VO"动作导致的结果 R，"VOV 的"则凸显说话人主观上认为造成不如意结果 R 的原因是动作"VO"，在语义上带有一定的追究色彩。说话人将其置于表情态的结果补语 R 之后，表明这一结构已具备了一定的独立性，构成一个半开放性的嵌入式预制语块。

如果说句法移位使"VOV 的"的产生具备了前提，那么类推作用使"VOV 的"最终得以完成。类推作用主要体现在"的"对"得"的替换上[①]。吕叔湘（1984）"语助之词大率依声为字，本可以随便写"[②]。邢福义（2002）认为"补语前边通常用'得'，但用'的'不算错。不过，不能用'地'。如'来得很意外'也可以写成'来的很意外'"[③]。在"的"和"得"的选用上，书写者表现出极强的倾向性，即不用述补结构的常用标记"得"字，而选用"的"字。施关淦（1985）也持相同看法，并借助大量实例，论证了作为补语标记的助词"得"和"的"之间确实

---

① 学界普遍认为助词"得"有两种类型：一是表可能，即"得 1"，如"看得见""吃得饱"；二是补语标记，即"得 2"。"S + VOV 得 + 表情态的结果补语 R"中的"得"并不表示可能，而是补语标记"得 2"。在现代汉语中，"得 2"和"的"二者之间存在着纠葛。我们提出类推作用主要体现在"的"对"得 2"的替换上，但并不意味着二者在语源上具有同一性。助词"得 2"和"的"在语源上到底有无关系，尚需讨论。

② 吕叔湘：《论底、地之辨及底字的由来》，《吕叔湘全集》（第二卷），辽宁教育出版社 2002 年版，第 125 页。

③ 邢福义：《汉语语法三百问》，商务印书馆 2002 年版，第 127 页。

第五章 释因构式"VOV 的"研究

存在着纠缠不清的关系。吕叔湘（1980）论述"动/形＋得"结构时曾列举了"看把你美得""瞧你说得""这番话把他气得"等例子。在此基础上，2015 年 6 月 11 日，我们在百度检索"看把你美的""看把你美得""瞧你说的""瞧你说得""把他气的""把他气得"等若干对句法结构，发现这些句法结构末尾的助词也倾向于写作"的"。尽管百度搜索有部分例子不符合要求，但在一定程度上还是能够反映出"得"和"的"在使用上的不平衡性和倾向性。请看下表。

表 1　　　　特定句法结构中"的"与"得"的分布情况

语例	百度检索相关结果（单位：条）
看把你美的	28800000
看把你美得	15700000
瞧你说的	6280000
瞧你说得	2540000
把他气的	23700000
把他气得	9680000

上表显示，"的"的使用数量远远大于"得"，这一现象充分表明了在使用心理上语言使用者还是不自觉地将这些来源于述补结构的补语悬空句式看作独立的构式。在现代汉语中，无论是"的"字结构，还是用作表示语气或时体的虚词，一般都写作"的"。受此影响，在类推力量的推动下，句末的"得"也被写成了"的"。据此，我们可以推断，"VOV 的"中的"的"正是由补语标记"得"转换而来。据孙锡信（1992）[①]、曹广顺（1995）[②] 考察，元明清时期"的""得"就有混用的情况。徐阳春（2003）[③] 认为北京话句尾的"de"绝大部分写作"的"，而历史上"得"也有被写作"的"的现象，再加上"的"与"得"同

[①] 孙锡信：《汉语历史语法要略》，复旦大学出版社 1992 年版，第 328 页。
[②] 曹广顺：《近代汉语助词》，语文出版社 1995 年版，第 78 页。
[③] 徐阳春：《关于虚词"的"及其相关问题研究》，博士学位论文，复旦大学，2003 年。

音,出现在句末位置上的"得"被"的"同化也就是很自然的事情了。对此,我们表示赞同。在句末语气词"的"强大的类推作用下,"VOV得"很容易变为"VOV的",使"的"进一步虚化为句末语气词,从而完成从补语标记"得"到传信标记的转换。

概言之,"VOV的"中的"的"作用有二。

一是用来表示一种主观的确认态度,具有肯定的语气。赵元任(1979)就将句尾"的"看作传信标记:"意思是'事情是这样的''就是这样的情形'"。借助"VOV的",说话人把前文中表情态的结果补语R的原因"V"告诉给别人,带有明显的主观态度。句末语气"的"恰恰负载了这一作用。

二是具有完句作用。语气词"的"不仅具有传信功能,更重要的是起到使句意完备的作用,不可或缺。如:

(31) 刘墉有很大的驼背,是念书念的。
→ *刘墉有很大的驼背,是念书念。
(32) 叶子都蔫了,晒太阳晒的。
→ *叶子都蔫了,晒太阳晒。

"VOV的"是对产生某种已然事件这一结果的原因进行推断。范继淹(1982)认为"以动词的光杆形式表示未然是汉语句法的通则"①。为表达事件的已然性,最常见的手段就是采用附加"了"或"过"等词语。"念书念的"中的"的"之所以不可删除,就是"的"附加在"V"之后,来表明事件的已然性。以上分析可知,"VOV的"中的"的"兼具语气和时体功能。

---

① 范继淹:《论介词短语"在+处所"》,《语言研究》1982年第1期。

第三节 "VOV 的"的主观性来源
及其语用价值

一 "VOV 的"的主观性来源

汉语语法的一大特点是重于意而简于形。"VOV 的"表情态的结果补语 R 悬空，形式上的简化换取了表情功能的增强。"在言语行为中，由于语言信息传递的某种必要性，可以把本来要说的语法成分有条件地舍弃——或者是说在'深层结构'中曾经存在而予以删除的，或可认为在词、词组的层次中曾经存在而予以隐去的。结果仍得到全息的传递作用，而且还加添了新的信息。"[①] "VO" 导致的表情态的结果补语已在前文出现，因此没必要再次作为补语出现在 "VOV 的" 之后。单从形式上考察，"VOV 的" 存在着语义空缺，并不完整。这时候就需要听话人进行加工处理，从上文中找到相应的内容来完形，进而构建 "VOV 的" 与上文中表情态的结果补语 R 之间的因果关系。当听话人付出更多的努力来解读说话人的意图时，无疑会加深他对 "VOV 的" 和表情态的结果补语 R 之间因果关系的认定。动作 "VO" 和表示不如意或超预期结果的 R 之间存在着因果关系，因而最容易产生回溯推理。从形式上考察，尽管 "VOV 的" 不完整，但受话人还是可以通过回溯推理的方法得出结论：即 "VO" 正是造成不如意或超预期结果的 R 的原因。整个推理过程如下：

    事理：负面性的动作发生之后往往会导致令人不如意或超预期的结果；

[①] 许德楠：《口语句子中"吞"掉语法成分的现象》，《语文研究》1984 年第 4 期。

事实：现在出现了令人不如意或超预期的结果；

结论：造成这一结果的原因可能是负面的。

Lyons（1977）、沈家煊（2001）认为，说话人在说出一段话的同时会表明自己对这段话的立场、态度和感情，从而在话语中留下自我的印记，即语言的主观性表现。语言不仅描写客观事物或陈述客观事实，很多时候也表达说话人的情感、态度和立场。对于原型构式"S + VOV 得 + 表情态的结果补语 R"而言，如果说它呈现的是动作"VO"和表情态的结果补语 R 之间客观的因果关系，那么回溯推理的过程就是二者因果关系的主观推定。"VO"作为原因导致的结果多是不如意的或超预期性的，所以说话人在说出"VOV 的"的同时，就自然携带了主观上的责怪义情感。

如果说构式"看把你 A 的"通过补语省略的手段表意，那么"VOV 的"则是通过表情态的结果补语 R 句法前移形成的，因为补语部分并非省略，完全可以在上文中找到，并可以还原成原型构式"S + VOV 得 + 表情态的结果补语 R"。

即使同一个情景或同一个事件，说话人语用目的不同就会选择不同方面给予凸显。Bolinger（1977）曾提出"线性增量"原则，即在没有干扰因素的条件下，随着句子由左向右移动，句子成分负载的意义越来越重要。如果说原型构式以 SVO 事件为背景，循着先因后果的顺序，说话人重在凸显位于句子靠右的结果补语 R 的话，那么"VOV 的"则有所不同，反映了说话人的一种言语策略：即通过句法移位的操作，以 S 作为话题（Topic），"VOV 的"置于句子末端，从原先的先因后果顺序调整为先果后因。这种语序的调整使得动作"VO"作为原因得到凸显。句法移位经常会导致移情。Kuno（1987）指出"移情"是"说话人将自己认同于……他用句子所描写的事件或状态中的一个参与者"①。前文说过，对于 S 而言，表情态的结果补语 R 往往是不如意的，因而说话人对 S 导致的状态 R 抱有不满或同情态度也是情理之中的事情。"话题代表说话人要对其作出说明的那个事物，是说话人叙说的出发点，同时话题也容易成为说话人移情的对象。一个事物因为是叙说的出发点和移情的对象所以才成为话题。"② 在言谈交际中，尤其是在叙述体话语环境中，有些句法单位直接描述人物的动作行为结果或某一事件，而另一些句法单位是对事件进行铺排或衬托。前者被称作话语中的前景（foreground）信息，后者叫背景（background）信息。在"VOV 的"的原型构式"S＋VOV 得＋表情态的结果补语 R"中，VO 传达背景信息，V 得＋表情态的结果补语 R 则传达前景信息。作为形式和意义的统一体，当说话人意图把 VO 作为前景信息来凸显的时候，就要改变原型构式"S＋VOV 得＋表情态的结果补语 R"的形式，让表情态的结果补语 R 成为背景信息，"VOV 的"使 VO 作为前景信息而得以凸显。从语言信息编排角度看，根据句尾焦点的原则，句尾往往是说话人重点强调的部分。说话人把心目中重要的原因"VOV 的"置于句尾，其目的就是凸显作为表情态的结果补语 R，实现 V 的焦点化。因此，归根结底是语用目的驱动了"VOV 的"成为一个独立构式，"VOV 的"构式化是说话人调整语序的结果。

除了自身携带的责怪义之外，"VOV 的"所在的句子可以出现副词"都"③，或者在书面上后加感叹号等手段，进一步强化说话人的责怪语气。如：

---

① 沈家煊：《认知与汉语语法研究》，商务印书馆 2006 年版，第 135 页。
② 沈家煊：《认知与汉语语法研究》，商务印书馆 2006 年版，第 147 页。
③ 徐以中、杨亦鸣：《副词"都"的主观性、客观性及语用歧义》，《语言研究》2005 年第 3 期。

(33) 他醉成这个样子，都是喝酒喝的。

(34) 他为啥一直往厕所跑？我告诉你：吃西瓜吃的！

二　"VOV 的"的语用价值

语料考察发现，篇章中"VOV 的"主要有两种用法。

一是追加解释。如：

(35) 前段时间一直下雨，晚上天也不热，可那位大姐上车后还要求打开空调吹冷风，估计是喝酒喝的。（人民网 2016 年 7 月 17 日）

(36) 后来就谈有的孩子为什么爱出走，就问，他说都是那些唱歌唱的，说这里的生活很无奈，外边的世界很精彩，何不潇洒走一回，这就走了，这是年龄特点。（王宝祥《可怜天下父母心》）

二是在对话过程中体现说话人的答询功能。如：

(37) 甲：你的鞋子怎么成了这个样子？
　　乙：都是踢球踢的。

(38) 甲：你的牙齿为什么少了一个？
　　乙：碰的。
　　甲：怎么碰的？
　　乙：打篮球碰的。

无论是答询功能还是追加解释，说话人都在强调"VOV 的"是表情态的结果补语 R 的原因。

"VOV 的"是由"S + VOV 得 + 表情态的结果补语 R"悬空后面的

状态补语而来的。那么"VOV 的"作为一种构式独立存在的独特语用价值体现在何处呢？我们认为主要有以下两点。

首先，组合式述补结构"S + VOV 得 + 表情态的结果补语 R"是对 N 或 V 状态的明确说明，而"VOV 的"中补语悬空，留下的话语空间增加了表达的含蓄性，说话人把"V"和先行句表示不如意的结果补语 R 之间因果关系的判断和建构交给听话人去完成，体现了言语交际的交互性。

其次，"VOV 的"符合语言表达的经济原则。关于构式的语用价值，刘国辉（2007）认为"从编、解码角度看，构式体现了一种经济省力原则，即用尽可能少的投入获得最大效果"。"VOV 的"虽然没有出现明确表示评价的词语，但听话人可以通过心理学的完形机制来补足语义，达到以少胜多的表达效果。

结　语

"VOV 的"是现代汉语口语中高频使用的构式之一，其构式义为：说话人针对某种具有超预期性的非常态结果，判定动作"VO"是造成该结果的原因，带有说话人责怪的情感，主观性较强。该构式脱胎于致使义句法结构"S + VOV 得 + 表情态的结果补语 R"，主要受到句法移位和类推两股力量驱动而逐渐固定下来，成为口语中一个有特色的构式。

第六章

"一 MA 似一 M"的语义类型及认知差异

本章主要讨论现代汉语中一种特殊的句法组合形式"一 MA 似一 M"。如：

(1) 东北庄的集市一日胜似一日，集市有了 600 多个摊位，从农副产品、布匹衣服到日杂百货，无一不可在东北庄的大集上成交。（张伟群《一个硕士的村支书历程》）

(2) 李振盛时而在前，时而在后，摄下一个个瞬间，身后响起一阵高似一阵的口号声。（陈贻林《任仲夷家"最宝贵的财富"》）

(3) 徐守仁一跳下公共汽车，匆匆从衡山路转过来，一步快似一步，简直是在赛跑。（周而复《上海的早晨》）

"一 MA 似一 M"属于典型的嵌入式预制语块。从构成成分看，变项 M 为量词，A 为性质形容词。从音节长度上看，A 最常见的为单音节，偶尔也有双音节的情况。如：

(4) 本来是清瘦的他，遭了这一场伤寒重症，更清瘦得可怜。

但稚存与他的友情，经了这一番患难，倒变得是一天浓厚似一天了。（郁达夫《采石矶》）

（5）北京真是一天热闹似一天，如果小张再来，一定更见兴隆，虽则不定是北京之福。（谢冕《徐志摩名作欣赏》）

在现代汉语句法里的事物化指代现象中，有一种用数量词表示事物的现象，即名量词本来表示事物的数量，有时候也能转指事物。① "一MA似一M"中的数量短语"一M"除名量词之外，还可以是时量词或动量词，这些数量词都具有指称功能，主要用来指称语篇中的表述对象在时间轴上某一时点（段）的状态或表述对象中的某一个体，如例（1）中的时量词"一日"实指东北庄的集市繁荣状况；例（2）中的动量词"一阵"实指口号声；例（3）中的名量词"一步"实指徐守仁匆匆的步履。

查阅文献发现，长期以来"一MA似一M"并未引起学者们的关注，目前能看到的相关研究成果极为有限，只有少数论著在论述比较范畴时提及该类结构，但都没有充分展开讨论。② 我们感兴趣的是："一MA似一M"有哪些语义类型？其中量词M和语义类型之间有何关系？不同语义类型之间在认知方式上有何差异？本章拟在已往研究的基础上，进一步考察现代汉语"一MA似一M"的语义类型及其认知机制，并从汉语史角度探讨该格式和"一M比一M+AP"之间的不同之处。

本章所用语料主要引自北京大学CCL语料库、北京语言大学BCC语料库以及人民网等，所有用例皆标明出处。

---

① 陆俭明：《现代汉语句法里的事物化指代现象》，《语言研究》1991年第1期。
② 吕叔湘：《中国文法要略》，商务印书馆1982年版，第368页。

第一节 "一 MA 似一 M"的语义类型

一 递进性差比义

比较是人类认识事物特征的最主要的手段。《马氏文通·论比三之八》把比较划分为平比、差比和极比三种类型，并说："凡色相之丽于体也，至不齐也。同一静字，以所肖者浅深不能一律，而律其不一，所谓比也……差比者，两端相较有差也。"[①] 递进性差比义指对多个比较主体逐次比较，注重程度差别的累进，属于差比的一种特殊情形。语料观察发现，对于"一 MA 似一 M"的语义类型而言，M 是一个重要参数，所以我们从 M 入手来探讨格式的语义类型。

1. "一 M"表时量

如果"一 MA 似一 M"中的"一 M"表时量，则"一 MA 似一 M"呈现出递进性差比的语义特征。如：

（6）每年春夏季节都有苦菜、荠菜、灰菜、麦蒿、白蒿、薇菜、蕨菜、马齿苋、马兰菜、野小蒜、野黄花等品种上市。其价格也一年贵似一年。（《市场报》1994 年 4 月 29 日）

（7）"女大当嫁"。眼瞅着她一岁大似一岁，作长辈的倒是比她还急。（黄楠《从名门闺秀到女总理》）

差比结构通常有四个基本构成要素：性质属性的主体；比较结果，通常为表示属性的形容词；比较基准，即用来比较的参照对象，是相比较的两个对象中占据对象地位的一方；比较标记，即用来引出比较基准

[①] 马建忠：《马氏文通》，商务印书馆 2010 年版，第 137 页。

的语法标记或虚词。① "一 MA 似一 M"在表递进性差比义时，完全具备差比句的四个基本构成要素。在这类格式中，前后两个"一 M"分别作为性质属性的主体和比较的参照对象，其比较结果为"A"，"似"为比较标记。该表达式凸显了事物在时间推移过程中的某种变化。当"一 M"为时量词的时候，"一 MA 似一 M"可以把时间链条切分成时段，从而对不同时段中的某种状况作出比较。如例（6）就是将时间链条切分为"一年$_1$""一年$_2$""一年$_3$"……"一年$_n$"等，然后进行比较而形成"一年贵似一年"。

2."一 M"表动量

"一 M"表动量时，"一 MA 似一 M"同样表递进性差比义。如：

（8）她坐进汽车，迎面看见李主任的微笑，老朋友似的了。虽还是不多话，但毕竟一次熟似一次，是略为亲切的气氛。（王安忆《长恨歌》）

（9）这第三夜山上起了好大的风，直刮得树木石头乱七八糟的响，一阵响似一阵，好像世上所有的妖魔鬼怪一齐来到这座山上作乱。（尤凤伟《石门夜话》）

"一 M"表时量或动量时，"一 MA 似一 M"均表递进性差比义。这种现象可以得到统一的解释。任何动作的发生都离不开时间。"动相即一个动作的过程中的各种阶段……动作的次数，一方面和'量'的观念有关，一方面也与'时'的观念有关，也是一种动相。"② 动量词和动作直接相关，表示动作的频率和方式。无论名量词还是动量词，都

---

① 刘丹青：《差比句的调查框架与研究思路》，载戴庆厦、顾阳主编《现代语言学理论与中国少数民族语言研究》，民族出版社 2003 年版，第 4 页。

② 吕叔湘：《中国文法要略》，商务印书馆 1982 年版，第 228—232 页。

具备有界化功能。名量词可以实现名词的有界化，使名词所代表的事物成为有边有界的实体；动量词可以实现动词的有界化，使动词所代表的动作成为有始有终的过程。① 当"一M"分别表时量和动量时，其不同之处主要在于由"时段"（一天、一年、一日）变为"事件"（一阵、一次、一场、一遍等）。换言之，无论"一M"表时量还是动量，无界的性状 A 都是被时段切割成为多个有界的对象而得以比较。

二　周遍性平比义

当"一M"表名量时，则"一MA似一M"呈现出表周遍性平比义特征的倾向。如：

（10）在任何城市，我没有见过更多的儿童，一个脏似一个，遍街赤着脚跑，瞪着两只饿眼，窥伺各自财运的来临。（李健吾《拿波里漫游短札》）

（11）当年赛马，骑士们就在煤碴路上奔驰，一匹匹马旋风也似的飞奔而去，一匹快似一匹，最先到达的马受到全场的人热烈的欢呼。（周而复《上海的早晨》）

这些名量的"一M"之间并无时间因素带来的量级序列，成员之间不存在时间段上的比较。在说话人看来，在 A 这一属性上，集合中成员之间"无轩轾而适相等"②。因此，"一M"具有周遍义，即"一M"并非指某个特定的对象，而是指表述范围内的所有对象。故而由表名量的"一M"形成的"一MA似一M"表示的是周遍性平比义，

---

① 宗守云：《汉语量词的认知研究》，世界图书出版公司2012年版，第151页。
② 马建忠：《马氏文通》，商务印书馆2010年版，第134页。

用来表述集合中的所有成员都符合"A"的特征：儿童"一个脏似一个"，意为每一个儿童都脏；飞奔的马"一匹快似一匹"，意为每一匹马跑得都快。

正是由于"一 M"任指集合中的每个成员，"一 MA 似一 M"重在表明"每一 M"都具有"A"的周遍性平比义，而不是个体成员之间的差异，所以在语义上具有不可逆推性。如："一个脏似一个"意为每一个儿童都脏，不能从逻辑上简单地逆推为"一个净似一个"或"一个比一个干净"；旋风也似的飞奔而去的马"一匹快似一匹"，意为每一匹马都快，不能从逻辑上简单地逆推为"一匹慢似一匹"或"一匹比一匹慢"。

值得注意的是，当名量词中的"M"处于某一个顺序语义场的时候，"一 MA 似一 M"则表递进性差比义。如：

（12）要建设一个自由的新中国，要使人类都能得到解放，都能过幸福的生活，那么这个长期艰巨的任务，就需要我们民族有一代强似一代，一代胜过一代的儿女来继续担负这种责任，才能使之实现完成。（邓颖超《我们对于孩子和母亲的态度》）

（13）肯尼亚一直占据着男子中长跑的统治地位，是非洲军团的领头羊。纵观其在世锦赛上的成绩，以往是一届好似一届，1993 年奖牌数升到 10 块。今年"风水"一转，只得了 2 块金牌、1 块银牌、3 块铜牌。（《人民日报》1995 年 8 月 11 日）

究其原因，主要在于"代""届"虽为名量词，但这类量词具有天然的时间属性，不能离开时间而存在。"一 MA 似一 M"仍具有量级序列的存在，因此，其虽然也有周遍性平比义的特点，但整体上还是凸显了递进性差比义。如例（12）"一代强似一代（的儿女）"也有每一代儿女都强的意思，但凸显的是下一代要比上一代更强；例（13）"一届好似一届"是说肯尼亚运动员在每一届世锦赛的成绩都好，但凸显的是本届要比上一届更好。

综上所述，"一 MA 似一 M"表示递进性差比义还是周遍性平比义，与量词 M 的性质有密切关系：当 M 为时量词或动量词时，"一 MA 似一 M"表递进性差比义；当 M 为名量词时，"一 MA 似一 M"表周遍性平比义。

第二节　次第扫描和总括扫描："一 MA 似一 M"语义类型的认知差异

"一 MA 似一 M"包含递进性差比义和周遍性平比义两种语义类型，前者表示说话人陈述的某一集合中的"一 M"比另外的"一 M"在 A 上程度加深；后者表示某一集合中的所有成员都表现出 A 方面的属性。这种同形异义现象可以从认知语言学角度进行阐释。根据认知语法的理解，扫描是在构建一个复杂场景时的认知处理过程。扫描方式有两种，一种为"总括扫描（summary scanning）"，一种为"次第扫描（sequential scanning）"。打比方说，总括扫描就像看一幅静止的图片，侧重单一的整体印象；而次第扫描就像看电影，注重连续的动态过程。①

扫描方式的不同直接导致了凸显的差异。认知语言学重视"凸显"这一概念，认为语言结构中信息的选择与安排是由信息的凸显程度决定的。表递进性差比义的"一 MA 似一 M"所采取的正是次第扫描方式：

---

① 张敏：《认知语言学与汉语名词短语》，中国社会科学出版社 1998 年版，第 108 页。

（14）不过她说得也有理：肚子眼看一天大似一天，要是生了一男半女，到底算谁的呢？不如率性磕了头，遮遮羞，反正人家是笑话了。（台静农《拜堂》）

（15）在这种追着赶着中，一年年过去了，父亲的年龄也一年大似一年了。（石钟山《父亲进城》）

例（14）中，肚子"一天大似一天"直到婴儿呱呱坠地，这是一个动态的变化过程，说话人关注孕妇在时间推移过程中体形的变化；例（15）中，每个人的年龄随着时间推移，说话人用"一年大似一年"表示对父亲年龄增加这一变化的关注。

次第扫描着眼于渐进性，重视时间推移过程中事物或动作的变化。因而表递进性差比义的"一 MA 似一 M"注重考察事物或动作在时间进程中量的递增或递减性变化，即说话人关注的是在时间背景下"一 M"在量级序列中的动态变化，进而凸显某一特定集合中"一 M"与其他"一 M"之间的"变异之似"。

表周遍性平比义的"一 MA 似一 M"采取的则是总括扫描方式。如：

（16）几分钟后，52 名队员全部抵达终点。顿时，岸上 1000 多名群众掌声四起，庆贺的鞭炮声也一阵紧似一阵。（《福建日报》1992 年 2 月 7 日）

（17）孙斌掌中的刀，却一招快似一招，很快地占了上风。（古龙《孤星传》）

例（16）中"一阵紧似一阵"指鞭炮声听起来很密集，例（17）中的"一招快似一招"是说孙斌在进攻过程中每一刀的速度都快，至于每一刀之间的速度差并不是说话人关注的重点。

总括扫描着眼于整体性，淡化事物或动作在时间轴上的渐变特征。尽管不同的个体成员之间具有一定的差异，但在心理扫描时把所有成员的状态统摄起来作为单一的完形而被感知。就表周遍性平比义的"一MA似一M"而言，说话人所关注的核心是相关事物在整体上所呈现出来的单一特征而非连续状态，因而凸显某一特定集合中"一M"与其他"一M"之间的"特点之似"。

"一MA似一M"之所以包含递进性差比义和周遍性平比义两种语义类型，根源在于扫描方式不同而带来的意象图式凸显的认知差异，而这种差异与表达式中的构成成分"似"密切相关。"似"本义为"像、如同、类似"。《说文解字·人部》："似，象也。从人，以声。"[1]《说文解字注》："似，像也。各本作象也，小徐作象肖也，皆非，今正。'像'下曰：'似也。'"段玉裁引用《广雅》曰："似，类也。又曰：似，象也。又曰：似，若也。皆似之本义也。"[2] 表达"像、如同、类似"义的"似"主要用于表示人或事物之间在某方面的相似性。长期以来，范畴化（categorization）一直是认知语言学关注的中心论题之一。从事理上讲，万事万物之间既存在着各种不同程度的差异，也可能存在着某些方面的相似性。面对纷繁复杂的客观世界，寻求不同事物间的相似性是人类划分事物范畴并深入认识事物的前提条件。举例来说，尽管世界上没有两片形状完全相同的树叶，但我们还是能够通过不同树叶之间的相似性建立起"树叶"这一范畴，进而形成概念并加以认识。就"一MA似一M"来说，正是因为离散的、有界化了的不同"一M"在A的属性上有某种相似性，所以多个"一M"才有可能作为成员纳入某个集合中，进而构成特定的范畴并进行比较。面对范畴中多个具有

---

[1] （汉）许慎：《说文解字》，中华书局2013年版，第162页。
[2] （清）段玉裁：《说文解字注》，上海古籍出版社2010年版，第674页。

相似性的成员,当说话人采取逐个对比的方式,认为随着时间的推移或空间序列的变化,"一 M"所指称的集合中的个体成员在性状上"越来越 A",意在凸显集合成员之间的"变异之似"时,"一 MA 似一 M"则表递进性差比义;当说话人采取整体打包的思维方式,认为"一 M"所指称的集合中所有个体成员都具有 A 的性状时,"一 MA 似一 M"则表周遍性平比义,意在凸显集合中成员之间的"特点之似"。

第三节 "一 MA 似一 M"语义类型的历时考察

一 "一 MA 似一 M"语义类型的古今对比

正因为"一 MA 似一 M"的语义类型和量词 M 之间关系密切,所以 M 可以作为切入点和观察站,来考察"一 MA 似一 M"的语义类型是否发生历时变化。我们先通过北京大学 CCL 语料库进行检索,共得到"一 MA 似一 M"的古代汉语有效用例 255 条,量词共出现 237 次,其中"注、遍、时、剑、杵、件、样、科、脚、场、会、蟹、缸、人、衣"各出现一次。如下表所示。

表 1   古代汉语语料"一 MA 似一 M"中的量词分布情况

词例	天	日	年	声	步	阵	个
出现次数	94	45	13	13	13	11	8
百分比	39.66	18.98	5.48	5.48	5.48	4.64	3.37
词例	节	段	刻	招	钻	爻	下
出现次数	6	4	3	5	3	2	2
百分比	2.53	1.68	1.26	2.10	1.26	0.84	0.84

从表 1 可以看出,在古代汉语的"一 MA 似一 M"中,时间量词主要有"天、日、年"等;动量词则有"步、声、阵",名量词主要为

"个"。时间量词"天"的出现频率最高,达 39.66%,相对较高的时间量词"日"和"年"则分别占到 18.98% 和 5.48%。

接下来进一步考察北京大学 CCL 语料库"一 MA 似一 M"中量词的出现情况。剔除 13 条无效语料后,我们共检索到现代汉语有效用例 282 条,量词共出现 281 次,其中"刀、波、代、片、场、程、届、股、级、岁、部、篇、下、匹、串、脚、剑、掌、捧、字、扣、代、排、句"各出现一次为简洁起见(为简洁起见,只出现一次的各个量词不再列入表中)。列表如下。

表 2　现代汉语语料"一 MA 似一 M"中的量词分布情况

词例	阵	天	日	年	声	步	个
出现次数	107	48	17	16	15	11	9
百分比	38.07	17.08	6.04	5.69	5.33	3.91	3.20
词例	轮	次	层	浪	道	刻	招
出现次数	5	4	3	3	3	2	3
百分比	1.77	1.42	1.06	1.06	1.06	0.71	1.06

这两组数据虽然不可能完全反映出"一 MA 似一 M"的全部使用情况,但可以在一定程度上反映出历时角度下"一 MA 似一 M"中量词 M 的变化倾向。根据统计结果,我们至少可以得出以下两点结论。

第一,时间量词"日"从古代汉语中的 18.98% 大幅度下降到现代汉语中的 6.04%。其原因在于伴随着古代汉语向现代汉语的演变,具有较浓文言色彩的"日"逐渐被"天"所替代。

第二,从出现频率看,古代汉语"一 MA 似一 M"中居首位的时量词为"天";现代汉语"一 MA 似一 M"中居首位的动量词为"阵",二者比例基本持平,分别为 39.66% 和 38.07%,"天"的使用频率在现代汉语中下降到了 17.08%,"阵"在古代汉语"一 MA 似一 M"中出现的频率仅为 4.64%。这组数字说明"一 MA 似一 M"以表达递进性差比义最为常见，这一点在古代汉语到现代汉语的发展过程中并未发生改变。其中量词 M 呈现出此消彼长的变化：古代汉语中"一 MA 似一 M"主要用来表示某一时间段某一特定集合中成员之间的"变异之似"；现代汉语中"一 MA 似一 M"则主要用来表示某一时间段中有界化的动作之间的"变异之似"。

二 "一 MA 似一 M"与"一 M 比一 M + AP"之比较

结合学界对"一 M 比一 M + AP"的研究成果，我们认为在语义类型和量词的选择上，"一 MA 似一 M"和"一 M 比一 M + AP"有共同之处。不过二者也存在不少差别，接下来我们通过不同角度的对比揭示二者的不同之处。

在论述时间词表示递进时，太田辰夫指出，宋代开始用"似"，构成"一 MA 似一 M"，并认为这种说法直到清代还在使用。[①] 如：

(18) 君子上达，一日长进似一日；小人下达，一日沉沦似一日。（宋·朱熹《朱子语类》）

(19) 不想他两口患病，一日重似一日。（元·佚名《包待制智赚合同文字》）

(20) 凤姐宝玉果一日好似一日的。（清·曹雪芹《红楼梦》）

宋代开始出现用"似"构成表递进义的"一 MA 似一 M"，太田先生的这一结论是可信的。通过语料检索发现，《朱子语类》中就有不少用例。如：

[①] ［日］太田辰夫：《中国语历史文法》，蒋绍愚、徐昌华译，北京大学出版社 2003 年版，第 171—172 页。

（21）格物者，知之始也；诚意者，行之始也。意诚则心正，自此去，一节易似一节。（宋·朱熹《朱子语类》）

（22）须且平说，不要执定一事。又终食、造次、颠沛，一句密似一句，须至倾覆流离之际，亦不违仁也。（宋·朱熹《朱子语类》）

太田先生进一步指出，《红楼梦》中这种用"似"的例子很多，但"一天比一天好"这类说法没有见到。恐怕当时还没有此类现代汉语式的表达法。关于这一观点，我们认为值得商榷。考察发现，实际上《红楼梦》中已经出现了不同于"一MA似一M"的句法结构"一M比一M+AP"，但数量很少，仅见一例：

（23）到了二十后，一日比一日觉懒，也懒待吃东西，这将近有半个多月了。（清·曹雪芹《红楼梦》）

除《红楼梦》外，清代"一M比一M+AP"开始多起来，一直沿用至今。如：

（24）京城寓内一切平安，癣疾又大有好转，比去年六月，没有留下形迹，去年六月的好转，本已是五年来没有的，现在更好一些，或者从现在开始一天比一天好，这病便不一再为害了。（清·曾国藩《曾国藩家书》）

（25）"前儿个我们娘三个说闲话儿，还提来着，我说：'你们一家子只管在外头各人受了一场颠险，回到家来，倒一天比一天顺当起来了。'"（文康《儿女英雄传》）

（26）临沂城西的街道从临西一路修到临西十路都不够，一条比一条宽，老城的街道也一再拓宽。（新华网2009年12月25日）

第六章 "一 MA 似一 M"的语义类型及认知差异

综上所述,"一 MA 似一 M"和"一 M 比一 M + AP"之间的差别可以归纳为以下几点。

从产生时间上看,"一 MA 似一 M"最早见于北宋,一直沿用至今。"一 M 比一 M + AP"则相对晚出,清代开始使用并逐渐兴盛,并延伸至现代汉语;

从出现文体和使用频率看,现代汉语中"一 M 比一 M + AP"和"一 MA 似一 M"的使用在文体上存在一定的差别,前者多见于口语,后者则多见于书面语。我们在北京大学 CCL 语料库中检索发现,"一 MA 似一 M"共 282 例,而"一 M 比一 M + AP"用例则多达 1936 条,二者使用比例约为 1∶7,使用频率上呈现出明显的不平衡性。

从 A 的音节数量上看,"一 MA 似一 M"中的 A 则多为单音节性质形容词,排斥双音节特别是多音节形容词,这应当是受句法位置和语音因素限制的表现。汉语中双音节自成一个韵律单位。六个音节的自然节奏是前两个音节一个音步,后四个音节组成两个音步。① A 为单音节量词最为常见,就是因为"一 MA 似一 M"正好构成一 M、A 似和一 M 三个音步,更符合汉语语感。正是因为"A"和"似"的句法位置相邻且受韵律因素制约,"胜似"才得以发生跨层词汇化。② 相比之下,"一 M 比一 M + AP"中既可以出现单个的 A,如"一天比一天冷",还可以是形式更为复杂的形容词短语。如:

(27)他见明朝一天比一天更加腐败,后金国一天比一天更加强大,心里矛盾极了。(李文澄《努尔哈赤》)

(28)然后,从群众中集中起来,再到群众中坚持下去,如此

---

① 冯胜利:《汉语韵律句法学》,上海教育出版社 2000 年版,第 91 页。
② 叶建军:《"X 胜似 Y"的来源、"胜似"的词汇化及相关问题》,《语言科学》2013 年第 3 期。

无限循环，认识一次比一次更正确、更生动、更丰富。（《人民日报》2013 年 6 月 17 日）

结　语

"一 M 比一 M + AP"在演化过程中包含四种变式，这些变式之间具有某种承继性，经历了时量词到动量词再到名量词的演变，符合"最大理据性原则"①。和"一 M 比一 M + AP"不同的是，"一 MA 似一 M"从一开始并未出现表递进性差比义和周遍性平比义两类不同意义之间的承继性，进入的时量词、动量词以及名量词同时出现，只是在语言变化过程中出现了此消彼长的情况。相对简单的概念普遍由相对简单的句法形式表达，相对复杂的概念由相对复杂的句法形式表示。这就是认知语言学理论提出的复杂象似动因现象，这一现象得到了越来越多的语言材料的支持。纵观汉语史，相对于"一 MA 似一 M"而言，"一 M 比一 M + AP"尽管晚出，但由于 A 处在框架结构的末端，便于负载更为复杂的语言信息，所以具有较强的表达功能，特别是用于表示递进性差比义时，AP 作为尾焦点（end focus）更适合凸显比较结果，进而在和"一 MA 似一 M"竞争过程中能够后来者居上，到今天已成为表示差比义和平比义的最常见的框架结构之一。"一 MA 似一 M"虽然早在北宋就已产生，但 A 的句法位置居中，其使用受到音节长度和句法位置的限制，不便于负载更为复杂的语言信息，所以在使用数量上要比"一 M 比一 M + AP"少得多，只局限于书面语体中使用。

吕叔湘先生指出："早期白话也有用'如'和'似'表比较的句

---

① 吴为善：《递进性差比义构式及其变异——"一 M 比一 M + VP"的构式成因探讨》，《语言教学与研究》2011 年第 2 期。

子，和文言的用'于'的句法相同。"① 叶建军则认为，"'似/如'"最迟在南宋末期已由表示平比的动词语法化为表示差比的介词，相当于引出差比对象的介词"于"②。这两种观点实质上是一致的。以差比结构"季氏富于周公"为例："季氏，周公，相较之两端也；其所以为较者，富也。富，象静字；差其所较者，于字也。犹云季氏与周公较富，则此差于彼也。"③ 表递进性差比义的"一 MA 似一 M"完全可以看作"季氏富于周公""苛政猛于虎"之类的一种特殊表达形式，只不过比较主体为具有指称作用的数量结构一 M。因此，现代汉语中"一 MA 似一 M"的使用反映出汉语发展过程中某些表达形式之间的承继关系。

---

① 吕叔湘：《中国文法要略》，商务印书馆 1982 年版，第 362 页。
② 叶建军：《"X 胜似 Y"的来源、"胜似"的词汇化及相关问题》，《语言科学》2013 年第 3 期。
③ 马建忠：《马氏文通》，商务印书馆 2010 年版，第 137 页。

第七章

流行构式"一言不合就 X"考察

随着社会生活发展变化的节奏加快和媒体网络的广泛使用,当代汉语的面貌可谓日新月异,大量新词新语不断涌现。与此同时,一系列新兴的流行构式也让人耳目一新,非常值得关注。近来,稍微留意一下就会发现,流行构式"一言不合就 X"频频出现于网络新闻、时评标题和微博甚至主流媒体中,深受语言使用者的青睐。无论是从使用范围还是使用频率上来看,毫无疑问,该表达已经发展成为当代汉语中富有表现力并极具特色的流行构式之一。检索文献发现,目前学界尚未对该构式进行过专门研究。本章在借鉴构式语法理论及其相关研究成果的基础上,拟从组成构造与句法分布、演变路径与功能扩展以及语用修辞特征三方面展开探讨。

本章例句出自北京大学 CCL 语料库、北京语言大学 BCC 现代汉语语料库以及人民网、搜狐、新浪等网络新闻和娱乐报道。因所引例证大都是标题,所以集中举例时不再标明出处。为行文简洁起见,个别例子有删节。

第一节 "一言不合就 X"的组成构造与句法分布

从构造上看,"一言不合就 X"由常项和变项两部分组成。其中,常项"一言不合"为成语，X 为变项，"一言不合"是 X 的原因和前提，二者用逻辑关联词"就"连接，表示两件事紧接着发生。

一 变项 X 的功能类别

语料观察发现，在功能类别上，X 以谓词性成分为主，可以是单个动词或动词性短语，如例（1）和例（2）；也可以是小句，如例（3）；甚至还可以是复句，如例（4）。如：

（1）跳槽，在今天的职场中已是司空见惯。而作为职场生力军的 90 后，似乎更给人留下了一言不合就跳槽的印象。（《工人日报》2016 年 9 月 2 日）

（2）球技不佳的他，屡次失手，惹得老婆翻脸，一言不合就上演跪搓衣板戏码。（凤凰娱乐 2016 年 12 月 15 日）

（3）游客应当先乘车赶到集合地点，后期再与旅行社协商由谁承担打车费用的问题，而不是一言不合就单方取消行程。（网易新闻 2016 年 12 月 12 日）

（4）他们却有两周没有登台，秒变导师席上的头号"吃瓜群众"，一言不合就给其他导师挖坑，开启吃吃吃的模式。（人民网 2016 年 12 月 22 日）

个别时候，X 也可由名词充当，但数量上较谓词性成分要少得多。"一言不合就 X"在理解过程中需要激活名词所联系的动作行为语义才能完足。如：

（5）一言不合就（出现）家暴／一言不合就素颜（示人）／一言不合就（搞）恶作剧

二 "一言不合就 X"的句法功能

从分布情况看,"一言不合就 X"以充当谓语最为常见。如:

(6) 罗晋一言不合就弹琴射箭。(大众网 2016 年 12 月 7 日)

(7) 小撒一言不合就开唱,立即起范儿,神情严肃,如指挥家一样将单手抬高,还颇有几分专业歌手的架势。(人民网 2016 年 7 月 2 日)

"一言不合就 X"还可以出现在定语的位置上,如:

(8) 如果给工作找个理由,饭碗显然已经不是唯一选择,尤其对一些一言不合就"裸辞"的年轻人。(《人民日报》2016 年 11 月 1 日)

(9) 英国开了头,欧盟进入"一言不合就退群"的时代吗?(央视新闻 2016 年 6 月 24 日)

第二节 "一言不合就 X"的演变路径及功能扩展

一 演变路径:从紧缩句到嵌入式预制语块

"一言不合就 X"形式上类似单句而负载复句意义,中间没有语音停顿,"一言不合""X"通过关联词"就"连接,彼此不作句法成分,属于典型的紧缩句。在通常情况下,紧缩句由一般复句紧缩而来,二者存在着密切的渊源和衍生关系。如:

(10) 跟他说话可得留神着点,如果一言不合,他就掏出炸弹,

砰地往桌子上一放，让你见识见识。（毛姆《人性的枷锁》）

（11）余小双点头道："自应如此，因为他是个骄傲的人，只要一言不合，他就会翻脸，出手对付蓝俊等人。"（司马翎《丹凤针》）

（12）一个硬闯，一个强阻，二人一言不合，就在桥头上打起来。（金康《武林痴小子》）

不管是有关联词语标记，还是采用意合方式，上述三例均属于一般复句。当分句间的语音停顿消失，"如果"或"只要"等关联词语被压缩掉，"一言不合"和"X"紧密结合，用关联词语"就"直接相连接，形成紧缩句"一言不合就X"。如：

（13）这些乳臭未干的小子一言不合就可能大打出手，绝不分时间场合，根本不把警察放在眼里。（《文汇报》2001年2月27日）

（14）他脾气暴躁，有时因为一言不合就把吃饭的桌子给掀了，全然不顾全家人都在吃饭。（《都市快讯》2003年9月11日）

陆俭明（2009）指出："语言中确实存在构式，某种语言中的构式都是人的认知域里的意象图式投射到该语言而形成的。具体来说，每一个构式都是从某个具体语言之中存在的、由以该语言为母语的人在认知域中所形成的意象图式投射到语言里所形成的语义框架在该语言中所具体呈现的、表达人对客观世界某一方面认识的句法形式。"我们认为"一言不合就X"的形成也是如此。"话不投机半句多"，在交际过程中，因为话不投机而导致各种各样的负面结果，或不欢而散，或大打出手，或分手离别，不一而足。从逻辑关系看，"一言不合"是因，"X"是果，二者之间存在着同因异果的情形：在不同场景中，"一言不合"可能导致不同的结果X。语言是有限规则的无限运用，为了适应不同场景更为广泛的表意需要，摆脱对具体事件场景的依赖，嵌入式预制语块"一言不合就 X"得以形成。

二 "一言不合"的语义泛化及表现

"一言不合"词典释义为"一句话说得不投合"①。从义素角度分析，"一言不合"具有［＋述人］、［＋听说者双方参与］的语义特征。如：

（15）江西省医药学校副校长张祥禧告诉记者："以前学生打架的特别多，一言不合就动手，如今学风明显好转。"（《人民日报》2016 年 10 月 28 日）

（16）高考前夕两父"拼儿"，一言不合竟打起来了。（《重庆商报》2016 年 6 月 8 日）

（17）夫妻双方要学会相互尊重，给彼此留尊严。强势的妻子不要一言不合就大发雷霆，弱势的丈夫不要回避沟通。（《生命时报》2015 年 5 月 20 日）

"动手""竟打起来了""大发雷霆"这三种情况都是"一言不合"引发的，"一言不合就 X"语义透明度很高，可以从成分推导出"因话不投机而出现了某种后果或状况"这一构式义。这时，"一言不合就 X"属于语法构式②。

语法构式"一言不合就 X"在高频使用过程中，"一言不合"语义开始泛化，不再局限于言语领域中听说双方言语不合这一本来意义。概

---

① 刘洁修编：《汉语成语源流大辞典》，开明出版社 2009 年版，第 1367 页。
② 刘大为：《从语法构式到修辞构式》（上），《当代修辞学》2010 年第 3 期。

言之,"一言不合"的语义泛化表现在陈述主体多元化、逻辑关系模糊化两方面。

第一,陈述主体多元化。语义泛化后,"一言不合"涉及的陈述主体有时候可以单独用于某一个人,原来所具有的〔+听说者双方参与〕这一语义特征开始发生变化。如:

(18) 戏外,陈乔恩一言不合就跻身带货达人的行列,凭借厉薇薇一角,成功成为继杨幂之后国产女明星中的爆款。(人民网 2016 年 12 月 22 日)

(19)《射雕英雄传》里的洪七公,一言不合就吃叫花鸡,叫花鸡大概就是从他这里走红的吧!(搜狐网 2016 年 12 月 22 日)

例(18)和例(19)中,"一言不合"关涉的对象都是一个人。考察上下文,我们未能找到话语中与陈乔恩或洪七公话不投机的另外一个关涉对象,且文中没有相应的提示信息,也无法补出。

"一言不合"的陈述主体甚至还可以是某种动物,不再具备〔+述人〕的语义属性。如:

(20) 澳大利亚男子贝克和家人在南威尔士自然公园游玩时目睹搞笑一幕,两只小袋鼠一言不合就上演厮杀大戏,战况十分激烈。(新浪网 2016 年 11 月 25 日)

(21) 美金毛狗一言不合就抱路人大腿成网红(新民网 2016 年 9 月 1 日)

除了单个的人或某些动物外,无生命事物也能够充当"一言不合"的陈述主体。如:

（22）今年济南的夏天进入了一言不合就下雨的节奏。(《都市女报》2016年8月15日)

（23）此次坚持"用户为本"的第一娱乐视频平台爱奇艺一言不合就"承包所有偶像"，打破常规壁垒，给予粉丝最自由化的全新观看体验。(人民网2016年12月26日)

（24）一言不合就涨价，这样的滴滴你还会继续用吗？(搜狐网2016年7月4日)

我们认为，"一言不合"语义泛化的根本动因在于隐喻机制的驱动。事实上语言中类似的隐喻表达有不少，"一转眼"或者"弹指一挥间"都不需要占用多少时间，后来就用它们指时间之短暂。众所周知，声音的特点是稍纵即逝。在言语交际过程中，"一言不合"这一现象的发生也不需要太长时间，"一言不合"反复出现，就开始和时间挂上了钩，用来表示时间极为短暂，可以用相应的时间副词"很快"或频率副词"动不动"替换。

第二，逻辑关系模糊化。邢福义（2001）把因果复句和条件复句归入广义的因果类复句中。就语法构式"一言不合就X"而言，构成成分"一言不合"与"X"之间存在着广义上的因果逻辑关系，可以补出与"就"相照应的表逻辑关系的关联词语"只要"或"因为"；"一言不合"发生语义泛化后，这种因果逻辑关系就变得模糊起来甚至不复存在，形式上体现为逻辑关联词"只要"或"因为"难以补出。试比较：

（25）小菁平时说话粗野、脾气蛮横，一言不合就会拔拳相向。(《文汇报》2002年8月31日)

小菁平时说话粗野、脾气蛮横，只要一言不合就会拔拳相向。

（26）五十年前盖三仙硬闯青城禁地采药，双方一言不合就打了起来。（雪雁《星宿门》）

五十年前盖三仙硬闯青城禁地采药，双方因为一言不合就打了起来。

（27）有观众甚至调侃，真是一言不合就插广告，节目应该叫《中国好广告》。（《新华日报》2016年7月22日）

*有观众甚至调侃，真是只要一言不合就插广告，节目应该叫《中国好广告》。

（28）炎炎夏日，肌肤一言不合就出油，这可叫人如何是好！（人民网2016年8月8日）

*炎炎夏日，肌肤因为一言不合就出油，这可叫人如何是好！

例（25）和例（26）均为语法构式，"拔拳相向"和"打了起来"都是"一言不合"导致的，所以在"一言不合"之前添加"因为"或"只要"都很自然；例（27）和例（28）中的"一言不合"语义明显泛化，"一言不合"之前添加"因为"或"只要"则不可以接受，表明"一言不合"和X之间的逻辑关系已不复存在。

三 "一言不合就X"的功能扩展

语法构式"一言不合就X"中，因"一言不合"导致的结果X多为负面贬义信息，语料检索发现，主要有"翻脸、拔拳相向、发飙、恼羞成怒"等。"一言不合"语义泛化后，构式的表达功能开始迅速扩展，用法更加灵活，开始广泛用于各种场景中：只要是短时间内出现某种状况，或者某件事情极易发生，都可以用这一构式来进行包装，"一言不合就X"很快发展为当代汉语中极富生命力的一个流行构式，X也呈现出越来越多样化的特征，许多中性甚至正面褒义信息也可以进入 X 的位置上。

结合实际语料，"一言不合就 X"的构式义可以归纳为"陈述主体极容易作出某种反应或行动，或者短时间内事物变化极为迅速或频繁"，显然，这一意义无法从构成成分直接推导出来，不能按常规的语法构式去理解。这时，"一言不合就 X"已经完成了从语法构式到修辞构式的蜕变，并开始迅速蹿红，大有一发不可收之势。如：

（29）一言不合就变帅／一言不合就嘘你／一言不合就迷倒粉丝／一言不合就涨停／一言不合就下单／一言不合就换发型／一言不合就弄个奖玩玩／一言不合就唱圣诞歌／一言不合就跳舞／一言不合就清仓／一言不合就让你美上天／一言不合就上课／一言不合就表白／一言不合就可以给你劈个叉看看／一言不合就拥抱／一言不合就加薪／一言不合就发红包

值得指出的是，从语法构式到修辞构式的变化过程是一个连续统，有些"一言不合就 X"在理解上会出现两可现象，既可以理解为"因为话不投机出现某种后果"，也可以理解为"某种行为的发生极为容易"。如：

（30）一些人维护权益时"一言不合就上街"，这些不假思索的本能冲动，往往让利益博弈的绳索套得更紧。(《人民日报》2016 年 8 月 8 日)

（31）现实生活中长久不联系的朋友，网络中加了好友，也还是不会联系。一言不合就删除，虽然删除的时候感觉痛快，但对方也更容易感到挫败和伤害。(《中国青年报》2016 年 8 月 12 日)

例（30）维护权益就需要双方沟通，"上街"既可以理解为语言上沟通不畅的结果；也可以理解为某些人在维护权益过程中动辄喜欢采取"上街"的行为方式来达到维权目的，并非语言沟通出了问题。例（31）中，现实生活中长久不联系的朋友虽然加为网络好友，也许因为"言语不投合"的情况而把对方从通讯录中删除；也可以理解为网络语言交流不成问题，而从通讯录中把长久不联系的朋友删除掉这一行为的发生极为容易。

第三节 "一言不合就 X"的语用修辞特征

"一言不合就 X"语言特色鲜明，俗而不雅，谐而不庄，在大众传媒中迅速传播盛行，备受语言使用者热捧，具有独特的语用修辞特征。概括起来，大致有以下三方面。

一 情感表达多样化

语言表达往往具有主观性。"一言不合就 X"的使用有一个前提，就是说话人有这样一个预设：X 属于反预期信息，不符合说话人的主观心愿和心理期待，或者有悖于某种社会成员共享的常识经验或事理。"一"是最小的整数，"一言不合"自身携带了"主观小量"的语义特征，它与反预期信息"X"之间的强烈语义反差凸显了说话人的主观性：对陈述主体仅仅因为话不投机就产生某种反预期结果 X 而产生嗔怪抱怨的负面评价情感。

和"一言不合就 X"相比，伴随着组成成分"一言不合"的语义泛化和构式整体功能的增强，X 呈现出多元化特征，除反预期信息外，中性或人们希望出现的结果都可以进入 X 的位置，在这种情况下，"一言不合就 X"就突破了原先语法构式单纯表嗔怪抱怨的负面评价的局限，其主观性情感表达更加多样化，除了表现说话人对陈述主体某种任性或随意的动作行为不满之外，还增加了对短时间内事物变化之快、事件发生之容易的惊异戏谑，对陈述主体某种正面表现进行惊喜赞美等丰富的情感表达功能。

二 流行传播习语化

Wray（1999）中曾引用 Bolinger 打过的一个形象的比方，"我们的语言并不要求我们建造每一样东西都要用木板、钉子和图纸，语言给我们提供了很多预制材料"①。在频繁使用过程中，紧缩化的"一言不合就 X"结构上已经定型，形成一个嵌入式预制语块。随着 21 世纪互联网媒体的普及，"一言不合就 X"显示了蓬勃的生命力和繁衍能力，如雨后春笋般遍地开花，除微博、论坛等自媒体话语平台之外，许多主流媒体也能够看到它频频出现的身影。正如邵敬敏（2008）所说的那样："使用起来，只要往空缺处填装合适的词语就可以了，这比起临时组合的短语结构具有某些特殊的优势。就好比现代化的楼房建造，常常采用的框式结构一样，简便、经济、实用、安全。""一言不合就 X"这种半开放的嵌入式预制语块体现了创造性和习用性的高度统一，更加便于流行和传播。变项 X 为语言使用者提供了发挥创造力和想象力的广阔空间，换言之，在语言使用者竞相使用"一言不合就 X"的过程中，说话者对 X 的每一次填充无疑是对该构式进一步流行扩散的推波助澜。

三 媒体使用标题化

实际语料考察发现，除了在正文中出现之外，"一言不合就 X"在

---

① Wray, "Formulate language in learners and natine speakers", *Language Teaching*, Vol. 6, 1999, pp. 212–231.

各类新闻报道、评论时讯、微博论坛的标题中出现频率相当高,这一现象并非偶然。"题好一半文。"标题是一篇报道的眼睛,一个好的标题,既要生动活泼,又要言简意明而富有表现力,可以激发广大受众阅读新闻的欲望,有效增强新闻内容的可读性和艺术感染力。今天,信息传播越发快捷,如何制作一个能够吸引眼球的标题确实需要动一番脑筋。"一言不合就 X"以紧缩句的形式出现,具有言简义丰、活泼幽默的概括性表意特点,能够对文章主体内容作出精炼表达和集中概括进而突出主旨,这在相当程度上满足了信息快餐化时代新闻报道类标题制作的内在需求。

著名人类学家萨丕尔曾说过一句著名的话:"语言的背后是有东西的,而且语言不能离开文化而存在。"① 流行构式的快速传播,为观察社会成员心理世界以及时代文化提供了一扇极佳的窗口。纵观近年来新兴的流行构式,许多都是民众针砭时弊、表情达意的重要手段和情感载体。就"一言不合就 X"而言,一方面,它突破原有语法构式的表意局限,以其新颖性、时尚性迎合了人们的审美意趣,可以有效满足人们求新求异、彰显个性的语用心理需求;另一方面,"不是我不明白,这世界变化太快",面对快速变化而又纷繁复杂的社会和现象,面对社会成员越来越追求彰显个性化的趋势,语言使用者在一种娱乐甚至游戏心态中,通过"一言不合就 X"这一颇具特色的流行构式来释放嗔怪不满、吐槽揶揄或惊奇喜悦等各种复杂的主观情绪,这也许是"一言不合就 X"大行其道的深层次原因。当然,至于该构式的前途如何,是高频使用后让人感到腻烦最终淡出人们的视野,还是继续保持其旺盛的生命力而久用不衰,目前下结论还有些为时过早,我们只能拭目以待。

---

① 罗常培:《语言与文化》,语文出版社 1989 年版,第 1 页。

结　语

　　本章专门讨论当代汉语中的流行构式"一言不合就 X"。在对其组成构造与句法分布进行分析的基础上，将其构式义概括为"陈述主体极容易作出某种反应或行动，或者短时间内事物变化极为迅速或频繁"。"一言不合就 X"经历了从一般复句紧缩化到嵌入式预制语块的演变路径。在频繁使用过程中，在隐喻机制的促动下，构式成分"一言不合"语义泛化，构式整体功能明显强化，可以适应不同场景的表达需要，实现了从语法构式到修辞构式的蜕变。该构式具有情感表达多样化、流行传播习语化和媒体使用标题化的语用修辞特征。

第八章

责怪义构式"一个 X + VP"及"一个"的性质

从句法组配角度看,数量词"一个"通常作为修饰成分用在名词或名词性词语的前面。除此之外,"一个"还可以修饰动词或动词性词语。关于包含数量结构"一个"的句法结构,学界已经作了深入的探讨,并结合构式理论作了较为全面的分析,创获颇多。

我们观察到,现代汉语口语中存在着大量类似"一个墨水你还能抹一嘴""一个逛超市你还要打扮一番"的表达式。这类表达式在日常口语中使用频率很高。目前,这一高频出现的特殊表达式尚未受到应有的重视,缺乏专门的讨论。查阅相关文献发现,只有周一民(2006)和杨杰(2011)等少数学者撰文论及。该表达式出现的语境、"一个"的性质、功能以及表达式的形成过程等问题还需要作出深入探讨。为讨论方便,我们根据其形式特点将其码化为"一个 X + VP"。

就数量结构"一个"而言,其后出现名词性成分属于句法结构的常规搭配。值得注意的是,"一个 X + VP"中的"一个"和其后相邻的名词性成分并非直接组成成分。从构成看,"一个"并不具有计数功能,它和句法结构中的其他成分并不存在数量上的修饰关系。如:

（1）一个逛超市你还要描眉画眼打扮一番。

　　＊一个逛超市

　　＊一个你

（2）一个墨水他还能抹一嘴。

　　＊一个墨水

　　＊一个他

从语义指向看，很难确立"一个"的修饰对象。"一个"和"X"并不具有修饰关系。构式语法理论主张，构式是形式和意义的结合体，并且构式所具有的意义不能从构件或已有构式中获得完全的预测。这类表达式常常表现出说话人较为明显的责怪义。但这种责怪义并不能从其构成成分进行简单推导。按照构式语法理论观点，本章把"一个 X + VP"看作一种责怪义构式。

我们感兴趣的是：（1）究竟在什么样的语境中说话人才会用"一个 X + VP"？（2）其构式义到底是什么？（3）"一个"的性质和作用如何？（4）"一个 X + VP"是如何实现构式化的？

本章主要分为四部分：首先重点考察"一个 X + VP"中的变项 X；然后在概括"一个 X + VP"构式义的基础上说明该构式使用的语境适切度；进而从承继关系角度对"一个 X + VP"构式化过程进行逻辑推导；最后，勾勒构式中"一个"从数量结构到前置型话题标记的演化过程，揭示其性质和功能。

需要说明的是，"一个 X + VP"的口语化色彩较浓，而书面语材料相对较少。为此，我们主要采取语感调查和日常语言记录的方式收集例句。此外还有一部分例句属于自省语料及百度搜索。

第一节 "一个 X + VP"中的变项 X

从形式看,"一个 X + VP"属于嵌入式预制语块,其中有两个变项 X 和 VP。由于难以对类型多样的 VP 结构作出统一的概括,所以我们主要考察变项 X。X 主要有以下几种情况。

X 为名词性成分。如:

（3）一个药你也敢随便吃？活腻歪了。
（4）一个照片他也想看看,真不可思议。

X 还可以是代词,包括近指代词和远指代词,用来代称某人或某件事。如:

（5）一个这你还想多占点便宜。
（6）一个那你也要计较。

第二人称代词"你"和第三人称代词"他"可以充当 X,但第一人称代词"我""我们"则不可以。如:

（7）一个你就算把人麻烦死了。
（8）一个他也害怕得不行,那可咋办呀？

X 有时候是指示性短语。如:

（9）一个这事情你还要掺和掺和,简直了。

(10) 一个那玩意儿还闹得你睡不着觉!

X 也可以是谓词性短语,包括状中结构、联动结构、动宾结构等。如:

(11) 一个不同意你就寻死觅活的,真不值得!
(12) 一个上街买菜还西装革履的。
(13) 一个考驾照,有那么难吗?
(14) 一个玩游戏,又不是赢房赢地呢,有什么大惊小怪的?

X 还可以是小句,如:

(15) 一个孩子去幼儿园,才两步地,有啥每天接每天送的?
(16) 一个小王结婚,你就高兴成那样?

总之,变项 X 除名词外,还可以由不同的成分来充当,在句法上和数量词"一个"紧邻,反映出构式外在形式上的特殊性。

第二节 "一个 X + VP"的构式义及语境适切度

构式语法理论认为,构式形式本身具有独立于构件义之外的抽象意义。准确提炼构式义是构式研究中较为重要的环节。Fauconnier(1997)认为"语言表达形式本身没有意义,恰当地说,它有一种意义潜能,只有在完整的话语情景中才能产生"[1]。吴为善(2011)则指出:"考察一

---

[1] Fauconnier, *Mappings in Thought and Language*, Cambridge: Cambridge University Press, 1997, p. 37.

个构式，我们不但要解析构式语块，揭示构式义，寻找构式理据，更要说明构式的语境适切度，即说话人在什么语境条件下会说这样的话，又是怎么说的。"①

接下来我们来考察"一个 X + VP"所出现的语境，即考察为什么该构式会有责怪义，并在此基础上概括其构式义。情感的产生并不是空穴来风，责怪义的形成也不例外。行为主义心理学就明确提出人的行为是受到刺激的反应。沈家煊（2001）主张"评述"类言语行为是语用驱动的后果，说话人要有发话动因，这就叫"有感而发"。这种主观评述的心理认知跟语言中的情态范畴有关，属于"认识情态"（epistemic modality）范畴。

从外在表现上看，无论是动作还是语言，情感的产生与形成可以看作一种刺激—反应模式，在一定程度上都是某种因素刺激的结果。按照言语行为理论，说话的同时是在实施某种行为。"一个 X + VP"实质上就是表示说话人责怪的行为。问题是：这种责怪义的诱发因素到底是什么？我们认为，该构式责怪义的产生还得从其出现的语境上去挖掘。语料考察发现，"一个 X + VP"责怪义产生的根源就在于说话人主观上认为，相对于 X 而言，具有评述性的 VP 具有反预期性的语义特征。在说话人看来，X 本来与 VP 的关联度不大，由 X 而引发的 VP 类行为是有悖常理的，超出特定的心理预期。进一步分析，VP 的反预期性可以分为以下两种类型。

一种是 VP 有悖客观事理。如：

（17）一个喝二两白酒居然喝出胃穿孔，真是不可思议。

---

① 吴为善、夏芳芳：《"A 不到哪里去"的构式解析、话语功能及其成因》，《中国语文》2011年第 4 期。

（18）一个柏油马路上跑步还能把脚给崴了！

从客观事理上看，二两白酒并不多，一般情况下不会引发胃穿孔的严重后果。柏油马路上跑步不至于崴脚，但是胃穿孔、崴脚这些不应该出现的情况还是出现了，说话人认为这些现象明显有悖于客观事理，也就自然产生了责怪义。

一种是 VP 偏离社会常规。如：

（19）一个上街买菜，哪里还用得着西装革履？
（20）一个切菜还能把手切得血淋淋的，哎，没法说了。

通常认为，西装革履适用于正式的场合。菜市场并不是特别的正式场合，并不需要西装革履。这符合社会认知模式。说话人运用该构式，表达的意思是上街买菜竟然西装革履，不符合社会常规，有些不伦不类。

不过，当 X 和 VP 之间具有社会成员普遍认同的关系时，就很难使用"一个 X + VP"，这也充分反映了 VP 的反预期性语义特征。如：

（21）*一个做高考数学题你也要仔细检查检查。
（22）*一个洗几件衣服你也要用点洗衣粉。

做高考数学题仔细检查是应有之义，洗衣服时使用洗衣粉也是正常不过的事情。

吕叔湘（1999）指出数量词"'一个'跟少数名词、动词结合，用在谓语动词前，表示快速或突然"。如：

第八章 责怪义构式"一个 X + VP"及"一个"的性质

(23) 一个失手，碗摔碎了。/一个不小心（不留神、不注意），把手指划破了。

这两个例子只是用来表示客观的陈述。"失手"导致"碗摔碎了""不小心（不留神、不注意）"导致"手指划破"符合人们日常经验的规约性认识，表示"快速或突然"也只是客观描述，因此都不具有责怪义。

需要指出的是，即使是同样的 X，VP 是否具有反预期性，与说话人的主观认识有密切关系，反映出说话人主观视角的个体差异。如：

(24) 一个学游泳，那么费劲，至于吗？
(25) 一个考驾驶本还补考好几次！

对于一个会游泳或者认为游泳小菜一碟的人来说，他会觉得学游泳并非一件难事，因而可以说出"一个学游泳，那么费劲，至于吗"这样的主观性评价语句。相反，当一个人觉得学习游泳很有难度的时候，他就不会说出这样的话。同样道理，对于考驾照而言，最理想的是一次性通过各科考试，所以考试顺利的人就可以说出这样的责怪义构式，因为在他看来，考驾照并非一件有困难的事情；但是，一个考试不顺利的人就不会说出这样的责怪义构式来。

构式所携带的责怪义也有轻重之别。从语气看，VP 有反诘语气和非反诘语气。吕叔湘（1982）指出："反诘句实在是一种否定的方式：反诘句里没有否定词，这句话的用意就在否定。反诘句里有否定词，这句话的用意就在肯定。"相比较而言，VP 表反诘语气时，整个构式的责怪义相对更重一些。试比较：

（26）a. 一个做作业，还用得着我催你吗？

b. 一个做作业，不用我催你。

（27）a. 一个报销车票，你签字不就行了？

b. 一个报销车票，你签字就行。

至此，我们就可以对"一个 X + VP"的构式义进行如下概括：就 X 而言，它是说话人基于客观事理或特定的认知模式，认为有特定身份的社会成员的 VP 这一行为在一定程度上超出特定的预期时，依据客观事理或社会共享常识对 VP 作出责怪性的评价。

第三节 "一个 X + VP"的构式化过程

"一个 X + VP"具有较强的口语化特征，书面语中可供参考的语言材料并不多。语料考察发现，"一个 X + VP"在明清白话文中就已出现。如：

（28）月娘便向玉楼众人说道："我开口，又说我多管；不言语，我又鳖的慌。一个人也拉刺将来了，那房子卖吊了就是了。平白扯淡，摇铃打鼓的，看守甚么？……"（明·兰陵笑笑生《金瓶梅词话》）

（29）宝玉道："既如此，这是什么香？"宝钗想了一想，笑道："是了，是我早起吃了丸药的香气。"宝玉笑道："什么丸药这么好闻？好姐姐，给我一丸尝尝。"宝钗笑道："又混闹了，一个药也是混吃的？"（清·曹雪芹《红楼梦》）

构式之所以被不断地创新和演化，除了构式系统自身相互适应的原因之外，还有说话人和听话人对构式识解的缘故。说话人产出一个结构，听话人会对该结构进行加工。其产出和加工结果使该结构之间产生关联的形式和意义，成为构式演化的动因。① 我们在北京大学 CCL 语料库等语料库中查询，并没有得到大量可供参考的语料。因此，本章对责怪义构式"一个 X + VP"成因的探究，主要是基于共时平面语言事实的逻辑推导，即立足于数量结构"一个"在共时平面上的各种用法，勾勒其演化过程。

Goldberg（2006）的构式语法理论具有两重性：一方面她强调构式的形式（Fi）和意义（Si）的某些方面不能从 C 的构成成分或其他先前已有的构式中得到完全预测；另一方面她也借鉴了 Lakoff 的观点，明确指出构式具有理据的可探索性。② 按照这种观点，我们认为，责怪义构式"一个 X + VP"的原型构式为"一个 NP + VP"。

从原型性来分析，"一个"作为数量结构，最常规的搭配就是可以计数的名词或者名词性短语，这属于句法结构上的自然组配。如：

（30）一个人有两条腿。

（31）一个村庄住五十户人家。

（32）一个黑虎掏心就把歹徒打趴下了。

"一个"所修饰的 NP 具备典型的可数特征，后面的 VP 则是纯客观描述，不携带说话人的主观性。再看：

（33）一个地王，就把周边的地区和整个社会搞乱了。

---

① Fauconnier, *Mappings in Thought and Language*, Cambridge：Cambridge University Press, 1997, p. 158.

② Goldberg, *Constructions at Work：the Nature of Generatization in Lanuage*, Oxford：Oxford University Press, 2006, pp. 65 – 68.

(34) 一个棒棒糖就把你骗走了。

(35) 一个小老鼠还能把你吓得全身哆嗦！

这些例子中的"一个"仍然用来表示数量，所修饰的 NP 属于有定性的特指名词，表现在"一个"可以替换为其他数量词。如：

(36) 三个地王，就把周边的地区和整个社会搞乱了。（客观情况是：张三、李四和王五都是地王）

(37) 两个棒棒糖就把你骗走了。（客观情况是：确实给了两个棒棒糖）

(38) 三个小老鼠就把你吓得全身哆嗦，你也太胆小了！（客观情况是：确实出现了三只小老鼠）

从构成成分看，"一个"作为最小的整数，使用中往往会携带说话人的主观性，体现主观小量。这三个例子中，"地王""棒棒糖"和"小老鼠"在语境中均有特定的所指，句子的后端信息"就把周边的地区和整个社会搞乱了""就把你骗走了"和"就把你吓得全身哆嗦"都属于反预期信息。当说话人把话语的焦点集中在 VP 身上之后，这种认知模式的频繁刺激使表示反预期信息 VP 在得到凸显而成为前景信息时，"一个"的计数功能就逐渐弱化为背景信息，它和后面 NP 的搭配就变得不那么典型，体现为"一个"不大容易替换为其他数量词。如：

(39) a. 一个小伙子动不动就哭哭啼啼的，太可笑了！
    *b. 三个小伙子动不动就哭哭啼啼的，太可笑了！

(40) a. 一个大男人动不动打老婆，真没出息！
    *b. 四个大男人动不动打老婆，真没出息！

不难发现，"一个"后的"小伙子""大男人"已经具备通指或类指性质。"一个"主要是用来激活 NP 所携带的某种属性义，即附着于指称义之上的非指称意义的集合。当人们用高频小量的 NP 表示某种反预期的结果时，久而久之，"一个 NP + VP"就会通过语境吸收形成一个表达主观评价的特定认知框架，表现在 NP 的范围继续扩大，动作、事件也可以整体打包进入 NP 的位置，最终实现"一个 X + VP"的构式化。换言之，"一个 X + VP"和"一个 NP + VP"具有明显的承继关系，是原型基础上的进一步扩展。

"一个 X + VP"成为构式是一个语用语法化的过程，是人们在长期的语言实践中构建起来的特定形式与责怪义之间的最优关联，同时也是一个主观化的过程。构式化的动因来自内语境与外语境两股力量的合力。构式的承继过程中伴随着"一个"性质的变化，形成一条虚化链：

表客观数量→表数量/表主观小量→前置型话题标记

当"一个"语法化为表主观评价的前置型话题标记之后，主要功能在于引入话题，不再具有计数功能。

除了语境的外部因素之外，在构式化实现过程中内部成分的作用也不能被轻易忽视。在"一个 NP + VP"的构式化过程中，除"一个"标示小量之外，其他一些主观小量标记也有所贡献。如"就""又不是"等一些标记词或习语：

（41）一个吃烤串就把你的嘴给烫成那样了，真是的。

（42）一个坐火车，又不是什么大不了的事情。

高频使用往往会促进构式的形成。一个最大的表现就是 X 实现了多样化，名词性成分、谓词性成分以及小句都可以充当 X，详见上文论述。X 的多样化充分表明 X 逐渐摆脱原有的"数量 + 名"的典型组配方式,"一个"开始变得虚化,演化成一个话题标记,变成句法上非必有的羡余成分,即使删除也不会影响话语意思的完整表达。试比较:

(43) 一个药你也混吃?
    药你也混吃?
(44) 一个校内打乒乓球,又不是参加奥运会,用得着那么紧张吗?
    校内打乒乓球,又不是参加奥运会,用得着那么紧张吗?
(45) 一个打扫卫生,总磨磨蹭蹭的,真烦人!
    打扫卫生,总磨磨蹭蹭的,真烦人!

语言中的羡余成分往往和说话人的主观情绪、态度和情感有密切关系。数量词"一个"删除之后,话语在语用上会出现变化,即主观责怪情态发生弱化。

第四节 从表示数量到前置型话题标记:构式中"一个"的性质

关于"一个 X + VP"中"一个"的性质和功能,学界存在不同认识。周一民(2006)认为"一个"是名词化标记,理由是 X 不管是名词性成分还是动词性成分,都具有[+指事]的语义特征,都可以附加"的事儿"而句义不变。[①] 杨杰(2011)则认为"一个"和说话者的认知有关,可以起到激活事件临时属性的作用。[②] 在综合考察的基础

[①] 周一民:《名词化标记"一个"构句考察》,《汉语学习》2006 年第 2 期。
[②] 杨杰:《"一个"的非计量用法研究》,硕士学位论文,哈尔滨师范大学,2011 年。

上，我们认为"一个"是语法化的结果，其性质属于前置型话题标记，功能在于标识和引介话题"X"。"一个 X"通常位于一个话轮的起始位置，VP 则是对该指称的进一步陈述。

从位置看，"一个 X + VP"中的"一个"只可以出现在句首话题之前，不能够出现在句中。前置型话题标记"一个"与汉语中的其他话题标记一样，是一种非强制性的话题标记，在口语中可以省略。即使不使用"一个"，句子的意义和结构也基本不发生改变。如：

(46) a. 一个走路就把你的脚崴了，太不小心了。
b. 走路就把你的脚崴了，太不小心了。

(47) a. 一个坐火车，又不是什么大不了的事情。
b. 坐火车，又不是什么大不了的事情。

(48) a. 一个打不够苍蝇坐红椅怕啥。（曹乃谦《流水四韵》）
b. 打不够苍蝇坐红椅怕啥。

以上三例的 a 句中，"一个"在句中有标识话题的作用，b 句中没有使用"一个"，但是意义和结构与 a 句相同。不过在语用意义上，说话人不以为然的主观色彩会有所减弱。

和"啊""吧"等后置型话题标记不同的是，前置型话题标记"一个"只能出现在句首话题之前，否则句子不合法。如：

(49) a. 一个学游泳，那么费劲，至于吗？
b. *学游泳一个，那么费劲，至于吗？

(50) a. 一个考个驾驶本还补考好几次！
b. *考个驾驶本一个还补考好几次！

不难发现，话题标记"一个"引导的成分只能出现在句首位置，如果出现在句中，则句子不合语法。但是，如果没有使用话题标记"一个"进行标识，句首的名词也可以出现在句中。如：

(51) a. 一个学游泳，那么费劲，至于吗？
　　　b. 那么费劲学游泳，至于吗？

(52) a. 一个考个驾驶本还补考好几次！
　　　b. 还补考好几次考个驾驶本！

(53) a. 一个切菜还能把手切得血淋淋的。
　　　b. *还能把手切得血淋淋的切菜。

(54) a. 一个下象棋下得你连正事也不干了。
　　　b. *下得你连正事也不干了下象棋。

当说话人想针对 X 发表自己的评论时，他就会把话题 X 进行打包处理。在这一过程中，无论事物还是动作，说话人都将其压缩为一个信息模块，对其整体进行评论。这种心理操作在句法上也有所体现，具体而言就是"一个"作为主观性标记，其后的成分 X 长度要受到限制。句法长度越短越利于打包处理，音节数量越短越符合语感。当 X 的句法长度超过一定数量时，其接受度则越来越低。换言之，X 的句法长度和整个构式的可接受度呈反比例关系。试比较：

(55) a. 一个上街买菜还要西装革履的，真没见过。
　　　b. ?一个上街去五一路菜市场买家常菜还要西装革履的，真没见过。
　　　c. *一个骑上自行车上街去位于北城的五一路菜市场买一些家常菜还要西装革履的，真没见过。

这种现象可以从语言信息传递角度得到合理解释。X 为话题，属于旧信息，后面的 VP 则为评论，属于新信息。新信息是说话人传递信息的重点所在。因此，作为话题的 X 在长度上要受到一定限制，应尽量简化。如果太长，就会使信息流的传递受到阻碍，产生头重脚轻的感觉。这说明 X 越长越不利于认知上的打包处理。

从信息量的角度来说，在"一个"引导出话题 X 之后，说话人用"非常态"的反预期信息 VP 来表示主观评价的内容。VP 和 X 之间的关系是非规约性的，VP 是说话人主观上凸显的重要信息，长度可以不断扩展，增添新的内容。如：

（56）a. 一个上街买菜还要西装革履的，真没见过。

b. 一个上街买菜还要西装革履的，梳洗打扮半天，真没见过。

c. 一个上街买菜还要西装革履的，梳洗打扮半天，头发上还要抹上发胶，真没见过。

作为话题优先型语言，汉语话题标记的来源具有多样性。关于这一点，学界已作了充分探讨[①]。从性质上看，构式中的"一个"属于前置型话语标记，它是否出现并不具有强制性，很明显已经失去了数量词的主要语法性质。在"一个 X + VP"中，数量词"一个"具有标识和引介话题 X 的功能，这一功能是在"一个 X + VP"构式化实现过程中不断语法化的结果。

---

① 刘丹青：《话题标记从何而来？——语法化中的共性与个性》，载石锋、沈钟伟编《乐在其中——王士元教授七十华诞庆祝文集》，南开大学出版社 2004 年版；董秀芳：《话题标记来源补议》，《古汉语研究》2012 年第 3 期；司罗红：《口语中的前置性话题标记"就"》，《中国语文》2013 年第 6 期。

结　语

话题在汉语中占有重要的地位。汉语的话题可以采取添加话题标记的分析性手段，口语中不但存在后置型话题标记如"啊""吧"等提顿词，而且存在前置型话题标记"一个"。伴随着"一个 X + VP"的构式化，"一个"的性质和功能也发生了变化，在句法位置、能否省略、引导成分的性质和意义等方面与数量词存在一系列的明显差异，最终成为典型的前置型话题标记。

第九章

新兴构式"X 千万条，Y 第一条"探析[*]

对于"道路千万条，安全第一条"这句安全提示语，相信每一位看过科幻大片《流浪地球》的观众都对此印象深刻。只要稍微关注一下，你可能就会发现，"X 千万条，Y 第一条"在各种主流纸质媒体乃至微信微博等网络媒体大量出现，请看：

（1）医改和宣传要做到"两手抓"。宣传工作要结合群众感受，要合理引导。医改宣传千万条，群众感受第一条。（《健康报》2019 年 5 月 27 日）

（2）会议千万条，实干第一条。无论如何，会议的规模标准、参会对象、安排布置、预期效果等等，应该服务于现实工作。（人民网 2019 年 5 月 14 日）

（3）维权千万条，规则第一条。要真正让网购环境清朗，必须构建起买卖双方和监管者共同发力的消费环境。（《人民日报·海外版》2019 年 5 月 1 日）

（4）成果千万条，价值第一条——这是近几年服务高校院所

---

[*] 本章发表于《语文建设》2019 年第 11 期，收入本书时题目和内容进行了部分改动。

科技成果转化过程的十足痛点。(《科技日报》2019年3月28日)

第一节 构式形成路径

从外在形式看,"X千万条,Y第一条"属于对举结构,前后两部分"X千万条"和"Y第一条"都没有核心动词。构式语法理论主张,许多构式是在某些原型结构的基础上通过特定手段形成的,新构式和原型结构之间具有某种承继关系。通过语料考察,我们认为,"X千万条,Y第一条"的原型结构应当是"X有千万条,Y是第一条"。如:

(5)密切联系群众的途径有千万条,但面对面交流是第一条。(《湖南日报》2013年9月6日)

(6)82岁的赵兴元对记者说:"战术原则有千万条,勇敢永远是第一条"。(《杭州日报》2007年7月31日)

从表意功能上看,动词"有"表存在,"是"表判断。原型结构"X有千万条,Y是第一条"包含着说话人的一个基本判断:在千万条X当中,Y是最重要的。动词通常是一句话的核心和中心,许多句子删除动词后就会散架。但是,汉语是意合型语言,有时即使动词隐而不显,句子也能表达相应的意义。在语言表达的经济原则驱动作用下,在保证意义不受影响的前提下,"X有千万条,Y是第一条"中的核心动词"有"和"是"往往会进一步脱落。主要有三种情况。

一种情况是"有"脱落而"是"保留。如:

(7)这也启示我们,道理千万条,做是第一条,只要都行动起来,垃圾分类就一定会蔚然成风。(《北京青年报》2019年6月

5日）

（8）浙江的经验千万条，培育市场主体可谓是第一条。（人民网2007年10月30日）

一种情况是"有"保留而"是"脱落。查检语料，这种情况数量很少。如：

（9）粉有千万条，卷粉第一条！（微信公众号：吃遍南宁，2019年3月20日）

第三种情况最为常见，即"有"和"是"同时脱落，进一步形成"X千万条，Y第一条"的对举结构。本章开头列举的例（1）至例（4）均属此类。

因此，从形成路径上看，在原型结构"X有千万条，Y是第一条"基础上，通过核心动词"有"和"是"的双重脱落，"X千万条，Y第一条"得以形成。

实际语料显示，"X千万条，Y第一条"中X和Y具有多样化的特征。从音节上看，除双音节之外，X和Y还有三音节、四音节甚至小句形式。从性质上看，简单或复杂的体词性或谓词性成分都可以充当X和Y。

从聚合的语义情况看，"X千万条，Y第一条"中，变项Y最常见的有"守法、避险、诚信、健康、安全、质量、厚道、阳光、理性"等褒义词语，构式整体上用来表示说话人对其他人的善意提醒和温馨提示，因此贬义词不能够进入Y位置。除褒义词语之外，中性词语也可以进入框架中Y的位置，反映了框架所具有的灵活性和对词语强大的吸纳能力。如"奶粉千万条，奶源第一条""代码千万条，命名第一条""人生千万条,吃饭第一条"等,不一而足,有的表达甚至还体现了说话者的调侃和风趣。

值得注意的是,高频出现的"X千万条,Y第一条"使得前半部分中"条"的组配对象X快速泛化,并突破了"条"原有的常规句法搭配条件。按照一般的语法规则,量词"条"一般用于长条形状的事物,如"绳子、棍子、项链、蛇、蚯蚓、鱼、裤子、裙子、腿、胳膊、血管"等,也可以用于长而大的事物,如"公路、河流"等。此外,一些抽象的名词也可以和"条"搭配,如"规则、法律、法则、原则"等。"道路千万条,安全第一条"中"条"的使用本来符合汉语常规使用习惯,但是极具能产性的"X千万条,Y第一条"出现之后,很多本来不可以使用量词"条"的词语X,在类推机制强有力的作用下,也被语言使用者强行塞入框架的空槽中。俗话说,"萝卜快了不洗泥",在追求时尚语言表达形式的过程中,人们已经无暇再去斤斤计较词语X是否和量词"条"具备搭配上的合理性和兼容性,这充分体现了框架结构强大的包容性。如"仓储千万条,防潮第一条""花海千万条,冠岩第一条""钱币千万条,真假第一条"等。

当X突破了量词"条"原有的搭配条件后,"X千万条,Y第一条"的整体意义就不能通过字面意义的简单推导而产生。此时,"X千万条,Y第一条"已经实现了从语法构式到修辞构式的转变,成为刘大为(2010)所称的"偶发的、即兴的、独一无二的临时形式,往往由于人们对语言采取了非典型、不规范包括创新性的用法而形成"[1] 的流行修辞构式。

第二节 流行原因探析

和其他许多新词新语相类似,"X千万条,Y第一条"能跻身流行

---

[1] 刘大为:《从语法构式到修辞构式》(上),《当代修辞学》2010年第3期。

第九章　新兴构式"X 千万条，Y 第一条"探析　　　　　　　　　249

构式之列并非偶然，也是内因和外因共同作用的结果。

先看内因。"X 千万条，Y 第一条"流行的内因可能不止一个，但是最重要的内因可能是其语言编码方式和"图形—背景"这一认知方式在凸显功能上高度契合。众所周知，人类认知结构的产生有其客观基础，并且对语言的编码有一定的制约作用。不同的认知方式就会造成不同的语言编码方式。张敏（1998）指出，自然语言作为人类最主要的交际工具，它在本质上是人类感知、认识世界，通过心智活动将经验到的外在现实加以概念化并将其编码的结果。[①] 换言之，自然语言是人类心智的产物。图形—背景理论是以认知语言学的凸显原则为基础的。作为认知语言学中一对重要的概念，图形和背景的匹配对语言的结构以及句式的选择有一定的制约作用，这一点已经得到学界的普遍认可。人在认识具体事物时，会遵循"图形—背景"原则，其中背景是人认识事物的参照点，而图形则是关注的对象。一般来说，图形和背景分别具有自己的特点。背景要在数量、面积或体积上占优势，这样才能更好地起到对图形的定位作用；图形则具有认知上的高显著度和某种特性，只有这样才能引发人的关注。从客观存在的语言事实考察，许多表达都与"图形—背景"的认知模式密切相关。如"皓月当空"，一轮明月是图形，而浩瀚的夜空则为背景。再如"移动大楼的西边有一辆自行车"，其中"移动大楼"就是用来确定自行车具体位置的背景，因为其体积庞大，故能起到对图形的快速定位和有效参照的作用，"自行车"则是"移动大楼"背景下的焦点，是人们通过背景确认注意力所在。如果说成"自行车的东边是一幢移动大楼"则难以接受，原因就在于违背了图形和背景的共性特点。

就"X 千万条，Y 第一条"而言，其中"X"具有"成千上万"的数量优势，适合作背景，便于人们在解读构式时将注意力聚焦于目的

[①] 张敏：《认知语言学与汉语名词短语》，中国社会科学出版社1998年版，第1页。

物 Y 上。相对于数量众多的 X，Y 极具重要性和唯一性，不可替代。因而"Y"即使数量少，却具有较高的显著度，更容易成为图形，充当认知的焦点。打个比方，"后宫佳丽三千人，三千宠爱在一身"这两句诗是说后宫中的佳丽虽然人数多，但充其量不过是背景而已，只有作为图形信息的杨贵妃才是皇帝的认知焦点所在。说话人在强调 Y 的重要性时，往往会采取"烘云托月"的手法，通过数字标记手段，用表大量的数量词"千万"和最小的自然数"一"将 X 和 Y 分别定位于背景和图形的位置上。X 虽然成千上万，但唯有 Y 才是关注的焦点和强调重心。因此，"X 千万条，Y 第一条"这样一种语言编码方式和"图形—背景"的认知方式有异曲同工之妙，可以有效凸显 Y 之于 X 的极端重要性，从而收到"万绿丛中一点红"的表达效果。

再看外因。首先，因《流浪地球》而产生模因"X 千万条，Y 第一条"，这是构式得以流行的前提。按照模因论的理论主张，模因以模仿为基础，是信息传递的单位。在《流浪地球》之前，各种媒体上也有包括"道路千万条，安全第一条"在内的"X 千万条，Y 第一条"的表达形式。如：

（10）官员素养千万条，法治素养第一条。（法制网 2011 年 3 月 24 日）

据笔者查阅，早在 1999 年，公安部交通管理局举办了"交通安全口号征集活动"，"道路千万条，安全第一条"当时获得了一等奖。其首创者是警嫂朱国芬，她用这句口号来表达对交通参与者要时时刻刻把安全放在首位的期许[①]。在《流浪地球》中，结构整齐而又朗朗上口的

---

① 《"道路千万条　安全第一条"提出者：没想到会获奖》，《北京青年报》2019 年 2 月 22 日。

安全提示语"道路千万条,安全第一条"多次出现,这无形中激发了观众关注的热情。《流浪地球》的走红顺便带火了"道路千万条,安全第一条",使得这条安全提示语在各种场合频频亮相。从语言学理论角度分析,越是高频出现的语言形式,越容易发生结构上的某种变化,"道路千万条,安全第一条"也不例外。模因论的代表人物布莱克摩尔认为,任何一个信息,当它能够通过广义上的"模仿"的过程而被"复制",它就可以被称为模因了。按照这一观点,电影观众们通过对高频出现的"道路千万条,安全第一条"进行结构框架的提取,作为模因的"X千万条,Y第一条"便应运而生,并开始受到广大民众的青睐和热捧,在各种媒体上迅速得到复制和传播。

其次,众多网民的积极参与是构式流行的有力推手。模因只是特定语言形式流行的前提。如果缺乏语言使用者的热情,即使成为模因,也可能逐渐萎缩,其复制和传播也会受到很大限制。"语言被绑在集体的镇石上","现代语言学之父"索绪尔这句话就是"X千万条,Y第一条"流行背后动因的最好注脚。在《流浪地球》的带动下,这句话激发了广大观众的创造热情。伴随着"X千万条,Y第一条"的快速流行,网民们的自主积极性得到了淋漓尽致地体现,因而模因"X千万条,Y第一条"传播力十足,成为当前语言表达领域中最为流行的"魔性爆款产品"。在传播复制过程中,每一个参与其中的人们都不甘于被动复制其他人的语言模式,而是通过自己丰富的联想不断创新和变化,"X千万条,Y第一条"正好为他们提供了发挥想象的用武之地和施展创造力的空间。

如今,"X千万条,Y第一条"从电影火到网络,又从网络火到现实。该构式兼具稳固性和灵活性,既能够揭示事理,起到温馨提示和劝勉别人的目的,也能通过框架填充来达到调侃打趣、释放各种压力的作用。在快速传播过程中,蹿红的"X千万条,Y第一条"能够极大地满足传播者弘扬个性的语用心理，因而掀起了全民造语的热潮。

　　流行构式千万条，前途命运第一条。流行构式"X 千万条，Y 第一条"的使用前景如何，是经久不衰，还是很快令人腻烦而成为过眼云烟，现在轻易下结论还有些为时过早，我们只能静观其变。

结　语

　　从承继关系看，当代汉语中流行构式"X 千万条，Y 第一条"是在原型结构"X 有千万条，Y 是第一条"省略"有"和"是"的基础上形成的。从性质上看，"X 千万条，Y 第一条"实现了从语法构式到修辞构式的转变。作为嵌入式预制语块，该构式兼具稳固性和灵活性特点，契合了认知语言学所主张的"图形—背景"理论，在语言类推机制的作用下，成为当代汉语中一个高频使用的构式。

参考文献

一　国内文献及著作

白维国主编：《白话小说语言词典》，商务印书馆2010年版。

曹础基：《庄子浅注》，中华书局2000年版。

曹广顺：《近代汉语助词》，语文出版社1995年版。

常玉钟主编：《口语习用语功能词典》，北京语言学院出版社1993年版。

（清）陈康祺撰，晋石点校：《郎潜记闻初笔二笔三笔》，中华书局1997年版。

陈望道：《修辞学发凡》，上海教育出版社1997年版。

（清）段玉裁：《说文解字注》，上海古籍出版社2010年版。

冯其庸、李希凡主编：《红楼梦大辞典》，文化艺术出版社1990年版。

冯其庸主编：《脂砚斋重评石头记汇校》，文化艺术出版社1987年版。

冯胜利：《汉语韵律句法学》，上海教育出版社2000年版。

顾鸣镝：《认知构式语法的理论演绎与应用研究》，学林出版社2013年版。

汉语大字典编辑委员会：《汉语大字典》，四川辞书出版社、湖北辞书出版社1986年版。

何自然主编：《语用三论：关联论·顺应论·模因论》，上海教育出版社 2007 年版。

侯学超编：《现代汉语虚词词典》，北京大学出版社 1998 年版。

（明）兰陵笑笑生：《金瓶梅词话》，人民文学出版社 1992 年版。

黎锦熙：《新著国语文法》，湖南教育出版社 2007 年版。

李申：《金瓶梅方言俗语汇释》，北京师范学院出版社 1992 年版。

（清）李心衡撰：《金川琐记》，商务印书馆 1936 年版。

李学勤主编：《礼记正义》，北京大学出版社 1999 年版。

李宇明：《汉语量范畴研究》，华中师范大学出版社 2000 年版。

刘丹青：《差比句的调查框架与研究思路》，载戴庆厦、顾阳主编《现代语言学理论与中国少数民族语言研究》，民族出版社 2003 年版。

刘丹青：《话题标记从何而来？——语法化中的共性与个性》，载石锋、沈钟伟编《乐在其中——王士元教授七十华诞庆祝文集》，南开大学出版社 2004 年版。

刘德联、刘晓雨：《汉语口语常用句式例解》，陶友兰译，北京大学出版社 2005 年版。

刘洁修编：《汉语成语源流大辞典》，开明出版社 2009 年版。

刘叔新：《汉语描写词汇学》，商务印书馆 1990 年版。

刘月华、潘文娱、故韡：《实用现代汉语语法》，商务印书馆 2001 年版。

（梁）刘勰著，龙必锟译注：《文心雕龙全译》，贵州人民出版社 1996 年版。

吕叔湘：《汉语语法分析问题》，商务印书馆 1979 年版。

吕叔湘：《吕叔湘全集》，辽宁教育出版社 2002 年版。

吕叔湘：《语文常谈》，生活·读书·新知三联书店 2018 年版。

吕叔湘：《中国文法要略》，商务印书馆 1982 年版。

吕叔湘主编：《现代汉语八百词》，商务印书馆 1999 年版。

罗常培：《语言与文化》，语文出版社 1989 年版。

马建忠：《马氏文通》，商务印书馆 2010 年版。

孟祥英：《汉语待嵌格式研究》，齐鲁书社 2014 年版。

齐沪扬：《现代汉语短语》，华东师范大学出版社 2000 年版。

邵敬敏：《现代汉语疑问句研究》，华东师范大学出版社 1996 年版。

沈家煊：《不对称与标记论》，江西教育出版社 1999 年版。

沈家煊：《认知与汉语语法研究》，商务印书馆 2006 年版。

沈阳、冯胜利主编：《当代语言学理论和汉语研究》，商务印书馆 2008 年版。

施春宏：《汉语纲要》，北京语言大学出版社 2018 年版。

施关淦：《关于助词"得"的几个问题》，载中国语文杂志社编《语法研究和探索》（三），北京大学出版社 1985 年版。

孙锡信：《汉语历史语法要略》，复旦大学出版社 1992 年版。

王昆仑：《红楼梦人物论》，北京出版社 2004 年版。

王力主编：《王力古汉语字典》，中华书局 2000 年版。

王利器校注：《盐铁论校注》，中华书局 1992 年版。

（清）王先谦：《庄子集解》，中华书局 2012 年版。

温端政主编：《汉语语汇学教程》，商务印书馆 2006 年版。

温锁林：《现代汉语语用平面研究》，北京图书馆出版社 2001 年版。

吴为善：《构式语法与汉语构式》，学林出版社 2016 年版。

伍蠡甫主编：《西方文论选》，上海译文出版社 1979 年版。

伍铁平主编：《普通语言学概要》，高等教育出版社 1993 年版。

武柏索、许维翰、陶宗侃、阎淑卿合编：《现代汉语常用格式例释》，商务印书馆 1988 年版。

夏传才：《诗经语言艺术新编》，语文出版社 1998 年版。

邢福义：《汉语复句研究》，商务印书馆 2001 年版。

邢福义：《汉语语法三百问》，商务印书馆 2002 年版。

徐烈炯、刘丹青：《话题的结构与功能》，上海教育出版社1998年版。

许宝华、宫田一郎主编：《汉语方言大词典》，中华书局1999年版。

许嘉璐主编：《二十四史全译·宋史》，汉语大词典出版社2004年版。

许嘉璐主编：《二十四史全译·元史》，汉语大词典出版社2004年版。

（汉）许慎：《说文解字》，中华书局2013年版。

杨伯峻：《春秋左传注》，中华书局1981年版。

杨为珍、郭荣光主编：《〈红楼梦〉辞典》，山东文艺出版社1986年版。

（明）叶子奇撰：《草木子》，中华书局1997年版。

张公瑾、丁石庆主编：《文化语言学教程》，教育科学出版社2004年版。

张国宪：《现代汉语形容词功能与认知研究》，商务印书馆2006年版。

张建新：《汉语口语常用格式例释》，北京语言大学出版社2008年版。

张敏：《认知语言学与汉语名词短语》，中国社会科学出版社1998年版。

张旺熹：《汉语特殊句法中的语义研究》，北京语言大学出版社1999年版。

张卫国：《四字语型及其应用》，中国物资出版社1989年版。

张卫国：《现代汉语实用语型——准确理解、自由表达的新途径》，中国人民大学出版社1992年版。

张谊生：《现代汉语副词探索》，学林出版社2004年版。

张志公主编：《汉语知识》，人民出版社1979年版。

中国社会科学院语言研究所词典编辑室编：《现代汉语词典》第7版，商务印书馆2016年版。

中国艺术研究院红楼梦研究所校注：《红楼梦》，人民文学出版社2008年版。

周定一主编：《红楼梦语言词典》，商务印书馆1995年版。

周强、詹卫东、任海波：《全国第六届计算语言学联合学术会议论文集》，清华大学出版社2001年版。

周振甫译注：《诗经译注》，中华书局2010年版。

朱德熙：《语法讲义》，商务印书馆1982年版。

朱林清、莫彭龄、刘宁生等：《现代汉语格式初探》，天津人民出版社1987年版。

宗守云：《汉语量词的认知研究》，世界图书出版公司2012年版。

宗守云：《"一个"的连接用法及其从数量成分到连接成分的演化过程》，载中国语文杂志社编《语法研究与探索》（十八），商务印书馆2016年版。

二　译著

［美］格里格、津巴多：《心理学与生活》，王垒、王甦等译，人民邮电出版社2003年版。

［德］库尔特·考夫卡：《格式塔心理学原理》，黎炜译，浙江教育出版社1997年版。

［美］萨丕尔：《语言论——言语研究导论》，陆卓元译，商务印书馆1985年版。

［美］Adele E. Goldberg：《构式：论元结构的构式语法研究》，吴海波译，北京大学出版社2007年版。

［瑞士］索绪尔：《普通语言学教程》，高名凯译，商务印书馆1980年版。

［日］太田辰夫：《中国语历史文法》，蒋绍愚、徐昌华译，北京大学出版社2003年版。

赵元任：《汉语口语语法》，吕叔湘译，商务印书馆1979年版。

三　学术期刊

卜师霞：《关于否定副词"别"是"不要"合音的质疑》，《中山大学学报论丛》2002年第6期。

常玉钟：《口语习用语略析》，《语言教学与研究》1989年第2期。

陈一、李广瑜：《"别+引语"元语否定句探析》，《世界汉语教学》2014年第4期。

戴浩一、黄河：《时间顺序和汉语的语序》，《国外语言学》1988年第1期。

戴浩一、叶蜚声：《以认知为基础的汉语功能语法刍议》（下），《国外语言学》1991年第1期。

戴耀晶：《试论现代汉语的否定范畴》，《语言教学与研究》2000年第3期。

董秀芳：《词汇化与话语标记的形成》，《世界汉语教学》2007年第1期。

董秀芳：《话题标记来源补议》，《古汉语研究》2012年第3期。

董秀芳：《无标记焦点和有标记焦点的确定原则》，《汉语学习》2003年第1期。

董正存：《词义演变中手部动作到口部动作的转移》，《中国语文》2009年第2期。

段士平：《国内二语语块教学研究述评》，《中国外语》2008年第4期。

范继淹：《论介词短语"在+处所"》，《语言研究》1982年第1期。

方梅：《负面评价表达的规约化》，《中国语文》2017年第2期。

方梅：《指示词"这"和"那"在北京话中的语法化》，《中国语文》2002年第4期。

干红梅：《语义透明度对中级汉语阅读中词汇学习的影响》，《语言文字应用》2008年第1期。

龚千炎：《〈儿女英雄传〉是〈红楼梦〉通向现代北京话的中途站》，《语言科学》1994年第1期。

龚千炎、胡治农：《略说动词"搞"》，《中国语文》1979年第1期。

顾鸣镝：《关于构式承继及其理据的可探究性研究》，《北京交通大学学报》（社会科学版）2012年第2期。

郭继懋：《反问句的语义语用特点》，《中国语文》1997年第2期。

郭继懋、王红旗：《粘合补语和组合补语表达差异的认知分析》，《世界汉语教学》2001年第2期。

韩沛玲、刘云、崔蕊：《当代北京话中"且VP呢"构式及"且"的语义分析》，《中国语文》2015年第6期。

侯瑞芬：《"别说"与"别提"》，《中国语文》2009年第2期。

乐耀：《从"不是我说你"类话语标记的形成看会话中主观性范畴与语用原则的互动》，《世界汉语教学》2011年第1期。

李计伟：《走出银幕的"阿凡达"》，《语文建设》2010年第9期。

李晋霞、李宇明：《论词义的透明度》，《语言研究》2008年第3期。

李文浩：《"爱V不V"的构式分析》，《现代外语》2009年第3期。

李炎、孟繁杰：《禁止副词"别"来源再考》，《古汉语研究》2007年第1期。

李振中：《试论现代汉语框式结构》，《甘肃社会科学》2008年第5期。

刘大为：《从语法构式到修辞构式》（上），《当代修辞学》2010年第3期。

刘丹青：《构式的透明度和句法学地位：流行构式个案二则》，《东方语言学》2010年第1期。

刘丹青：《"有"字领有句的语义倾向和信息结构》，《中国语文》2011年第2期。

陆俭明：《从语法构式到修辞构式再到语法构式》，《当代修辞学》2016年第1期。

陆俭明：《对外汉语教学与汉语本体研究的关系》，《语言文字应用》2005年第1期。

陆俭明：《构式与意象图式》，《北京大学学报》（哲学社会科学版）2009年第3期。

陆俭明：《构式语法理论的价值与局限》，《南京师范大学文学院学报》2008 年第 1 期。

陆俭明：《现代汉语句法里的事物化指代现象》，《语言研究》1991 年第 1 期。

陆俭明：《修辞的基础——语义和谐律》，《当代修辞学》2010 年第 1 期。

陆志韦：《汉语的并立四字格》，《语言研究》1956 年第 1 期。

罗耀华：《三组待嵌格式语序的可及性解释》，《华中师范大学研究生学报》2006 年第 2 期。

孟德腾：《"唱动戏""说动话"中"动"的特殊用法》，《红楼梦学刊》2020 年第 5 期。

孟德腾、黄芙菊：《"X 千万条，Y 第一条"何以蹿红》，《语文建设》2019 年第 17 期。

孟德腾、黄芙菊：《新兴表达"旅旅游"研究》，《现代语文》2019 年第 5 期。

孟德腾：《假性否定构式"这一 X 不要紧，Y"的表意机制与语用功能》，《语文研究》2018 年第 4 期。

孟德腾、刘贵生：《也谈"长天老日"》，《红楼梦学刊》2015 年第 5 期。

孟德腾：《强调高程度义的"别提多 X（了）"类构式》，《汉语学习》2013 年第 5 期。

孟德腾：《"扎筏子"与"作法子"》，《红楼梦学刊》2017 年第 1 期。

莫彭龄：《"格式"研究刍议》，《常州工学院报学术论文集》1986 年第 2 期。

彭睿：《语法化·历时构式语法·构式化——历时形态句法理论方法的演进》，《语言教学与研究》2016 年第 2 期。

钱旭菁：《汉语语块研究初探》，《北京大学学报》（哲学社会科学版）2008 年第 5 期。

裘荣棠：《两种似是而非的"动＋的"的"的"字短语》，《淮北煤师院学报》（哲学社会科学版）1986年第3期。

邵敬敏：《说"V一把"中V的泛化与"一把"的词汇化》，《中国语文》2007年第1期。

邵敬敏：《汉语框式结构说略》，《中国语文》2011年第3期。

邵敬敏：《口语与语用研究的结晶——评〈口语习用语功能词典〉》，《世界汉语教学》1994年第2期。

邵敬敏：《"连A也/都B"框式结构及其框式化特点》，《语言科学》2008年第4期。

邵敬敏、王宜广：《"不是A，而是B"句式假性否定的功能价值》，《世界汉语教学》2010年第3期。

邵敬敏：《新兴框式结构"X你个头"及其构式义的固化》，《汉语学报》2012年第3期。

沈家煊：《复句三域"行、知、言"》，《中国语文》2003年第3期。

沈家煊：《概念整合与浮现意义》，《修辞学习》2006年第5期。

沈家煊：《句式和配价》，《中国语文》2000年第4期。

沈家煊：《语言的"主观性"和"主观化"》，《外语教学与研究》2001年第4期。

沈家煊：《三个世界》，《外语教学与研究》2008年第6期。

沈家煊：《语用原则、语用推理和语义演变》，《外语教学与研究》2004年第4期。

施春宏：《动词拷贝句句式构造和句式意义的互动关系》，《中国语文》2010年第2期。

施春宏：《句式分析中的构式观及相关理论问题》，《汉语学报》2013年第2期。

司罗红：《口语中的前置性话题标记"就"》，《中国语文》2013年第

6 期。

苏丹洁、陆俭明：《"构式—语块"句法分析法和教学法》，《世界汉语教学》2010 年第 4 期。

孙红玲：《致使性重动句的量变图式》，《世界汉语教学》2004 年第 4 期。

唐雪凝、张金圈：《表感叹性评价的"这 NV 的"构式分析》，《语言科学》2011 年第 2 期。

陶红印、张伯江：《无定式把字句在近、现代汉语中的地位问题及其理论意义》，《中国语文》2000 年第 5 期。

王春茂、彭聃龄：《合成词加工中的词频、词素频率及语义透明度》，《心理学报》1999 年第 3 期。

王立非、张大凤：《国外二语预制语块习得研究的方法进展与启示》，《外语与外语教学》2006 年第 5 期。

王丽玲：《也谈动词"提"言说义的来源》，《中国语文》2011 年第 6 期。

王晓辉、池昌海：《程度评价构式"X 就不用说了"研究》，《世界汉语教学》2014 年第 2 期。

王晓辉：《习语构式的动态浮现——由程度评价构式"X 没说的"说开去》，《语言教学与研究》2018 年第 4 期。

温锁林：《"VP 着也是 VP 着"构式表意的机制与特点》，《语言科学》2015 年第 4 期。

温锁林：《当代汉语临时范畴化强加模式：认知与修辞动因》，《福建师范大学学报》（哲学社会科学版）2012 年第 4 期。

温锁林：《当代"克隆语"初探》，《山西大学学报》（哲学社会科学版）2003 年第 4 期。

温锁林：《当代新兴构式"我 A，我 B"研究》，《当代修辞学》2018 年第 1 期。

温锁林：《汉语口语中表示制止的祈使习用语》，《汉语学习》2008 年第

4 期。

温锁林：《话语主观性的数量表达法》，《语言研究》2012 年第 2 期。

温锁林、申云玲：《转喻式否定的构建与功能》，《语言教学与研究》2012 年第 4 期。

温锁林：《一种特殊的语用否定：隐喻式否定》，《当代修辞学》2010 年第 3 期。

温锁林：《"有 + 数量结构"中"有"的自然焦点凸显功能》，《中国语文》2012 年第 1 期。

吴福祥：《试说"X 不比 Y·Z"的语用功能》，《中国语文》2004 年第 3 期。

吴为善：《"V 起来"构式的多义性及其话语功能——兼论英语中动句的构式特征》，《汉语学习》2012 年第 4 期。

吴为善：《递进性差比义构式及其变异——"一 M 比一 M + VP"的构式成因探讨》，《语言教学与研究》2011 年第 2 期。

吴为善、夏芳芳：《"A 不到哪里去"的构式解析、话语功能及其成因》，《中国语文》2011 年第 4 期。

项开喜：《汉语重动句式的功能研究》，《中国语文》1997 年第 4 期。

辛仪烨：《流行语的扩散：从泛化到框填——评本刊 2009 年的流行语研究，兼论一个流行语研究框架的建构》，《当代修辞学》2010 年第 2 期。

邢福义：《汉语语法结构的兼容性和趋简性》，《世界汉语教学》1997 年第 3 期。

邢福义：《略论复句与推理》，《华中师范大学学报》（人文社会科学版）1977 年第 4 期。

徐盛桓：《常规关系与句式结构研究——以汉语不及物动词带宾语句式为例》，《外国语》2003 年第 2 期。

徐以中、杨亦鸣：《副词"都"的主观性、客观性及语用歧义》，《语言研究》2005 年第 3 期。

许德楠：《口语句子中"吞"掉语法成分的现象》，《语文研究》1984 年第 4 期。

荀恩东、饶高琦、肖晓悦、臧娇娇：《大数据背景下 BCC 语料库的研制》，《语料库语言学》2016 年第 1 期。

严辰松：《从"年方八十"说起再谈构式》，《解放军外国语学院学报》2008 年第 6 期。

严辰松：《语言临摹性概说》，《国外语言学》1997 年第 3 期。

叶建军：《"X 胜似 Y"的来源、"胜似"的词汇化及相关问题》，《语言科学》2013 年第 3 期。

俞燕、仇立颖：《框填式流行语何以如此流行？》，《修辞学习》2009 年第 6 期。

袁毓林：《从焦点理论看句尾"的"的句法语义功能》，《中国语文》2003 年第 1 期。

张伯江：《否定的强化》，《汉语学习》1996 年第 1 期。

张伯江：《构式语法应用于汉语研究的若干思考》，《语言教学与研究》2018 年第 4 期。

张伯江：《语体差异和语法规律》，《修辞学习》2007 年第 2 期。

张风格：《口语习用语研究的两个问题》，《语言文字应用》2005 年第 2 期。

张拱贵：《语法格式和语汇格式——〈现代汉语"格式"初探〉序》，《汉语学习》1985 年第 5 期。

张国宪：《现代汉语形容词的典型特征》，《中国语文》2000 年第 5 期。

张清常：《汉语的 15 个数词》，《语言教学与研究》1990 年第 4 期。

张谊生：《非框架流行构式"X 那些/点事"研究》，《当代修辞学》2015 年第 2 期。

张谊生:《试论主观量标记"没"、"不"、"好"》,《中国语文》2006年第2期。

郑娟曼:《从引述回应式看汉语习语构式的贬抑倾向》,《浙江师范大学学报》(社会科学版)2012年第3期。

郑娟曼:《"还NP呢"构式分析》,《语言教学与研究》2009年第2期。

周荐:《双字组合与词典收条》,《中国语文》1999年第4期。

周荐:《〈现代汉语词典〉中的待嵌格式》,《中国语文》2001年第6期。

周荐:《"语模"造语浅说》,《语文研究》2008年第1期。

周健:《语块在对外汉语教学中的价值与作用》,《暨南学报》(哲学社会科学版)2007年第1期。

周一民:《名词化标记"一个"构句考察》,《汉语学习》2006年第2期。

四 学位论文

白雁:《现代汉语代词重叠现象之考察》,硕士学位论文,华中师范大学,2008年。

魏扬秀:《重动句原因解释功能分析》,硕士学位论文,北京语言文化大学,2001年。

徐阳春:《关于虚词"的"及其相关问题研究》,博士学位论文,复旦大学,2003年。

杨杰:《"一个"的非计量用法研究》,硕士学位论文,哈尔滨师范大学,2011年。

张艳:《"这一X不要紧,Y"构式研究》,硕士学位论文,上海师范大学,2016年。

郑娟曼:《现代汉语贬抑性习语构式研究》,博士学位论文,暨南大学,2010年。

五 外文文献

Becker, *The Phrasal Lexical*, Cambridge, Mass.: Bolt and Newman, 1975.

Bolinger, *Meaning and Form*, London: Longman, 1977.

Fauconnier, *Mappings in Thought and Language*, Cambridge: Cambridge University Press, 1997.

Goldberg, *Construction: Construction Grammar Approach to Argument Structure*, Chicago: Chicago University Press, 1995.

Goldberg, *Constructions at Work: the Nature of Generalization in Language*, Oxford: Oxford University Press, 2006.

Jesperson, *The Philosophy of Grammar*, London: George Allen & Unwin Ltd., 1924.

John Lyons, *Introduction to Theoretical Linguistics*, Cambridge: Cambridge University Press, 1968.

Langacker, Ronald W., *Foundations of Cognitive Grammar*, California: Stanford University Press, 1991.

Leech, *Principles of Pragmatics*, London: Longman, 1983.

Lyons, *Sematics*, Cambridge: Cambridge University Press, 1977.

Nattinger & De Carrico, *Lexical Phrases and Language Teaching*, Oxford: Oxford University Press, 1992.

Nunberg, Idioms, *Language*, Vol. 70, 1994.

Schiffrin, Deborah, *Discourse Markers*, Cambridge: Cambridge University Press, 1988.

Searle, J. R., *Speech Acts: An Essay in the Philosophy of Language*, Beijing: Foreign Language Teaching and Research Press, 2001.

Townsend & T. G. Bever, *Sentence Comprehension: the Integration of Habits and Rule*, Cambridge: MIT Press, 2001.

Traugott & Trousdale, *Constructionalization and Constructional Changes*, Oxford: Oxford University Press, 2013.

Wittgenstein, *Tractatus Logico-Philosophicus*, London: Routledge, 1974.

Wray, *Formulate Language and Lexicon*, Cambridge: Cambridge University Press, 2002.

Wray, "Formulate language in learners and native speakers", *Language Teaching*, Vol. 6, 1999.

附录 1

释"长天老日"*

《红楼梦学刊》2013 年第 1 辑刊载张晓英、谭文旗二位先生的《〈红楼梦〉词语零札》一文（为便于论述，以下简称张文），其中谈到《红楼梦》中的一个词语"长天老日"，认为《汉语大词典》将之解释为"漫长的白天"、《红楼梦语言词典》解释为"形容夏天白昼时间长"以及《小说词语汇释》解释为"日长的天气"都不够准确，引用作者的原话就是"这似乎只及'长天'之意，非'长天老日'或'长天大日'的确诂"。接下来，文章又引用了《红楼梦》以及其他古今小说中的例子来分别谈了"长天"和"老日"的含义，最后得出作者自己的观点："长天"除了有漫长的白天之意外，"尤指炎热的天气"；而"老日"则指"烈日、酷日"。对于以上的结论，笔者不敢苟同。笔者认为，张、谭二先生之说似可商榷。今不揣浅陋，就"长天老日"一词的释义略陈鄙见，求教于各位方家。

第一节 "长天老日"的语义透明度

要考察"长天老日"究竟何义，有必要先对其构成要素逐个分析，

---

* 本文和刘贵生合作，发表于《红楼梦学刊》2015 年第 1 辑，发表时题为《也谈"长天老日"》。

并进一步确立整体结构的语义表现及其语义透明度的梯级。所谓语义透明度（semantic transparency），是指词义从构成要素上推知的难易程度：整体意义可从部分意义上得出，那么语言单位的意义是透明的，反之是不透明的。李晋霞、李宇明（2008）将其划分为四个梯级：完全透明、比较透明、比较隐晦、完全隐晦。① 举例来说，《现代汉语词典》将"哀愁"一词解释为"悲哀忧愁"，② "哀"对应"悲哀"，"愁"对应"忧愁"，意义完全透明。有些词语由于语素义生僻或词义辗转引申等原因，人们难以从词语构成要素来获得词义的线索，其语义透明度就显得隐晦，如"码头""东床"等。

我们先从"长天老日"的结构关系以及四个构成要素"长""天""老""日"作探析。

从内部结构方式和整体功能来看，"长天老日"属于并列结构的名词性成语，"长天"和"老日"两个偏正结构之间属于并列关系。并列式成语中经常存在这种情形：构成短语的前后两词的意思具有互参性，如万紫千红、半斤八两、唉声叹气、五颜六色等，无疑"长天老日"就属于此种情况。换言之，"长天"和"老日"在意义上可以互相参考。

查阅各种词典发现，"长"具备多个义项。但最基本的含义是指两点之间的空间距离大（跟"短"相对）。至于像"昼长夜短""长寿"等词中指时间的"长"都是空间概念上的引申义，与"长"有关的成语如"长年累月""天长日久""地久天长""永世长存""万古长青""来日方长"等均不例外。

时间是一种抽象的概念，因此人们对时间的认知往往需要借助其他熟悉的具体概念。时间表达通常是通过隐喻这一认知手段将空间概念结

---

① 李晋霞、李宇明：《论词义的透明度》，《语言研究》2008 年第 3 期。
② 中国社会科学院语言研究所词典编辑室编：《现代汉语词典》第 7 版，商务印书馆 2016 年版，第 2 页。

构投射到时间概念结构上。语言中这类现象比比皆是。如汉语中的"三天前""五天后"等。"前""后"均为表示空间概念的方位词。

按照词包含义项多寡的不同,词有单义和多义之分。多义词的若干项词义只是为语言使用者提供了一种选择的可能性,实际上在具体的语言表达中其词义总会单一化,选择其中某个义项而舍弃其他义项。查阅各类工具书发现,"天"有十多个义项,诸如:天空;位置在顶部的;一昼夜二十四小时的时间,有时专指白天;一天里的某一段时间;季节;天气;天然的;自然;迷信的人指自然界的主宰者;迷信的人指神佛仙人所住的地方等。在选择"白天"这一义项时,其他义项就会隐退。

各类工具书中关于"日"的解释也有多个义项,罗列如下:①太阳;②指日本;③从天亮到天黑的一段时间,也就是专指白天;④地球自转一周的时间;⑤每天;⑥泛指一段时间;⑦特指某一天。表示时间长的"长天"为确立"老日"的"老"和"日"提供了一种最直接的参照。无疑"日"应是取白昼或白天的含义。如:

(1) 夏之日,冬之夜。百岁之后,归于其居!(《诗经·唐风·葛生》)

(2) 仰而思之,夜以继日。(《孟子·离娄下》)

例(1)和例(2)中的"日"和"夜"语义对举,其中的"日"即为"白天"之意。

(3) 郊之祭也,迎长日之至也。(《礼记·郊特牲》)

郑玄注:"此言迎长日者,建卯而昼夜分,分而日长也。"孔颖达疏:"迎长日之至也者,明郊祭用夏正建寅之月,意以二月建卯,春分后日长,今正月建寅,郊祭通而迎此长日之将至。"① 郑玄注和孔颖达疏均说明"长日"为白天的时间变长。

(4)令狐相进李远为杭州。宣宗曰:"比闻李远诗云:'长日唯销一局棋',岂可以临郡哉!"(唐·张固《幽闲鼓吹》)

(5)长日多飞絮,游人爱绿阴。(宋·徐玑《春日游张提举园池》)

"长日"在今人文中亦可见到。如:

(6)声音已经嘶嗄了,还带些睡意,如给夏天的长日催眠。(鲁迅《彷徨·示众》)

在"长天老日"中,"日"跟"天"的意思是一样的,都是白昼或白天的意思。就多义词"老"而言,其中一项意义就是表示时间长,如《汉语大字典》中"老"的第八个义项为"历时长久的",书证为宋代赵抃"雨久藏书蠹,风高老树斜"。②"老树"即为生长时间长的树。"天荒地老、老不见你"中的"老"也均为此义。

上文提到,多义词在具体的语言表达中总会选择其中的某个义项而舍弃其他义项,达到义项单一化的结果,这样词语的理解才会落在实处,否则就会摇摆不定。按张文的理解,"长天"除了有漫长的白天之意外,"尤指炎热的天气",这种说法值得商榷。"天"在成语"长天老日"中既指"白天",又指"天气",这就使得词义的理解没有真正落实到某个义项上面来。此外,如果把"天"理解为"天气",那就意味

---

① 李学勤主编:《礼记正义》,北京大学出版社1999年版,第795页。
② 汉语大字典编辑委员会:《汉语大字典》,四川辞书出版社、湖北辞书出版社1986年版,第2778页。

着"长"具有"炎热"的意思,可从工具书"长"的多个义项中,作为"炎热"的意义却难觅踪影。可能张文也意识到"长天老日"具有并列关系的结构特征,因此为了和"长天"指天气炎热的意思相一致,错上加错,将"老日"理解为"烈日、酷日",但"老"作为"酷热"的含义同样难以从字典中看到。

让我们回到《红楼梦》第29回《享福人福深还祷福　痴情女情重愈斟情》的文本中,再一次来考察"长天老日"究竟有无"炎热"义:

(7)一时,凤姐儿来了,因说起初一日在清虚观打醮的事来,遂约着宝钗、宝玉、黛玉等看戏去。宝钗笑道:"罢,罢,怪热的。什么没看过的戏,我就不去了。"凤姐儿道:"他们那里凉快,两边又有楼。咱们要去,我头几天打发人去,把那些道士都赶出去,把楼打扫干净,挂起帘子来,一个闲人不许放进庙去,才是好呢。我已经回了太太了,你们不去我去。这些日子也闷的很了。家里唱动戏,我又不得舒舒服服的看。"

贾母听说,笑道:"既这么着,我同你去。"凤姐听说,笑道:"老祖宗也去,敢情好了!就只是我又不得受用了。"贾母道:"到明儿,我在正面楼上,你在旁边楼上,你也不用到我这边来立规矩,可好不好?"凤姐儿笑道:"这就是老祖宗疼我了。"贾母因又向宝钗道:"你也去,连你母亲也去。长天老日的,在家里也是睡觉。"宝钗只得答应着。贾母又打发人去请了薛姨妈,顺路告诉王夫人,要带了他们姊妹去。

王熙凤要约宝钗、宝玉、黛玉等去看戏,宝钗以天气炎热为由婉拒。贾母听说王熙凤要把清虚观打理好来唱戏之后,就欣然同往,并特别让宝钗和薛姨妈也一起前往。贾母的理由很清楚,就是由于白天时间漫长，与其在家里睡觉倒不如出去看看戏。从文中看出，所谓天气热只不过是薛宝钗不愿意去看戏的推托之词，贾母所说的"长天老日"根本没有向薛姨妈传达天热的意思。

从词义聚合角度看，和"长天老日"的同义成语还有"长天大日"。如：

（8）外边就走进两个人来：一个叫文章伯，一个叫德慧生。这两人本是老残的至友，一齐说道："这么长天大日的，老残，你蹲家里做甚？"老残连忙起身让坐，说："我因为这两天困于酒食，觉得怪腻的。"（清·刘鹗《老残游记》）

文中，老残的至友文章伯和德慧生通过疑问句的形式达到了祈使的语力效果：对老残而言，与其在家里熬时间倒不如走出家门。尽管"长天老日"和"长天大日"相差一个字，但"大"跟"老"的意思如出一辙，都是指时间长。《汉语大字典》中"大"的第2个义项为"在程度、规模、声势、时间超过一般或所比对象"。[①]"大"这个含义在日常语言中也屡见不鲜，如"大礼拜""大秋作物"等。

从客观事理上说，夏天酷热的天气较多，因而人们主观上就会觉得时间漫长。但因为白天漫长就把"长天老日"的用法局限于夏天，则有以偏概全之嫌。因为除了夏天，春天也可以在主观上觉得时间长。如：

（9）春日迟迟，采蘩祁祁，女行伤悲，殆及公子同归。（《诗经·豳风·七月》）

（10）兰若生春夏，芊蔚何青青。幽独空林色，朱蕤冒紫茎。迟

[①] 汉语大字典编辑委员会：《汉语大字典》，四川辞书出版社、湖北辞书出版社1986年版，第520页。

迟白日晚，袅袅秋风生。岁华尽摇落，芳意竟何成。[唐·陈之昂《感遇》（其一）]

例（9）中的"春日迟迟"就是指春日长；例（10）中的"迟迟"则不仅包括夏天还包括春天。

值得一提的是，张文为了证明"长天老日"含有"天热"之意，认为"老日"中的"老"意谓"大"，并专门引用作家柳青《创业史》第一部第十四章："一个高大的庄稼汉，一只手端着老碗，另一只手端小菜碟，肩膀上搭着庄稼人吃饭时揩汗的毛巾，从昏暗的街门进来了。"在此基础上，作者指出："老碗"谓大碗。而"老日"则指"烈日、酷日"。但问题是："老碗"谓大碗与"老日"指"烈日、酷日"之间有何内在联系？"老碗"和"老日"中的"老"在意义上是否同质？我们认为此处的论证缺乏较为严密的逻辑性和必要的联系，这在一定程度上削弱了其论点的可信度。

至此，我们认为"长天老日"就是指白天时间长，语义透明度很高，其整体意义可从构成要素上推导出来，处于完全透明这一梯级。

第二节　词典编纂中成语释义的相关问题

释义是词典编纂的核心工作，也是衡量一部词典质量高低的一项最重要的指标。单纯从表面上看，将"长天老日"释为"尤指炎热的天气"，在《红楼梦》的具体语言环境中似乎并无不妥，但就词典编纂中的成语释义角度而言，还是经不起推敲的。按照"现代语言学之父"索绪尔的理论，语言是抽象的，是言语的基础，言语是具体的。词典编纂在释义上归根结底是要去解释词或语的静态语言义而非动态言语义。我们不否认语境对词语理解的重要性，但如果陷入语境支配的泥潭中而不能自拔，释义时就会被语境牵着鼻子走，就会衍生出许多貌似合理却难以立足的义项来。语境千差万别，完全依赖于语境来解释词义，就往往会望文生义，词或语就会缺乏较为固定的义项。当词或语的义项跟随语境而变得飘忽不定时，其意义也就随之模糊不清。因此，将"长天老日"释为"尤指炎热的天气"看上去是个案现象，但值得引起词典编纂者的高度注意。如有人认为"一人两次""一人一块钱"中的"一"具有代词用法，相当于"每、各"。其实"一"的"每、各"意义都是构式赋予的，而非"一"本身所具有的意义。这对词典编纂过程中成语释义时很有启发意义。那就是成语释义要依靠语境，但同时要高度警惕出现将语境临时赋予的意义强加于成语之上的做法。

我们认为，张文将"长天老日"释为"尤指炎热的天气"的一个重要原因在于例证的引用上出现了偏差。作者所引的论据中"大日""大日头""毒日头""大毒日头"均指烈日。我们并不否认论据中解释的正确性。但仅仅因"长天老日"中的"老日"就是"大日"，然后进一步推导认为是"烈日"，恐怕步入了同形不同质的误区。因此，释义当借助其他例证作为佐证时，一定要注意所引用的例证和需要注解的内容是否同质。如果同形不同质就会使我们误入歧途，出现偏差甚至牵强附会。

除张文中所提到的几部工具书之外，"长天老日"均指时间长的白天，这一点也可以得到方言的佐证。如：

（11）冀鲁官话。山东淄博。《蒲松龄集·附录·学究自嘲》"四月夏天以来，长天老日好难挨。"（《汉语方言大词典》①）

---

① 许宝华、宫田一郎主编：《汉语方言大词典》，中华书局1999年版，第870页。

之所以说"长天老日好难挨",就是因为一日如三秋,人在主观上觉得时间太漫长。四月夏天作为初夏,天气并非烈日当头炎热难耐,只是开始昼长夜短,白天由于时间长而感到难熬罢了。方言如此,现代文学作品中亦有类似用法。如:

(12)"长天老日好难挨,过一天,如同三秋迈"。虽然日子是一天天地长起来,但东家供应的馆谷却一天天地逐渐衰少。(北京大学 CCL 语料库)

总之,将白天时间的漫长发挥理解为炎热的天气对于《红楼梦》引文部分可以理解,但如果放在其他文本中则显得扞格难通。因此,笔者还是赞同文中所提到的三部辞书和《〈红楼梦〉辞典》等工具书对于"长天老日"的解释,"长天老日"语义透明度很高,就是用来指漫长的白天。至于该成语"尤指炎热的天气"当属就《红楼梦》这一具体语境所做的发挥之辞,非为确诂,实为蛇足,当削之为妥。

附录 2

"扎筏子"与"作法子"[*]

《红楼梦》第 60 回《茉莉粉替去蔷薇硝　玫瑰露引来茯苓霜》中有"扎筏子"一词：

（1）五儿便送出来，因见无人，又拉着芳官说道："我的话到底说了没有？"芳官笑道："难道哄你不成？我听见屋里正经还少两个人的窝儿，并没补上。一个是红玉的，琏二奶奶要去还没给人来；一个是坠儿的，也还没补。如今要你一个也不算过分。皆因平儿每每的和袭人说，凡有动人动钱的事，得挨的且挨一日更好。如今三姑娘正要拿人扎筏子呢，连他屋里的事都驳了两三件，如今正要寻我们屋里的事没寻着，何苦来往网里碰去。倘或说些话驳了，那时老了，倒难回转。不如等冷一冷，老太太、太太心闲了，凭是天大的事先和老的一说，没有不成的。"

查阅"扎筏子"，多部工具书释义大同小异。如周定一主编《红楼

---

[*] 本文发表于《红楼梦学刊》2017 年第 1 辑。语料检索发现，"扎筏子"与"作法子"这两个 VO 结构在现代汉语中仍在使用。本文以《红楼梦》中"扎筏子"与"作法子"为考察对象，不影响文章所得的结论。

梦语言词典》释为"责罚某人或处置某事作为惩戒别人的样子；找借口出气"。冯其庸、李希凡主编《红楼梦大辞典》则解释为"亦作'作筏子''作法子'等。意为找岔头、寻借口、借题发挥，拿某人'扎筏子'意即拿某人当作出气或立威的对象"。白维国主编《白话小说语言词典》认为该词意义为"找借口惩处别人，借以达到撒气、警告或示威的目的"。杨为珍、郭荣光主编《〈红楼梦〉辞典》则对中间插入量词"个"的"扎个筏子"作了注解："意思是借个由头，找个根据。"

进一步查检各部工具书释义中提到的"作筏子"。《红楼梦语言词典》释为"以某事或某人做榜样，为自己泄愤或树立威望"。并以"扎筏子""作法"为参照。《白话小说语言词典》认为"作筏子"即"扎筏子"。

关于"作法子"，多部辞书的释义亦有重合：《红楼梦大辞典》释为"亦作'作筏子''作法子''扎罚子'等。意为找岔头、寻借口、借题发挥，拿某人'作法'意即拿某人当作出气或立威的对象，作个样子以儆其余。"有的工具书则干脆认为"作法（子）"就是"作筏子"，如《〈红楼梦〉辞典》注为"又写作'扎筏子'，即拿某人出气，以警告别人，类似打鸡给猴看"。《白话小说语言词典》和《红楼梦语言词典》《〈红楼梦〉辞典》等辞书均持这种看法。

综合各部工具书的释义情况来看，"扎筏子""作筏子""作法子""作法"之间存在着诸多纠葛，给人的感觉真有些"剪不断，理还乱"。词汇学理论主张词义是词汇研究的核心和落脚点。那么，根据这一理论主张，这几个词的词义和构词理据有何异同？如果不一致，会有哪些区别？为什么会产生种种纠葛？这一系列问题确实有必要作进一步思考。

第一节　扎筏子

要探讨某个词的词义，可以通过析词审义的方式，先"各个击破"，对其构成要素逐个分析，进而确立整体结构的语义表现和语义透明度，即词义从构成要素上推知的难易程度。循着这种思路，我们先来看"筏"：

（2）"筏"，房越切，入，月部。指用竹、木编扎成的水上交通工具。说文中无"筏"字，木部有"橃"字，宋徐铉认为即筏字。①

除了用竹子和木头作为材料制作而成的竹筏、木筏之外，"筏"还可以用动植物的皮来制作，即"皮筏"。沈其光《瓶粟斋诗话》载：

（3）《居易录》载李宗麓（开先）太仆《塞上曲》云："黄河万里障边隅，黠虏年来谋计殊。不用轻帆与短棹，浑脱飞渡只须臾。"李自注："脱音驼。"据此，皮筏即浑脱……但云用羊皮，不知又有用牛皮者。"

从这则材料可得知，"皮筏"就是"浑脱"，用牛羊皮作为制作材料。何谓"浑脱"？《瓶粟斋诗话》亦有说明：

（4）余于役三关，次太子滩。隔岸群夷来见，乱流而渡，见有骑一物浮水面者，问之，曰：浑脱也。盖取羊皮浑脱其骨肉而制

---

① 王力主编：《王力古汉语字典》，中华书局 2000 年版，第 348 页。

之，故名。

"浑"为"全"之意，指把整张皮从牛羊身上剥下来。关于"浑脱"的制作方法，文献多有记载。清代陈康祺所撰《郎潜记闻初笔二笔三笔》中云：

（5）乾隆朝，金川之役，阿文成公桂攻克美诺寨时，以皮船渡水，克小金川。僧克桑遁，泽旺降，遂进讨大金川。皮船之制，今不知尚有存否？按《金川琐记》载皮船制甚详。又称西宁多以羊皮舟，名浑脱。

笔者按图索骥，查阅清代李心衡《金川琐记》，其中"皮船"制作条云：

（6）甘肃邻近黄河之西宁一带，多浑脱，尽取羊皮，去骨肉制成。轻浮水面，骑渡乱流。李太仆开先《塞上曲》有"不用轻帆并短棹，浑脱飞渡只须臾"之句。其巧便已可概见。

《金川琐记》之前，明代叶子奇《草木子·杂俎》已有"浑脱"制作方法的介绍：

（7）北人杀小牛，自脊上开一孔，遂旋取去内头骨肉，外皮皆完，揉软用以盛乳酪酒湩，谓之浑脱。

可见"浑脱"既可作为渡水工具，亦可盛放水浆饮料。"浑脱"在历代诗文中多见。《宋史·苏辙传》载"访闻河北道顷岁为羊浑脱，动以千计。浑脱之用，必军行乏水，过渡无船，然后须之"。《元史·石抹按只传》中记载"叙州守将横截江津，军不得渡，按只聚军中牛皮，作浑脱及皮船，乘之与战，破其军，夺其渡口，为浮桥以济师"。

再来看"扎"。"扎"是个非常典型的手部动词。王力主编《王力古汉语字典》释义为："扎：侧八切，入，黠韵，照₂。捆扎、缠束。水浒传三三回：'家家门前扎起灯棚。'说文无扎字。'紥'是'扎'的后起字，亦作'紮'。广韵黠韵：'紥，缠弓弝也。'""弝"就是"把"，即器物上的柄。王维诗《出塞作》曰"玉弝角弓珠勒马。""玉弝"指弓背中部手握着的地方，需要缠扎。

单从字面义看，"扎筏子"就是把整体脱下来的牛羊皮充上气绑扎好，作为渡水工具。该词在工具书释义中何以有"找借口出气、撒气"之意？我们认为，这是隐喻（metaphor）的认知机制在起作用。依照认知语言学理论，隐喻是一种以相似性为基础而普遍存在的思维方式和认知手段，从一个源域到目标域的映射（mapping）。隐喻中有一种类型叫容器隐喻。这种隐喻方式产生于我们的日常生活经验，即任何有边界或者能构想出边界的物理空间都可以看作容器。若将这一容器概念映射到更为抽象的领域，就形成了各种容器隐喻。语言中容器隐喻的例子随处可见，像"他坠入爱河中""走进新时代""春天里的故事"等耳熟能详的表达无一不是容器隐喻。

"扎筏子"的词义产生和理解也包含有容器隐喻。牛羊的整张皮形成"浑脱"之后，就要往进充气。如《宋史·王延德传》有"以羊皮为囊，吹气实之浮于水"。沈其光《瓶粟斋诗话》载《陇西朴札》云："甘肃滨河一带，上人以牛羊去毛及骨肉，全腔鼓之以气，藉以济渡、载运粮食，名曰'皮筏'。"

充气时，牛羊皮就是一个容器。气充好之后，就需要绑扎好，方可漂浮于水上。明代杨一清所撰《关中奏议》卷十四"听得伙内敌人说要纠同套内大势众敌人,绑扎皮筏,浮水过河,与黄毛敌人鏖杀"。《清实录》则记载"鏖战二时之久,贼始溃散。该逆扼守洮河,恃险抗拒。初八日,该提督复亲督全军。暨马安良四营旗,赶扎皮筏,衔枚竞渡"。

"气"是皮筏子的重要内容。当人们把皮筏子充气后绑扎这一意象图式映射到人与人之间的关系时,容器隐喻的认知机制就开始发挥作用:对于批评者而言,我批评、责骂或惩罚你,你就是出气的对象;对于被批评者而言,"我"接受批评、责骂或惩罚,就是受"你"的气。无论出气还是受气,被批评者都是批评者撒气的容器。《红楼梦》第60回《茉莉粉替去蔷薇硝 玫瑰露引来茯苓霜》中,有一段夏婆子和赵姨娘之间的对话:

(8)夏婆子道:"我的奶奶,你今日才知道,这算什么事。连昨日这个地方他们私自烧纸钱,宝玉还拦到头里。人家还没拿进个什么儿来,就说使不得,不干不净的忌讳。这烧纸倒不忌讳?你老想一想,这屋里除了太太,谁还大似你?你老自己撑不起来;但凡撑起来的,谁还不怕你老人家?如今我想,乘着这几个小粉头儿恰不是正头货,得罪了他们也有限的,快把这两件事抓着理扎个筏子,我在旁作证据,你老把威风抖一抖,以后也好争别的理。便是奶奶姑娘们,也不好为那起小粉头子说你老的。"

赵姨娘遇见藕官的干娘夏婆子后,"悉将芳官以粉作硝轻侮贾环之事说了",夏婆子煽风点火,唯恐不乱,顺便提起藕官在园中烧纸钱犯忌讳一事,夏婆子怂恿本来就心生怨恨的赵姨娘把这两件事作为根据,抖威风,出胸中恶气。

语言中经常会发生词义泛化现象。比如"抓一把""推一把"中的"抓""推"词义就比较实在,而"猜一把""赌一把"中的"猜""赌"就已经不再是意义实在的手部动词,词义出现泛化现象。基于这种现象，我们认为"作筏子"是典型的手部动词"扎"的词义从专化进一步泛化的结果。第 60 回中"如今三姑娘正要拿人扎筏子呢"一句，庚辰本、戚宁本、戚序本皆为"扎筏子"，蒙府本、甲辰本皆为"作筏子"，可看作意义相同的异体写法。《红楼梦》第 61 回《投鼠忌器宝玉瞒赃　判冤决狱平儿行权》"厨房风波"中，莲花说了一段话：

（9）莲花听了，便红了脸，喊道："谁天天要你什么来？你说上这两车子话！叫你来，不是为便宜却为什么。前儿小燕来，说晴雯姐姐要吃芦蒿，你怎么忙的还问肉炒鸡炒？小燕说：'荤的因不好才另叫你炒个面筋的，少搁油才好。'你忙的倒说自己发昏，赶着洗手炒了，狗颠儿似的亲捧了去。今儿反倒拿我作筏子，说我给众人听。"

司棋打发迎春房里的小丫头莲花去厨房，找柳家媳妇要碗炖鸡蛋。柳家媳妇不情愿，于是就以鸡蛋短缺为借口拒绝。当莲花揭起菜箱看到有十来个鸡蛋后，对柳家媳妇极为不满。当听到柳家媳妇的辩白后，莲花"便红了脸"，把柳家媳妇对晴雯优待的事情抖搂出来。莲花认为柳家媳妇厚此薄彼，觉得受了柳家媳妇的气，自然感到特别委屈。

综上所述，"扎筏子""作筏子"意义相同，语义透明度较低，二者均为发泄、撒气之意。这一用法，在其他文学作品中也可看到，如《金瓶梅》第 24 回：

（10）"我又不是你影的，何故把与你衣服穿？"敬济道："你老人家不与就罢了，如何扎筏子来唬我？"

"扎筏子"一词在今天东北官话、北京官话等部分方言中仍然存在。如：

(11) 东北官话：他受了批评，回家拿孩子老婆扎筏子。｜别人批评你，别拿我扎筏子。北京官话：他有气就拿我扎筏子。｜拿你扎筏子给大伙儿看。

第二节　作法子

依说文，"法"为"灋"的重文。"灋"属会意字。《说文解字》释义为：

(12) "灋，刑也。平之如水，从水。廌，所以触不直者去之，从去。""解廌，兽也。似山羊一角。古者决讼，令触不直。象形从豸者。凡廌之属，皆从廌。"

"灋"从氵、从廌、从去，以水之平、廌触不直者去之来组合示意。"灋"后简为"法"。从"水"，表示法律、法度公平如水；从"廌"，即神话传说中的一种名叫"解廌"的神兽。据说它能辨别曲直，在审理案件时，它能用角去触理亏的人。这就是"灋"（法）的基本义：刑法；法律；法度。法律是用来约束人们的行为的，"法"的词义进一步引申为"准则、标准"，如《左传·成公十二年》"天下有道，则公侯能为民干城，而制其腹心。乱则反之。今吾子之言，乱之道也，不可以为法。"汉代桓宽《盐铁论·相刺》有"居则为人师，用则为世法"。

和"扎筏子""作筏子"词义中包含容器隐喻认知机制不同，"作法"一词的语义透明度很高，从字面义就可以推测其整体意义。"作法"就是树立某种标准，给别人立规矩。"法"后加名词后缀"子"，"作法子"的整体意义不变。《红楼梦》第55回《辱亲女愚妾争闲气欺幼主刁奴蓄险心》中王熙凤对平儿说：

(13) 他虽是姑娘家,心里却事事明白,不过是言语谨慎;他又比我知书识字,更厉害一层了。如今俗语"擒贼必先擒王",他如今要作法开端,一定是先拿我开端。……

王熙凤生病之后,探春大刀阔斧兴利除弊,开源节流,表现出卓越的管理才能。上任之初,探春就果断处理了"大管家娘子"吴新登媳妇的刁难,并取消了宝玉、贾环和贾兰三人上学的点心以及纸笔的月银。"一石激起千层浪",这两件事自然引起了多方注意,更引起了凤姐的警觉和刮目相看。"改革制度和处理人事必和当家人王熙凤有抵触,探春当然了解。所以她对某些事依然要征求王熙凤的意见。而凤姐也更加敏感,准备探春从自己开刀,而且唯恐平儿不理解这种方针。"[①]于是王熙凤一再叮嘱平儿要顺着探春,还用熟语"擒贼必先擒王"把自己看作探春改革过程中"作法开端"的首要对象。再如《红楼梦》第73回《痴丫头误拾绣春囊　懦小姐不问累金凤》:

(14) 贾母道:"你们不知。大约这些奶子们,一个个仗着奶过哥儿姐儿,原比别人有些体面,他们就生事,比别人更可恶,专管调唆主子护短偏向。我都是经过的。况且要拿一个作法,恰好果然就遇见了一个。你们别管,我自有道理。"宝钗等听说,只得罢了。

此处"作法",蒙府本为"作法子",义同。"观其伴,知其义",文本中其他语句往往也可以起到帮助揭示"作法子"意义的作用。请看第55回《辱亲女愚妾争闲气　欺幼主刁奴蓄险心》秋纹和平儿等人之间的对话:

[①] 王昆仑:《红楼梦人物论》,北京出版社2004年版,第73页。

（15）秋纹听了，忙问："这是为什么了？"平儿与众媳妇等都忙告诉他原故，又说："正要找几件利害事与有体面的人开例作法子，镇压与众人作榜样呢。何苦你们先来碰在这钉子上。你这一去说了，他们若拿你们也作一二件榜样，又碍着老太太、太太；若不拿着你们作一二件，人家又说偏一个向一个，仗着老太太、太太威势的就怕，也不敢动，只拿着软的作鼻子头。你听听罢，二奶奶的事，他还要驳两件，才压的众人口声呢。"

此处"作法子"注释为"处理某人来立威，以儆其余"。这是正确的。结合上下文语境，"正要找几件利害事与有体面的人开例作法子"和"镇压与众人作榜样呢"两句话意义互相参照，"作法子"明显就是树立规矩，杀鸡儆猴之意。再如《红楼梦》第71回《嫌隙人有心生嫌隙　鸳鸯女无意遇鸳鸯》的例子：

（16）鸳鸯早已听见琥珀说凤姐哭之事，又和平儿前打听得原故。晚间人散时，便回说："二奶奶还是哭的，那边大太太当着人给二奶奶没脸。"贾母因问为什么原故，鸳鸯便将原故说了。贾母道："这才是凤丫头知礼处，难道为我的生日由着奴才们把一族中的主子都得罪了也不管罢。这是太太素日没好气，不敢发作，所以今儿拿着这个作法子，明是当着众人给凤儿没脸罢了。"正说着，只见宝琴等进来，也就不说了。

不难看出，文中"那边大太太当着人给二奶奶没脸""明是当着众人给凤儿没脸罢了"这两句话完全就是"作法子""处理某人来立威，以儆其余"的意义注解。

第三节 "扎筏子"与"作法子"之比较

对"扎筏子""作筏子"和"作法子""作法"依次作了分析之后，接下来我们就可以从意义角度出发，把这四个词语划分为"扎筏子""作筏子"和"作法子""作法"两组，力求词义能因比而显。为行文方便，这两组词语分别以"扎筏子"和"作法子"为代表，进行比较。"扎筏子"和"作法子"这两组词之所以在词义上出现纠葛，各工具书释义上也采用互训方式，原因有二：首先是内部要素的结构关系相同。从内部结构关系看，"扎筏子""作筏子"和"作法子""作法"均为动宾结构，相同的句法结构使得两组词的意义纠葛具有很大可能性。如果两个句法结构内部关系迥然不同，语义纠葛便难以发生；其次是客观事理上，撒气和立威本身在使用过程中容易产生语义纠葛。因为很多时候，撒气和立威有些含混，拿某人撒气往往是立威的手段，而立威又常常是撒气的结果。如《红楼梦》第62回《憨湘云醉眠芍药裀　呆香菱情解石榴裙》：

（17）黛玉和宝玉二人站在花下，遥遥知意。黛玉便说道："你家三丫头倒是个乖人。虽然叫他管些事，倒也一步儿不肯多走。差不多的人就早作起威福来了。"宝玉道："你不知道呢。你病着时，他干了好几件事。这园子也分了人管，如今多掐一草也不能了。又蠲了几件事，单拿我和凤姐姐作筏子禁别人。最是心里有算计的人，岂只乖而已。"黛玉道："要这样才好，咱们家里也太花费了。我虽不管事，心里每常闲了，替你们一算计，出的多进的少，如今若不省俭，必致后手不接。"

此处"单拿我和凤姐姐作筏子禁别人"在理解上会出现两可现象。宝玉说探春"拿我和凤姐姐作筏子禁别人"既可以指为达到"禁别人"立规矩的目的，探春通过拿王熙凤和贾宝玉出气开刀；也可以理解为探春拿宝玉和王熙凤作为立威的对象。再如《红楼梦》第9回《恋风流情友入家塾　起嫌疑顽童闹学堂》：

（18）今儿见秦、香二人来告金荣，贾瑞心中便不自在起来，不好呵叱秦钟，却拿着香怜作法，反说他多事，着实抢白了几句。

秦钟是秦可卿的弟弟，贾瑞不好意思把气撒在秦钟身上，尽管有些不自在，也只能把香怜作为出气对象，"说他多事，着实抢白了几句"，借此发泄私愤，"杀鸡给猴看"，试图平息学堂混乱的局面。最终"香怜反讨了没趣，连秦钟也讪讪的各归座位去了"。此处"作法"的词义主要是侧重于立威。在贾瑞立威的过程中，香怜当然不可避免地就成为出气筒。

综上所述，尽管"扎筏子"和"作法子"这两组词在词义上有纠葛和交叉，但我们不能因此将它们混为一谈，"扎筏子""作筏子"和"作法子""作法"应看作两组不同的词。"扎筏子"这组词的语义透明度较低，原因在于整体意义的理解不是字面义的简单组合，词义理解上都存在容器隐喻这一认知机制，这两个词语侧重于表示针对某件事情拿某人撒气泄愤；"作法子"这组词的语义透明度很高，字面义的直接组合就是其整体意义，这两个词语重在强调通过某种手段达到儆众立威的目的。辨析两组词表意上的细微差别，对于我们深入理解文本无疑有积极的意义，"揆之本文而协，验之他卷而通"。在研读《红楼梦》过程中，笔者发现，有校注本将第9回中"拿着香怜作法"的"作法"释义为"方言，又作'扎筏子'、'扎罚子'等。意为找岔头、找借口，拿某人当作出气或立威的对象，以儆其余。"此处释义值得商榷。为了避免和"扎筏子"的语义纠葛，凸显"作法"一词的核心意义，可以斟酌释为"找岔头、找借口，拿某人当作立威对象，以儆其余。"

弄清这两组词之间的语义关系，对《红楼梦》不同版本中相关词语作出正误判断也有帮助。请看《红楼梦》第74回《惑奸谗抄检大观园　矢孤介杜绝宁国府》中惜春的几句话：

（19）入画跪着哭道："我不敢扯谎。奶奶只管明日问我们奶奶和大爷去，若说不是赏的，就拿我和我哥哥一同打死无怨。"凤姐道："这个自然要问的，只是真赏的也有不是。谁许你私自传送东西的！你且说是谁作接应，我便饶你。下次万万不可。"惜春道："嫂子别饶他这次方可。这里人多，若不拿一个人作法，那些大的听见了，又不知怎样呢。嫂子若饶他，我也不依。"

结合上下文语境，文中"作法"就是通过对某个人实施责骂、惩罚等手段来警告别人，树立规矩和威信，达到以儆其余的最终目的，并无拿某个人出气的意思。蒙府本、戚宁本、戚序本皆为"作法子"，用法正确；而甲辰本为"作筏子"，当属误用。

结　语

工具书对"扎筏子""作筏子""作法子""作法"的释义多采用互训方式，可彰其同而不能辨其异。要厘清它们之间的关系，有必要从构词理据入手进行探讨。"扎筏子"指"找借口出气、撒气"；"作筏子"则是动词"扎"词义泛化的结果，"扎筏子"和"作筏子"同义，词义都包含容器隐喻的认知机制；"作法子"指"拿某人当作立威对象，以儆其余"，"作法子"和"作法"同义。尽管"扎筏子"与"作法子"两组词在使用过程中极容易出现语义纠葛现象，但二者表意的侧重点还是有区别的，前者侧重出气，后者侧重立威，宜看作两组不同的词。

后　　记

　　嵌入式预制语块兼具词法和句法特点，其研究有利于寻找词法与句法之间的接口，进一步完善现代汉语语法理论。随着语言研究的不断深入，近年来学界对嵌入式预制语块给予了比过去更多的关注，创获颇多。

　　吕叔湘先生在《汉语语法分析问题》指出："怎样用有限的格式去说明繁简多方、变化无尽的语句，这应该是语法分析的最终目的，也应该是对于学习的人更为有用的工作。"嵌入式预制语块在语言中数量多，能产性很强，既有一定的凝固性，又有一定的灵活性。同时，很多嵌入式预制语块语义透明度较低，其形式和意义之间往往具有扭曲关系，因此和当前构式语法等热点理论具有较高的契合度，更能够引起我们对该类结构的思考兴趣。

　　本书分为上下两篇。上篇主要是理论层面的宏观探讨，下篇是围绕一些具体的个案进行微观研究。书中部分章节内容是在笔者博士学位论文的基础上修改而成。从道理上讲，理论的宏观探讨和个案的微观研究应该是互为表里。面对数量庞大的现代汉语嵌入式预制语块，要凝练出极具概括力的理论要点绝非易事。因而本书上下篇之间肯定存在着诸多不尽照应之处，限于本人学术水平，这也是不可避免的。此外，本书关于"长天老日"和"扎筏子、作法子"的材料虽出自《红楼梦》，考虑到这两个实体性预制语块在现代汉语中仍在使用，所以将其纳入本书附录之中。

  值得一提的是，本书所研究的嵌入式预制语块，学界有不完全一致的术语表达，也有不尽相同的理解和观点。"一名之立，旬月踟蹰。"翻译如此，学术研究亦如此。经过反复权衡，我们最终将其称为"嵌入式预制语块"，就是想在名称上凸显其稳固性和灵活性的特征，并非掺杂任何标新立异的企图。"有同乎旧谈者，非雷同也，势自不可异也；有异乎前论者，非苟异也，理自不可同也。"本书研究过程中，我们充分借鉴了前辈时贤的研究成果，论述过程中未必有更多的创见，即使有"有异乎前论者"，也不见得就有新的发现或创新之处。

  语言发展过程中还会不断产生新的嵌入式预制语块，因此，我们有理由相信，嵌入式预制语块的研究永远不会停止。面对这一领域学界所取得的丰硕成果，限于笔者的时间精力和学识，本书研究只能是标瓦砾于珠林，轻尘岂敢足岳哉！

  最后，我还是要怀着感恩的心情，首先向在自己成长道路上付出心血的各位师长致以诚挚的谢意！他们的悉心指导和热情鼓励是我不断前行的巨大动力。我还要向多年以来各位挚友的真诚帮助致以谢意，同时也向家人长期以来的默默支持和辛勤付出表示最衷心的感谢！

  感谢中国社会科学出版社，感谢本书的责任编辑杨康老师和全体编校人员，他们认真的工作态度和精湛的业务水平使我非常感动和钦佩。

  本书的出版得到山西师范大学学科攀升计划中国语言文学学科点、国家特色专业汉语言文学以及研究生双语课程《认知语言学导论》的经费资助，在此特别鸣谢。

孟德腾

2019 年 6 月于平阳